Alphonse Daudet

Lettres
de mon moulin

Édition présentée
et établie
par Daniel Bergez

Gallimard

PRÉFACE

On a quelque peine à imaginer que l'ouvrage sans doute le plus connu d'Alphonse Daudet passa, en son temps, presque totalement inaperçu. Pourtant, lorsque les Lettres de mon moulin parurent dans leur première édition, en 1869, elles ne trouvèrent d'écho que dans un article — au demeurant perspicace — de Barbey d'Aurevilly : le silence de la critique fut presque général, et l'ouvrage se vendit péniblement à deux mille exemplaires, rencontrant une indifférence comparable à celle qu'avait suscitée, l'année précédente, la publication du Petit Chose.

Le contexte littéraire de l'époque n'est pas étranger à cet insuccès initial : Hugo, Lamartine, Vallès, Michelet, Dumas, Zola, parmi tant d'autres, occupaient, ou commençaient d'occuper, le devant de la scène. Au milieu de ces voix puissantes, la fantaisie douce-amère de Daudet pouvait paraître bien grêle. Aussi bien le « meunier » de Fontvieille n'avait-il alors que vingt-neuf ans. Malgré une longue expérience, déjà, de la vie, de la misère, de la bohème, des voyages et de la société parisienne, il n'avait à son actif que de timides essais littéraires : chroniqueur intermittent dans les journaux, auteur de récits brefs, littérateur un peu bohème et un peu mondain dont la vie sentimentale est riche en épisodes,

Alphonse Daudet n'est arrivé, jusqu'en 1869, ni à affirmer son personnage, ni à définir clairement sa visée littéraire. Malgré la publication du Petit Chose, il est encore, lorsque paraissent les Lettres de mon moulin, le poète des Amoureuses, ce recueil de vers qui fut un premier succès littéraire de salon, et dont un poème fréquemment cité lui valait le surnom de « poète des Prunes » : on lui accorde du charme, de la fantaisie, une gentillesse qui n'exclut pas, à l'occasion, quelque ironie mordante, mais on n'attend guère de lui qu'il développe une œuvre d'écrivain véritable.

Pourtant cette époque est manifestement celle où l'écrivain se forme, retourne en lui-même pour mieux s'accomplir. Comme Le Petit Chose l'avait fait sur le plan de la chronologie individuelle, les Lettres de mon moulin permettent à Daudet de se ressaisir, de rassembler les éléments épars de sa sensibilité : ce livre est le premier recueil important parmi ceux, assez nombreux dans son œuvre, où il groupera sous un même titre des textes divers précédemment parus dans la presse. Ce sont des épisodes de son existence, des impressions et souvenirs, des émotions et des rêveries qui viennent ici se rassembler, cristallisant les diverses facettes d'une sensibilité.

Cela n'eût pas été possible sans le lent travail de ressourcement provincial et provençal qui s'était accompli en Daudet depuis quelques années. Pourtant le futur auteur des Lettres de mon moulin avait semblé vouloir rompre délibérément avec ses origines provençales lorsqu'il était « monté » à Paris en 1857. Oubliées l'enfance nîmoise, la faillite de l'entreprise paternelle, la grisaille lyonnaise, la misère familiale, l'expérience humiliante du « pion », le « petit chose » du collège d'Alès : Daudet semblait vouloir repartir à neuf. Si malgré tout les ponts ne furent jamais totalement coupés avec la Provence, c'est la rencontre avec Mistral qui fut la première expérience décisive. Elle eut lieu *au printemps de 1859, lorsque le poète de Maillane vint à Paris à l'occasion du succès de* Mireille, *couronné ainsi par Lamartine dans son* Cours familier de littérature : « *Un grand poète épique est né ! (...) un poète qui crée une langue d'un idiome, (...) un poète qui, d'un patois vulgaire, fait un langage classique.* » *Bel exemple pour Daudet, qui n'eut de cesse de rencontrer ce Provençal consacré par Paris :* Mistral, *depuis cinq ans déjà, animait le Félibrige, dont le but explicite n'était rien moins qu'une* « *défense et illustration* », *littéraire, linguistique et culturelle, de la Provence. Mistral triomphant à Paris avec* Mireille, *c'était donc, pour Daudet comme pour bien d'autres, la reconnaissance de la dignité littéraire d'une langue et d'une culture provinciales, la fin possible d'un dilemme entre l'inspiration régionaliste et la nécessité de la consécration parisienne.*

La rencontre avec Mistral, qui créa entre les deux hommes une amitié durable faite d'estime réciproque, eut sur l'œuvre de Daudet une influence considérable. Mais, de l'exemple de Mistral à la conception des Lettres de mon moulin, *Daudet devait nécessairement en passer, aussi, par un retour réel à son pays. Ce fut d'abord le voyage de 1861-1862, qui permit à Daudet de retrouver Mistral chez lui, avant de s'embarquer pour l'Algérie. Ce fut surtout le séjour qu'il fit, pendant l'hiver 1863-1864, au château de Montauban près de Fontvieille. C'est là que vivaient, au milieu du vaste domaine qu'ils géraient, les cousins de Daudet, la mère Ambroy et ses quatre fils, que l'on désignait par leur fonction : le Consul, le Notaire, l'Avocat, et surtout le Maire, Timoléon Ambroy, avec lequel Daudet entretint, jusqu'à sa mort, des relations véritablement affectueuses. Ce séjour fut la réelle matrice affective des* Lettres de mon moulin. *Les lieux, les temps et les personnages se conjuguè- rent pour qu'il en fût ainsi : une demeure qui tient autant du château que du mas provençal, ouverte sur un paysage*

*enchanteur qui ranime des sensations enfouies et immédiate-
ment familières ; une période hivernale propice aux longues
veillées, riches d'échanges et de récits de toutes sortes ; des
personnages, enfin, d'une rusticité aussi touchante que
pittoresque, et dont certains, tel le garde Mitifio, passeront
directement dans les* Lettres de mon moulin. *C'est dans
cette atmosphère familiale et chaleureuse, avec une imagination fouettée par les légendes provençales qu'il entendait, que
Daudet conçut l'idée de ses récits. A Fontvieille pourtant,
Daudet ne fut jamais « meunier » : il ne posséda jamais de
moulin, mais visita et fréquenta avec régularité ceux qui
coiffaient les collines entourant le village. Le « moulin » d'où
les* Lettres *sont censées avoir été écrites n'a de véritable
existence qu'imaginaire.*

On le comprend d'autant mieux que pour l'essentiel les
Lettres *ont été rédigées dans la banlieue parisienne, dans un
« exil » relatif qui rendait d'autant plus nécessaire une
fixation affective sur une image symbolique : après un
nouveau séjour à Fontvieille à la fin de 1864, et la mort de
son protecteur le duc de Morny en mars 1865, Daudet s'est
installé dans un pavillon de Clamart, avec quelques amis,
dont Paul Arène, rencontré au début de cette année 1865.
C'est en collaboration avec ce Méridional, de trois ans son
cadet, alors répétiteur au lycée de Vanves et futur auteur de*
Jean des Figues, *que Daudet rédigea les premières* Lettres
de mon moulin. *On sait la polémique qu'a suscitée cette
collaboration, à partir d'un article violemment injurieux à
l'égard de Daudet, publié par Octave Mirbeau en 1883
dans* Les Grimaces. *Pourtant Daudet ne fit jamais mystère
de cette collaboration, qu'il a évoquée dans l'*Histoire des
« Lettres de mon moulin », *et Paul Arène tint à mettre
les choses au point, une semaine après l'article d'Octave
Mirbeau, dans le* Gil Blas : *précisant les limites de son
intervention, il revendiquait pour Daudet la paternité*

essentielle des Lettres de mon moulin. *Si, en l'absence du manuscrit de ces récits, on ne peut que supputer la part prise par chacun des deux écrivains, il paraît aujourd'hui assuré que cette collaboration concerna une douzaine des vingt-cinq textes composant l'édition définitive, et que la responsabilité de Daudet y fut toujours prépondérante.*

Avant d'être réunies en volume, les premières Lettres *parurent dans la presse en trois séries successives : d'abord dans* L'Evénement, *du 18 août au 4 novembre 1866, puis dans* Le Figaro, *du 16 octobre au 17 novembre 1868 et du 22 août au 2 octobre 1869. L'édition en volume, à la fin de 1869, supprimait trois de ces textes parus en feuilleton, mais intégrait deux textes nouveaux, et devait être complétée, dix ans plus tard, dans l'édition définitive, par six textes supplémentaires, tous précédemment parus.*

*

La genèse assez longue des Lettres de mon moulin *jusqu'à leur édition définitive — treize années — explique le caractère somme toute composite du recueil, où il serait vain de vouloir trouver une unité préconçue. On est surpris de la diversité des registres qui s'y côtoient, comme de la disparité étonnante des sources d'inspiration et des cadres de référence ; ainsi deux* Lettres *ont-elles été directement inspirées par l'Algérie, trois autres par la Corse, tandis que la référence à Paris revient avec insistance. C'est bien cependant la Provence qui constitue le lieu géométrique où viennent s'assembler les différentes « matières » des récits. C'est elle qui donne sa tonalité à l'expression, leurs couleurs aux images, cette impression générale de liberté retrouvée et d'espace à la mesure de l'homme. Seize* Lettres, *si l'on inclut l'avant-propos, s'y rapportent, et Daudet en a même plusieurs fois accentué le*

*caractère méridional, par des retouches de style, pour la
première édition.*

« *Il y a deux Midi. Le Midi bourgeois, le Midi
paysan* », *écrivait Daudet : on voit bien que c'est le second
qui a séduit l'auteur des* Lettres de mon moulin, *alors que*
Tartarin de Tarascon, *quelques années plus tard, sera une
violente charge ironique contre le premier. C'est que, lorsqu'il
revient à Fontvieille, Daudet est doublement impressionné par
la richesse préservée de sa province, et par la menace que fait
peser sur sa culture un développement économique qui va
s'accélérant. La Provence est sous le Second Empire un pays en
pleine mutation, profondément modifié aussi bien par
l'industrialisation et l'apparition du chemin de fer que par
les effets uniformisateurs de la centralisation administra-
tive héritée de Napoléon ; l'école, l'administration et l'armée
imposent de plus la langue française, et réduisent au rang de
patois les idiomes provençaux. Par un phénomène de
compensation qui explique pareillement le Félibrige, Daudet
concentre donc toute son attention sur l'enracinement
— géographique, culturel et humain — de la Provence.*

Dans les Lettres de mon moulin *cependant, le cadre
naturel n'a rien du caractère épique qu'il revêt dans l'œuvre
de Mistral. Il est d'abord un lieu complice, essentiellement
proche de l'homme, composant un univers immédiatement
préhensible. La perspective aidant, les plus grands espaces
semblent ainsi parfois se contracter : le Vaccarès est « une
petite mer qui semble un morceau de la grande », de même que
la « mule du pape », du haut de son clocher, aperçoit « tout
un Avignon fantastique, les baraques du marché pas plus
grosses que des noisettes », avant de se retrouver « nageant les
pattes dans le vide comme un hanneton au bout d'un fil ».
Cette tendance à la réduction frappe d'autant plus que
Daudet procède souvent par larges tableaux et vision
d'ensemble. Car l'attention au détail n'a d'égal, dans les*

Lettres de mon moulin, *que le goût complémentaire pour l'espace, l'immensité du sol, l'infinité du ciel. Daudet ne joue pas cependant d'un pittoresque facile : ses paysages ensoleillés et parfumés alternent avec les visions du sol âpre, de la plaine caillouteuse, de la Provence par temps gris ou sous la neige. C'est même le caractère sauvage et aride de la Provence qu'il semble montrer le plus, comme s'il trouvait dans cette opposition de l'homme et du sol qu'il habite une source d'exaltation particulière.*

*On comprend mieux dès lors quels personnages il a voulu camper dans ce décor essentiellement rural. Ils sont souvent à l'image de la mère Ambroy dont l'*Histoire des « Lettres de mon moulin » *brosse un portrait fait d'énergie, de courage, de dignité ; son visage « aux grandes rides, crevassé, raviné par le soc et la herse », ce visage-paysage où semble affleurer la géologie d'une terre, est le prototype des figures les plus fortes des* Lettres de mon moulin. *Daudet n'a pas voulu pour autant, comme Mistral et comme son fils Léon Daudet après lui, affirmer un quelconque « sens de la race » : sa vision est toute affective. C'est d'ailleurs bien l'affectivité, la passion qui semblent le fasciner le plus dans les Provençaux : non seulement la passion amoureuse — celle du berger des « Etoiles » comme celle des « Vieux » ; la passion humiliante du rémouleur de « La Diligence de Beaucaire » ou tragique de « L'Arlésienne » —, mais encore la passion paternelle de Bixiou pour sa fille, la passion culturelle de Mistral pour la langue provençale, ou encore la passion de Cornille pour son moulin et son travail. Cette passion s'allie souvent à un sens de la dignité, à un respect de soi-même qui lui donne sa vraie grandeur. C'est cette fidélité à soi qui anime, dans sa lutte désespérée, la chèvre de M. Seguin, ou, dans sa résolution fatale, le héros de « L'Arlésienne » ; elle alimente aussi le courage des « Douaniers », leur ténacité non héroïque, faite plutôt d'entêtement et de persévérance. Car* tous ces personnages sentent la vie plus grande que leur propre existence : ils l'acceptent, luttent et parfois meurent, mais ne se révoltent pas, d'autant plus fermes dans le malheur qu'ils ont en eux un plus grand fond d'indulgence pour tout ce qui existe. Ainsi s'explique la bonhomie souriante de M. Seguin, du pape Boniface, du curé de Cucugnan ou du Révérend Père Gaucher : elle se nourrit de la reconnaissance lucide de leurs limites, et de l'infinie tendresse qu'ils ont pour la vie.

On est bien loin ici du portrait-charge que Daudet développera dans Tartarin de Tarascon, ou dans Numa Roumestan. Ce n'est pas que l'imagination, son pouvoir de grossissement, le goût de la galéjade, le « mirage » méridional soient ici totalement absents ; mais c'est qu'il y a, dans les Lettres de mon moulin, une générosité de regard qui exclut l'ironie et s'arrête le plus souvent à l'humour. Aussi bien Daudet a-t-il choisi des personnages selon son cœur : des êtres simples, humbles, et souvent déshérités, qui forment un long catalogue de « victimes » : victimes du progrès (« Le Secret de maître Cornille », « Les Deux Auberges »), de l'amour (« La Diligence de Beaucaire », « L'Arlésienne »), de la loi du plus fort (« La Chèvre de M. Seguin »), d'eux-mêmes (« Le Portefeuille de Bixiou », « La Légende de l'homme à la cervelle d'or »), de l'âge (« Les Vieux »), de leur bonté (« La Mule du pape »), de la société (« Les Douaniers »), ou du sort (« L'Agonie de la Sémillante »). Les lieux mêmes n'échappent pas à cette tendance au misérabilisme ; à l'image du moulin, « ce déclassé », qu'il dit aimer « pour sa détresse », Daudet semble fasciné par les spectacles de ruines, d'abandon, de délabrement : les palais des princes des Baux, la chapelle des sires de Trinquelage, l'auberge, l'abbaye des Prémontrés, autant de lieux vétustes et dégradés, d'autant plus émouvants d'être plus pitoyables.

C'est par cette attirance invincible pour certains types

psychologiques que la vision provençale de Daudet trouve sa limite dans les Lettres de mon moulin : *centré sur les individus, le regard n'embrasse que rarement le contexte social, culturel, historique. Comme dans le reste de son œuvre, le point de vue de Daudet est ici essentiellement bourgeois : dirigé presque exclusivement sur la personne, et les valeurs individuelles. En une époque traversée de tous les échos de l'histoire — au point que l'histoire vient nourrir toutes les grandes œuvres littéraires —, où la force des groupes s'impose, et donne lieu à des affrontements parfois sanglants, Daudet est plein d'admiration pour la résignation séculaire des exploités : « Pas de révoltes, pas de grèves. Un soupir, et rien de plus » (« Les Douaniers »). Lorsqu'il publie les premières* Lettres de mon moulin, *Daudet n'est pourtant pas le conservateur qu'on verra en lui à la fin de sa vie ; il a même plutôt des sympathies d'opposition, ou anarchistes. Mais il n'en a pas moins été, jusqu'en 1865, secrétaire du duc de Morny, président du Corps législatif, avant qu'un tournant décisif soit pris dans les années 1870-1871 : la défaite française, mais aussi bien le spectacle du fanatisme débridé, de la lâcheté ostentatoire, et sa pitié pour les victimes, le détourneront, semble-t-il, à jamais de la politique. C'est pourquoi, bien avant qu'il en ait lui-même une claire conscience, sa démarche est, dès les premières* Lettres de mon moulin, *essentiellement affective. Loin des ambitions de patriotisme provençal et des idées de fédéralisme de Mistral, il répugne à une vision d'ensemble, se refuse à définir une problématique sociale et politique. Ses rapports avec le Félibrige le montrent bien : rapports de sympathie plus que d'engagement, faits d'une fidélité aux hommes plus que d'une conviction idéologique.*

Est-ce à dire pour autant que la vision de Daudet se réduit à un microcosme d'impressions intimes ? En fait, l'élargissement qu'elle refuse dans l'ordre historique, elle le trouve dans

le domaine moral, ou philosophique. Daudet est d'une
certaine façon, en plein XIXᵉ siècle, l'héritier des grands
classiques, qu'il lisait beaucoup, et dont il partageait le
point de vue universaliste et moral sur l'homme. Ainsi
n'hésite-t-il pas par exemple, dans « Le Poète Mistral », à
enrôler l'animateur du Félibrige sous la bannière de Montaigne : son régionalisme ne vise à rien moins qu'au particula-
risme, il s'ouvre constamment à une méditation générale sur la
condition humaine. C'est pourquoi ses personnages sont
presque tous des hommes d'âge mûr, ayant suffisamment vécu
pour tirer de leur vie une certaine philosophie de l'existence.
Sur ce plan, les Lettres de mon moulin *visent fréquemment*
à la démonstration, et leur caractère d'apologue est souvent
apparent. Explicite dans au moins trois récits — « La Mort
du Dauphin », « Le Portefeuille de Bixiou », « La Légende
de l'homme à la cervelle d'or » —, il apparaît aussi dans
l'argument moral qui structure certaines Lettres : la liberté
se paie (« La Chèvre de M. Seguin »), la méchanceté est
punie (« La Mule du pape »), comme la gourmandise (« Les
Trois Messes basses »), ou la vanité (« L'Elixir du Révérend
Père Gaucher »). L'usage de proverbes et dictons va dans le
même sens, comme le goût pour les phrases en forme de
maximes, qui parsèment ces textes et leur servent parfois de
conclusion. Celle du « Secret de maître Cornille » paraît
pouvoir les résumer toutes : « Que voulez-vous, monsieur !...
tout a une fin en ce monde. » Loin de tout héroïsme, la portée
morale des Lettres de mon moulin est ainsi faite d'un
stoïcisme discret, résigné mais non amer ; elle se nourrit d'une
acceptation lucide de l'existence, qui fait mieux comprendre le
goût toujours réaffirmé pour Montaigne : « le divin Montaigne que j'emporte tous les matins dans ma baignoire : c'est là
le dernier mot de la philosophie » (lettre à J. Allard,
1883).

*

La sagesse volontiers désenchantée qui se lit dans les Lettres de mon moulin n'empêche pas ces récits d'avoir une vie étonnante, faite de fraîcheur d'émotion et de vivacité de style. Le choix de la « lettre » y est assurément pour beaucoup. Le genre de la lettre fictive ne s'accordait pas seulement à la publication initiale en feuilleton ; il s'accordait surtout au tempérament littéraire de Daudet, qui trouvait une forme à sa mesure dans ce genre bref fondé sur une intimité supposée avec le lecteur. Il s'y était déjà essayé dans les Lettres sur Paris et Lettres du village, et il y reviendra dans les Lettres à un absent. C'est que la « lettre » lui permet d'établir avec son lecteur une relation de sympathie immédiate, symétrique de son horreur des relations distantes et glacées dont Le Petit Chose traduit avec insistance la hantise. Dans les Lettres de mon moulin, cette situation de communication est d'autant plus sensible qu'elle redouble et inverse une mise en situation, géographique et affective à la fois : le rapport complice de l'auteur au lecteur retourne paradoxalement l'opposition entre Paris et la Provence, la ville et le moulin. Dès la première Lettre, « Installation », Paris joue le rôle d'image-repoussoir, qui donne toute sa plénitude au bonheur provençal. Ce « Paris bruyant et noir » réapparaîtra périodiquement au fil des récits, envoyant jusqu'en Provence « les éclaboussures de ses tristesses ». Paris est aussi, selon une mythologie propre au XIXᵉ siècle, la ville monstrueuse qui dévore ses proies après les avoir séduites ; l'exemple en est Bixiou, arriviste malheureux, amer et sarcastique, auquel Daudet semble bien avoir craint de ressembler lorsque, retourné à Paris, il écrivait à Timoléon Ambroy : « Maintenant je suis redevenu Parisien, sceptique, railleur, mauvais comme la gale » (lettre de 1864). Et pourtant, la dernière Lettre, « Nostalgies de caserne »,

achève le recueil sur un réveil en fanfare du rêve méridional :
« *Ah ! Paris !... Paris !... Toujours Paris !* » Ces exclamations où se mêlent la fascination et l'exaspération condensent
toute la tension qui parcourt l'ensemble des Lettres de mon
moulin, *prises entre la séduction provençale et la tentation
parisienne. Dans* Le Petit Chose, *Daudet faisait déjà dire
à son héros :* « *Allons voir Paris !* » *Daudet-Rastignac ? Le
rapprochement n'est pas gratuit si l'on songe que, dans les*
Lettres de mon moulin, *l'attirance pour Paris est
essentiellement celle d'un jeune auteur qui rêve de consécration
littéraire et pense avec fascination à l'univers trouble des
milieux journalistiques. La première* Lettre, *non reprise en
volume, était sur ce point particulièrement révélatrice :
Daudet y jouait de l'opposition entre le blanc de la farine et le
noir de l'encre, et montrait la perturbation soudaine de son
bonheur provençal par l'arrivée d'un journal parisien, dont*
« *la feuille était encore humide et sentait bon* ». *Même
transposé, c'est un aveu de taille : le meunier de Fontvieille
n'a jamais totalement oublié Paris...*

Cette tension entre Paris et la Provence n'est qu'un
exemple, le plus révélateur, de la diversité des plans et
perspectives qu'autorise le genre de la « lettre ». C'est à cette
diversité que tient en grande partie le charme des Lettres de
mon moulin ; dans un cadre aussi peu contraignant,
Daudet a pu développer des récits aux origines contrastées :
souvenirs personnels, évocations historiques, récits légendaires,
parfois directement traduits ou adaptés de contes provençaux,
ou fantaisies issues de sa seule imagination. Il puisa dans
tout ce qui pouvait nourrir sa création — ses expériences, le
souvenir de son enfance à Bezouce, des veillées de Montauban,
sa connaissance de Mistral, la consultation de l'Almanach
provençal — prolongeant cette diversité de sources d'inspiration par une variété étonnante de registres littéraires : le
témoignage côtoie le conte, la chronique historique fait bon

*ménage avec la rêverie, le merveilleux alterne avec le drame, le
fabliau médiéval avec la pastorale, le réalisme avec la féerie.
Daudet a même accentué ces ruptures de ton en choisissant
souvent, pour la succession des récits, l'ordre le plus contrasté.*

*Si extensif pourtant que soit le genre de la « lettre »,
Daudet le déborde souvent pour rejoindre, à la limite de
l'expression écrite, celui du conte oral, qui donne son caractère
stylistique dominant aux* Lettres de mon moulin. *Dans ce
domaine, Daudet est roi. Nourri des contes provençaux qu'il
entendit à Bezouce, de la bouche de son « père nourricier »
Jean Trinquié, et de ceux qu'on lui fit à Montauban, il
semble assumer naturellement la tradition du récit oral,
fortement ancrée dans le Midi de la France. Il fut lui-même
un brillant causeur et un brillant conteur, dont les talents
d'improvisation charmèrent les salons parisiens. François
Coppée s'en est souvenu :« Quel discours ailé, rapide, auprès
duquel une page de Mérimée lui-même eût paru pleine de
longueurs ! » (La Revue* hebdomadaire, *1898). On
s'explique mieux, dès lors, la virtuosité presque instinctive
dont il fait preuve dans les* Lettres de mon moulin. *Un
décor planté en quelques phrases, des personnages définis de
façon purement fonctionnelle et pourtant suggestive, des
dialogues rapides, réduits à quelques répliques qui donnent à
comprendre beaucoup plus qu'elles ne disent : son art est celui
de la concision dramatique. Comme dans le conte oral,
Daudet découpe de plus souvent son récit en rapides séquences
juxtaposées : il répugne à la composition linéaire, aux lentes
montées dramatiques continues, et préfère varier les points de
vue, ponctuant son récit, ou son épisode, par une forte image
conclusive, ou laissant méditer son lecteur sur trois points de
suspension.*

*A cet art du conteur, le style méridional donne une verve
communicative. « Un bon méridional ne jouit pleinement de
son émotion que s'il la fait partager à d'autres », écrira*

Daudet. C'est pourquoi ici le narrateur intervient souvent, raconte l'action mais aussi la commente, réagit, juge, apprécie. Il sollicite aussi le lecteur, l'impliquant dans son récit, ou le prenant à témoin. Cela ne va pas sans ruse : procédant à de feintes rectifications, ou suspendant le cours de son histoire, le conteur joue aussi parfois avec l'attention — et l'attente — de son auditeur. Surtout, l'emploi judicieux du style oral permet à Daudet de donner le sentiment de l'improvisation : légères « fautes » de syntaxe, constructions volontairement maladroites, répétitions d'insistance, exclamations, onomatopées, il n'y a pas jusqu'au rythme de certaines phrases, calqué sur l'action qu'elles décrivent, qui ne retrouve le ton de l'expression orale. L'illusion est d'autant plus forte que Daudet y fait concourir la couleur méridionale de sa langue. Son audace, à vrai dire, n'est pas ici bien grande, et les graves problèmes d'authenticité linguistique qui s'étaient posés, quelques années plus tôt, à George Sand pour ses romans champêtres ne semblent guère l'avoir préoccupé. Malgré l'éloge qu'il fait de « cette belle langue provençale, plus qu'aux trois quarts latine, que les reines ont parlée autrefois », il ne l'a jamais bien maîtrisée par écrit : la traduction en provençal qu'il fit de « La Chèvre de M. Seguin » dut être corrigée en plusieurs endroits par Mistral avant d'être publiée dans l'Almanach provençal. La question de la réhabilitation du provençal étant au cœur du Félibrige, ce n'est sans doute pas sans un certain regret dissimulé que Mistral lui adressa cet éloge à propos des Lettres de mon moulin *: « Tu as résolu avec un merveilleux talent ce problème difficile : écrire le français en provençal » (lettre du 12 décembre 1869). De fait, dans l'ensemble de ces* Lettres, *Daudet n'utilise qu'une vingtaine de mots ou expressions provençales, le plus souvent en italiques, et traduits lorsque le sens n'est pas immédiatement compréhensible. La « couleur » méridionale est bien là*

*cependant ; les noms des personnages y concourent dans une
large mesure, mais aussi certaines tournures syntaxiques, les
répétitions, les diminutifs, le choix de mots sonores qui font
image.*

*

On ne saurait réduire pourtant l'intérêt des Lettres de
mon moulin *à la seule virtuosité du conteur : sous la verve
méridionale perce la sensibilité d'un écrivain véritable, chez
qui le jeu des mots est aussi une façon de dire, et de vivre, un
rapport au monde. Rien ne définit mieux cette relation que le
terme de* fantaisie, *dont on sait quelle fortune il eut au
XIXe siècle, mais dont l'œuvre de Daudet est, en littérature,
un des rares exemples accomplis. La fantaisie tient ici tout
entière à un subtil balancement, à une oscillation impercepti-
ble entre le réel et l'imaginaire. Ce n'est pas seulement que,
même dans les récits les plus livrés à l'imagination du
conteur, la réalité commune sert de cadre de référence. C'est
surtout qu'en retour, l'imagination est toujours présente ; elle
colore, nuance, ou élargit le réel, mais le dramatise rarement.
Elle tend plutôt à le désamorcer : une simple image, ou une
note d'humour, suffit parfois pour piéger le réalisme, et créer
une surprise qui soudain projette le lecteur à la lisière du
monde identifiable. L'imagination qui court à travers tous ces
récits est heureuse et vagabonde : elle n'a rien de fantasmago-
rique ou d'inquiétant, et plonge rarement dans les profon-
deurs du rêve ou du cauchemar ; elle conserve toujours quelque
chose d'aérien et de transparent qui irise le réel plus qu'il ne le
transfigure.*

*Ce jeu d'équilibre subtil entre le réel et l'imaginaire repose
tout entier sur une perception toujours sensible, sinon
sensuelle, du monde. Barbey d'Aurevilly l'avait immédiatement senti, qui écrivait : « C'est la profondeur d'impression*

qui me frappe surtout dans ces lettres écrites d'un moulin. »
*Ainsi plus d'une fois, le récit part de la simple notation d'une
sensation, qui ébranle toute la sensibilité du conteur, et
enclenche l'imagination à partir d'une perception aiguë du
réel. De même, la vision du monde est ici constamment
gouvernée par une inépuisable puissance de sympathie. Les
choses s'animent, vivent et vibrent, dans un constant transfert
du conteur au monde qu'il décrit. C'est pourquoi la gamme
des sensations est si étendue dans les* Lettres de mon
moulin. *A y bien regarder, certains passages ne sont que des
bouquets de sensations mêlées, confondues. Si la myopie
légendaire de Daudet explique l'importance inhabituelle des
sensations auditives, ici comme dans le reste de son œuvre, le
registre principal demeure bien pourtant celui de la vue.
Mouvements, couleurs, jeux de contrastes, lignes par lesquelles se dessine un paysage, tout traduit une véritable
gourmandise du regard, jamais las de savourer le monde. La
perception la plus riche est celle de la lumière. Daudet le dit
dès la première* Lettre : « *Tout ce beau paysage provençal ne
vit que par la lumière.* » *C'est pourquoi les variations de la
lumière deviennent autant de variations littéraires : diffuse
comme une* « *inondation (...) bleue, légère* », *ou arrivant
comme* « *l'eau par une écluse* », *la lumière peut être aussi*
« *poussière d'or* », « *poussière de soleil* », *ou encore* « *pleine
d'étincelles vivantes et de valses microscopiques* ».

Cette richesse émotionnelle des Lettres de mon moulin
*dit bien de quelle nature fut le bonheur — ou le rêve —
provençal de Daudet : à ce degré d'acuité, les sensations ne
peuvent tendre qu'à créer une porosité complète et complice
entre l'homme et le monde. Eprouver l'univers par toutes les
fibres de son corps, c'est naturellement pour Daudet vouloir
s'y fondre, se disperser dans son infinité heureuse. Une simple
scène de rentrée des troupeaux est l'occasion d'un bonheur de cet
ordre :* « *Je suis envahi, frôlé, confondu dans ce tourbillon de*

laines frisées, de bêlements. » De même la contemplation de la mer : « *On ne pense pas, on ne rêve pas non plus. Tout votre être vous échappe, s'envole, s'éparpille.* » Il n'y a pas jusqu'aux énumérations, si fréquentes chez Daudet, qui ne trahissent ce désir de se mêler au foisonnement du monde, de se fondre dans sa multiplicité.

Par un paradoxe qui n'est qu'apparent, c'est dans le moulin symbolique du titre que se condense ce rêve de fusion : comme tout abri, le moulin est pour Daudet un lieu où se protéger du monde, mais qui permet aussi, en se réfugiant en son cœur, de mieux l'éprouver dans son immensité. Un vaste réseau de correspondances relie ainsi, dans les Lettres de mon moulin, différents types d'abris également substituables les uns aux autres : le moulin, le phare, le bateau, la cabane, autant de lieux clos et isolés, autant de refuges où se blottir, dans une solitude exaltée toute tendue vers le monde alentour. C'est ce bonheur que définit dès l'abord la première Lettre du recueil : « *Je suis si bien dans mon moulin ! c'est si bien le coin que je cherchais (...) Et que de jolies choses autour de moi ! (...) J'ai déjà la tête bourrée d'impressions et de souvenirs.* » Le charme des Lettres de mon moulin ne tient-il pas beaucoup à cette image d'un monde venu confluer dans l'abri solitaire ? C'est ce désir de noces farouches avec le monde qui donne à la Provence du conteur sa plénitude émotionnelle, mais la colore aussi d'une plus profonde nostalgie, celle d'un rêve à jamais impossible.

Daniel Bergez.

Lettres de mon moulin

AVANT-PROPOS[1]

Par-devant maître Honorat Grapazi, notaire à la résidence de Pampérigouste[2],

« A comparu

« Le sieur Gaspard Mitifio[3], époux de Vivette Cornille, ménager[4] au lieudit des Cigalières[5] et y demeurant :

« Lequel par ces présentes a vendu et transporté sous les garanties de droit et de fait, et en franchise de toutes dettes, privilèges et hypothèques,

« Au sieur Alphonse Daudet, poète, demeurant à Paris, à ce présent et ce acceptant,

« Un moulin à vent et à farine, sis dans la vallée du Rhône, au plein cœur de Provence, sur une côte boisée de pins et de chênes verts ; étant ledit moulin abandonné depuis plus de vingt années et hors d'état de moudre, comme il appert des vignes sauvages, mousses, romarins, et autres verdures parasites qui lui grimpent jusqu'au bout des ailes ;

« Ce nonobstant, tel qu'il est et se comporte, avec sa grande roue cassée, sa plate-forme où l'herbe pousse dans les briques, déclare le sieur Daudet trouver ledit moulin à sa convenance et pouvant servir à ses travaux de poésie, l'accepte à ses risques et périls, et sans aucun recours contre le vendeur, pour cause de réparations qui pourraient y être faites.

« Cette vente a lieu en bloc moyennant le prix convenu, que le sieur Daudet, poète, a mis et déposé sur le bureau en espèces de cours [6], lequel prix a été de suite touché et retiré par le sieur Mitifio, le tout à la vue des notaires et des témoins soussignés, dont quittance sous réserve.

« Acte fait à Pampérigouste, en l'étude Honorat, en présence de Francet Mamaï, joueur de fifre, et de Louiset dit le Quique, porte-croix des pénitents blancs [7];

« Qui ont signé avec les parties et le notaire après lecture... »

INSTALLATION[1]

Ce sont les lapins qui ont été étonnés !... Depuis si longtemps qu'ils voyaient la porte du moulin fermée, les murs et la plate-forme envahis par les herbes, ils avaient fini par croire que la race des meuniers était éteinte, et, trouvant la place bonne, ils en avaient fait quelque chose comme un quartier général, un centre d'opérations stratégiques : le moulin de Jemmapes[2] des lapins... La nuit de mon arrivée, il y en avait bien, sans mentir, une vingtaine assis en rond sur la plate-forme, en train de se chauffer les pattes à un rayon de lune... Le temps d'entrouvrir une lucarne, frrt ! voilà le bivouac en déroute, et tous ces petits derrières blancs qui détalent, la queue en l'air, dans le fourré. J'espère bien qu'ils reviendront.

Quelqu'un de très étonné aussi, en me voyant, c'est le locataire du premier, un vieux hibou sinistre, à tête de penseur, qui habite le moulin depuis plus de vingt ans. Je l'ai trouvé dans la chambre du haut, immobile et droit sur l'arbre de couche[3], au milieu des plâtras, des tuiles tombées. Il m'a regardé un moment avec son œil rond ; puis, tout effaré de ne pas me reconnaître, il s'est mis à faire : « Hou ! hou ! » et à secouer péniblement ses ailes grises de poussière ; — ces diables de penseurs ! ça ne se brosse jamais... N'importe ! tel qu'il est, avec ses yeux clignotants et sa mine renfrognée, ce locataire silencieux me plaît encore mieux qu'un autre, et je me suis empressé de lui renouveler son bail. Il garde comme dans le passé tout le haut du moulin avec une entrée par le toit ; moi je me réserve la pièce du bas, une petite pièce blanchie à la chaux, basse et voûtée comme un réfectoire de couvent.

C'est de là que je vous écris, ma porte grande ouverte, au bon soleil.

Un joli bois de pins tout étincelant de lumière dégringole devant moi jusqu'au bas de la côte. A l'horizon, les Alpilles découpent leurs crêtes fines... Pas de bruit... A peine, de loin en loin, un son de fifre, un courlis [4] dans les lavandes, un grelot de mules sur la route... Tout ce beau paysage provençal ne vit que par la lumière.

Et maintenant, comment voulez-vous que je le regrette, votre Paris bruyant et noir ? Je suis si bien dans mon moulin ! C'est si bien le coin que je cherchais, un petit coin parfumé et chaud, à mille lieues des journaux, des fiacres, du brouillard !... Et que de jolies choses autour de moi ! Il y a à peine huit jours que je suis installé, j'ai déjà la tête bourrée d'impressions et de souvenirs... Tenez ! pas plus tard qu'hier soir, j'ai assisté à la rentrée des troupeaux dans un *mas* (une ferme) qui est au bas de la côte, et je vous jure que je ne donnerais pas ce spectacle pour toutes les *premières* que vous avez eues à Paris cette semaine. Jugez plutôt.

Il faut vous dire qu'en Provence, c'est l'usage,

quand viennent les chaleurs, d'envoyer le bétail dans
les Alpes. Bêtes et gens passent cinq ou six mois là-
haut, logés à la belle étoile, dans l'herbe jusqu'au
ventre ; puis, au premier frisson de l'automne on
redescend au *mas,* et l'on revient brouter bourgeoisement les petites collines grises que parfume le
romarin... Donc hier soir les troupeaux rentraient.
Depuis le matin, le portail attendait, ouvert à deux
battants ; les bergeries étaient pleines de paille fraîche.
D'heure en heure on se disait : « Maintenant ils sont à
Eyguières, maintenant au Paradou. » Puis tout à coup,
vers le soir, un grand cri : « Les voilà ! » et là-bas, au
lointain, nous voyons le troupeau s'avancer dans une
gloire de poussière. Toute la route semble marcher
avec lui... Les vieux béliers viennent d'abord, la corne
en avant, l'air sauvage ; derrière eux le gros des
moutons, les mères un peu lasses, leurs nourrissons
dans les pattes ; — les mules à pompons rouges portant
dans des paniers les agnelets d'un jour qu'elles bercent
en marchant ; puis les chiens tout suants, avec des
langues jusqu'à terre, et deux grands coquins de
bergers drapés dans des manteaux de cadis [5] roux qui
leur tombent sur les talons comme des chapes.

Tout cela défile devant nous joyeusement et s'engouffre sous le portail, en piétinant avec un bruit
d'averse... Il faut voir quel émoi dans la maison. Du
haut de leur perchoir, les gros paons vert et or, à crête
de tulle, ont reconnu les arrivants et les accueillent par
un formidable coup de trompette. Le poulailler, qui
s'endormait, se réveille en sursaut. Tout le monde est
sur pied : pigeons, canards, dindons, pintades. La
basse-cour est comme folle ; les poules parlent de
passer la nuit !... On dirait que chaque mouton a
rapporté dans sa laine, avec un parfum d'Alpe sauvage,

un peu de cet air vif des montagnes qui grise et qui fait danser.

C'est au milieu de tout ce train que le troupeau gagne son gîte. Rien de charmant comme cette installation. Les vieux béliers s'attendrissent en revoyant leur crèche. Les agneaux, les tout petits, ceux qui sont nés dans le voyage et n'ont jamais vu la ferme, regardent autour d'eux avec étonnement.

Mais le plus touchant encore, ce sont les chiens, ces braves chiens de berger, tout affairés après leurs bêtes et ne voyant qu'elles dans le *mas*. Le chien de garde a beau les appeler du fond de sa niche : le seau du puits, tout plein d'eau fraîche, a beau leur faire signe : ils ne veulent rien voir, rien entendre, avant que le bétail soit rentré, le gros loquet poussé sur la petite porte à claire-voie, et les bergers attablés dans la salle basse. Alors seulement ils consentent à gagner le chenil, et là, tout en lapant leur écuellée de soupe, ils racontent à leurs camarades de la ferme ce qu'ils ont fait là-haut dans la montagne, un pays noir où il y a des loups et de grandes digitales de pourpre pleines de rosée jusqu'au bord.

LA DILIGENCE DE BEAUCAIRE[1]

C'était le jour de mon arrivée ici. J'avais pris la diligence de Beaucaire, une bonne vieille patache[2] qui n'a pas grand chemin à faire avant d'être rendue chez elle, mais qui flâne tout le long de la route, pour avoir l'air, le soir, d'arriver de très loin. Nous étions cinq sur l'impériale[3] sans compter le conducteur.

D'abord un gardien de Camargue, petit homme trapu, poilu, sentant le fauve, avec de gros yeux pleins de sang et des anneaux d'argent aux oreilles ; puis deux Beaucairois, un boulanger et son *gindre,* tous deux très rouges, très poussifs, mais des profils superbes, deux médailles romaines à l'effigie de Vitellius[4]. Enfin, sur le devant, près du conducteur, un homme… non ! une casquette, une énorme casquette en peau de lapin, qui ne disait pas grand-chose et regardait la route d'un air triste.

Tous ces gens-là se connaissaient entre eux et parlaient tout haut de leurs affaires, très librement. Le Camarguais racontait qu'il venait de Nîmes, mandé par le juge d'instruction pour un coup de fourche donné à un berger. On a le sang vif en Camargue… Et à Beaucaire donc ! Est-ce que nos deux Beaucairois ne

voulaient pas s'égorger à propos de la Sainte Vierge ? Il
paraît que le boulanger était d'une paroisse depuis
longtemps vouée à la madone, celle que les Provençaux
appellent la *bonne mère* et qui porte le petit Jésus dans
ses bras ; le gindre, au contraire, chantait au lutrin
d'une église toute neuve qui s'était consacrée à
l'Immaculée Conception, cette belle image souriante
qu'on représente les bras pendants, les mains pleines de
rayons. La querelle venait de là. Il fallait voir comme
ces deux bons catholiques se traitaient, eux et leurs
madones :

— Elle est jolie, ton immaculée !

— Va-t'en donc avec ta bonne mère !

— Elle en a vu de grises, la tienne, en Palestine !

— Et la tienne, hou ! la laide ! Qui sait ce qu'elle
n'a pas fait... Demande plutôt à saint Joseph.

Pour se croire sur le port de Naples, il ne manquait
plus que de voir luire les couteaux, et ma foi, je crois
bien que ce beau tournoi théologique se serait terminé
par là si le conducteur n'était pas intervenu.

— Laissez-nous donc tranquilles avec vos madones,
dit-il en riant aux Beaucairois : tout ça c'est des
histoires de femmes, les hommes ne doivent pas s'en
mêler.

Là-dessus, il fit claquer son fouet d'un petit air
sceptique qui rangea tout le monde de son avis.

La discussion était finie ; mais le boulanger, mis en
train, avait besoin de dépenser le restant de sa verve,
et, se tournant vers la malheureuse casquette, silencieuse et triste dans son coin, il lui dit d'un air
goguenard :

— Et ta femme, à toi, rémouleur ?... Pour quelle
paroisse tient-elle ?

Il faut croire qu'il y avait dans cette phrase une
intention très comique, car l'impériale tout entière
partit d'un gros éclat de rire... Le rémouleur ne riait
pas, lui. Il n'avait pas l'air d'entendre. Voyant cela, le
boulanger se tourna de mon côté :

— Vous ne la connaissez pas sa femme, monsieur ?
une drôle de paroissienne, allez ! Il n'y en a pas deux
comme elle dans Beaucaire.

Les rires redoublèrent. Le rémouleur ne bougea pas ;
il se contenta de dire tout bas, sans lever la tête :

— Tais-toi, boulanger.

Mais ce diable de boulanger n'avait pas envie de se
taire, et il reprit de plus belle :

— Viédase [5] ! Le camarade n'est pas à plaindre
d'avoir une femme comme celle-là... Pas moyen de
s'ennuyer un moment avec elle... Pensez donc ! une
belle qui se fait enlever tous les six mois, elle a
toujours quelque chose à vous raconter quand elle
revient... C'est égal, c'est un drôle de petit ménage...
Figurez-vous, monsieur, qu'ils n'étaient pas mariés
depuis un an, paf ! voilà la femme qui part en Espagne
avec un marchand de chocolat.

Le mari reste seul chez lui à pleurer et à boire... Il
était comme fou. Au bout de quelque temps, la belle
est revenue dans le pays, habillée en Espagnole, avec
un petit tambour à grelots. Nous lui disions tous :

— Cache-toi ; il va te tuer.

— Ah ! ben oui ; la tuer... Ils se sont remis
ensemble bien tranquillement, et elle lui a appris à
jouer du tambour de basque.

Il y eut une nouvelle explosion de rires. Dans son
coin, sans lever la tête, le rémouleur murmura encore :

— Tais-toi, boulanger.

Le boulanger n'y prit pas garde et continua :

— Vous croyez peut-être, monsieur, qu'après son retour d'Espagne la belle s'est tenue tranquille ! Ah... mais non !... Son mari avait si bien pris la chose ! Ça lui a donné envie de recommencer... Après l'Espagnol, ç'a été un officier, puis un marinier du Rhône, puis un musicien, puis un... Est-ce que je sais ?... Ce qu'il y a de bon, c'est que chaque fois c'est la même comédie. La femme part, le mari pleure ; elle revient, il se console. Et toujours on la lui enlève, et toujours il la reprend... Croyez-vous qu'il a de la patience, ce mari-là ! Il faut dire aussi qu'elle est crânement jolie, la petite rémouleuse... un vrai morceau de cardinal[6] : vive, mignonne, bien roulée ; avec ça, une peau blanche et des yeux couleur de noisette qui regardent toujours les hommes en riant... Ma foi ! mon Parisien, si vous repassez jamais par Beaucaire.

— Oh ! tais-toi, boulanger, je t'en prie..., fit encore une fois le pauvre rémouleur avec une expression de voix déchirante.

A ce moment, la diligence s'arrêta. Nous étions au *mas* des Anglores. C'est là que les deux Beaucairois descendaient, et je vous jure que je ne les retins pas... Farceur de boulanger ! Il était dans la cour du *mas* qu'on l'entendait rire encore.

Ces gens-là partis, l'impériale sembla vide. On avait laissé le Camarguais à Arles ; le conducteur marchait sur la route à côté de ses chevaux... Nous étions seuls là-haut, le rémouleur et moi chacun dans notre coin, sans parler. Il faisait chaud ; le cuir de la capote brûlait. Par moments, je sentais mes yeux se fermer et ma tête devenir lourde ; mais impossible de dormir. J'avais toujours dans les oreilles ce « Tais-toi, je t'en prie », si navrant et si doux... Ni lui non plus, le pauvre homme ! il ne dormait pas. De derrière, je voyais ses grosses épaules frissonner ; et sa main, — une longue main blafarde et bête, — trembler sur le dos de la banquette, comme une main de vieux. Il pleurait...

— Vous voilà chez vous, Parisien ! me cria tout à coup le conducteur ; et du bout de son fouet il me montrait ma colline verte avec le moulin piqué dessus comme un gros papillon.

Je m'empressai de descendre... En passant près du rémouleur, j'essayai de regarder sous sa casquette ; j'aurais voulu le voir avant de partir. Comme s'il avait compris ma pensée, le malheureux leva brusquement la tête, et, plantant son regard dans le mien :

— Regardez-moi bien, l'ami, me dit-il d'une voix sourde, et si un de ces jours vous apprenez qu'il y a eu un malheur à Beaucaire, vous pourrez dire que vous connaissez celui qui a fait le coup.

C'était une figure éteinte et triste, avec de petits yeux fanés. Il y avait des larmes dans ces yeux, mais dans cette voix il y avait de la haine. La haine, c'est la colère des faibles !... Si j'étais la rémouleuse, je me méfierais.

LE SECRET
DE MAÎTRE CORNILLE [1]

[handwritten note: Moulin → minoterie → la mort du moulin]

Francet Mamaï, un vieux joueur de fifre, qui vient de temps en temps faire la veillée chez moi, en buvant du vin cuit, m'a raconté l'autre soir un petit drame de village dont mon moulin a été témoin il y a quelque vingt ans. Le récit du bonhomme m'a touché, et je vais essayer de vous le redire tel que je l'ai entendu.

Imaginez-vous pour un moment, chers lecteurs, que vous êtes assis devant un pot de vin tout parfumé, et que c'est un vieux joueur de fifre qui vous parle.

Notre pays, mon bon monsieur, n'a pas toujours été un endroit mort et sans renom, comme il est aujourd'hui. Autre temps [2], il s'y faisait un grand commerce de meunerie, et, dix lieues à la ronde, les gens des *mas* nous apportaient leur blé à moudre... Tout autour du village, les collines étaient couvertes de moulins à vent. De droite et de gauche on ne voyait que des ailes qui viraient au mistral par-dessus les pins, des ribambelles de petits ânes chargés de sacs, montant et dévalant le long des chemins; et toute la semaine c'était plaisir d'entendre sur la hauteur le bruit des fouets, le craquement de la toile et le *Dia hue !* des

aides-meuniers… Le dimanche nous allions aux moulins, par bandes. Là-haut, les meuniers payaient le
muscat. Les meunières étaient belles comme des
reines, avec leurs fichus de dentelles et leurs croix d'or.
Moi, j'apportais mon fifre, et jusqu'à la noire nuit on
dansait des farandoles. Ces moulins-là, voyez-vous,
faisaient la joie et la richesse de notre pays.

Malheureusement, des Français de Paris eurent
l'idée d'établir une minoterie à vapeur, sur la route de
Tarascon. Tout beau, tout nouveau ! Les gens prirent
l'habitude d'envoyer leurs blés aux minotiers, et les
pauvres moulins à vent restèrent sans ouvrage. Pendant
quelque temps ils essayèrent de lutter, mais la vapeur
fut la plus forte, et l'un après l'autre, *pécaïre*[3] ! ils
furent tous obligés de fermer… On ne vit plus venir
les petits ânes… Les belles meunières vendirent leurs
croix d'or… Plus de muscat ! plus de farandole !… Le
mistral avait beau souffler, les ailes restaient immobi-
les.. Puis, un beau jour, la commune fit jeter toutes
ces masures à bas, et l'on sema à leur place de la vigne
et des oliviers.

Pourtant, au milieu de la débâcle, un moulin avait
tenu bon et continuait de virer courageusement sur sa
butte, à la barbe des minotiers. C'était le moulin de
maître[4] Cornille, celui-là même où nous sommes en
train de faire la veillée en ce moment.

Maître Cornille était un vieux meunier, vivant
depuis soixante ans dans la farine et enragé pour son
état. L'installation des minoteries l'avait rendu comme
fou. Pendant huit jours, on le vit courir par le village,
ameutant le monde autour de lui et criant de toutes ses
forces qu'on voulait empoisonner la Provence avec la
farine des minotiers. « N'allez pas là-bas, disait-il ; ces

brigands-là, pour faire le pain, se servent de la vapeur, qui est une invention du diable, tandis que moi je travaille avec le mistral et la tramontane, qui sont la respiration du bon Dieu... » Et il trouvait comme cela une foule de belles paroles à la louange des moulins à vent, mais personne ne les écoutait.

Alors, de male rage, le vieux s'enferma dans son moulin et vécut tout seul comme une bête farouche. Il ne voulut pas même garder près de lui sa petite-fille Vivette, une enfant de quinze ans, qui, depuis la mort de ses parents, n'avait plus que son *grand*[5] au monde. La pauvre petite fut obligée de gagner sa vie et de se louer un peu partout dans les *mas,* pour la moisson, les magnans[6] ou les olivades[7]. Et pourtant son grand-père avait l'air de bien l'aimer, cette enfant-là. Il lui arrivait souvent de faire ses quatre lieues à pied par le grand soleil pour aller la voir au *mas* où elle travaillait, et quand il était près d'elle, il passait des heures entières à la regarder en pleurant...

Dans le pays on pensait que le vieux meunier, en renvoyant Vivette avait agi par avarice ; et cela ne lui faisait pas honneur de laisser sa petite-fille ainsi traîner d'une ferme à l'autre, exposée aux brutalités des *baïles*[8] et à toutes les misères des jeunesses en condition[9]. On trouvait très mal aussi qu'un homme du renom de maître Cornille, et qui, jusque-là, s'était respecté, s'en allât maintenant par les rues comme un vrai bohémien, pieds nus, le bonnet troué, la taillole[10] en lambeaux... Le fait est que le dimanche, lorsque nous le voyions entrer à la messe, nous avions honte pour lui, nous autres les vieux ; et Cornille le sentait si bien qu'il n'osait plus venir s'asseoir sur le banc d'œuvre[11]. Toujours il restait au fond de l'église, près du bénitier, avec les pauvres.

Dans la vie de maître Cornille il y avait quelque chose qui n'était pas clair. Depuis longtemps personne, au village, ne lui portait plus de blé, et pourtant les ailes de son moulin allaient toujours leur train comme devant [12]... Le soir, on rencontrait par les chemins le vieux meunier poussant devant lui son âne chargé de gros sacs de farine.

— Bonnes vêpres [13], maître Cornille ! lui criaient les paysans ; ça va donc toujours, la meunerie.

— Toujours, mes enfants, répondait le vieux d'un air gaillard. Dieu merci, ce n'est pas l'ouvrage qui nous manque.

Alors, si on lui demandait d'où diable pouvait venir tant d'ouvrage, il se mettait un doigt sur les lèvres et répondait gravement : « *Motus !* je travaille pour l'exportation... » Jamais on n'en put tirer davantage.

Quant à mettre le nez dans son moulin, il n'y fallait pas songer. La petite Vivette elle-même n'y entrait pas...

Lorsqu'on passait devant, on voyait la porte toujours fermée, les grosses ailes toujours en mouvement, le vieil âne broutant le gazon de la plate-forme, et un grand chat maigre qui prenait le soleil sur le rebord de la fenêtre et vous regardait d'un air méchant.

Tout cela sentait le mystère et faisait beaucoup jaser le monde. Chacun expliquait à sa façon le secret de maître Cornille, mais le bruit général était qu'il y avait dans ce moulin-là encore plus de sacs d'écus que de sacs de farine.

A la longue pourtant tout se découvrit ; voici comment :

En faisant danser la jeunesse avec mon fifre, je m'aperçus un beau jour que l'aîné de mes garçons et la petite Vivette s'étaient rendus amoureux l'un de l'autre. Au fond je n'en fus pas fâché, parce qu'après tout le nom de Cornille était en honneur chez nous, et puis ce joli petit passereau de Vivette m'aurait fait plaisir à voir trotter dans ma maison. Seulement, comme nos amoureux avaient souvent occasion d'être ensemble, je voulus, de peur d'accidents, régler l'affaire tout de suite, et je montai jusqu'au moulin pour en toucher deux mots au grand-père... Ah ! le vieux sorcier ! il faut voir de quelle manière il me reçut ! Impossible de lui faire ouvrir sa porte. Je lui expliquai mes raisons tant bien que mal, à travers le trou de la serrure ; et tout le temps que je parlais, il y avait ce coquin de chat maigre qui soufflait comme un diable au-dessus de ma tête.

Le vieux ne me donna pas le temps de finir, et me cria fort malhonnêtement de retourner à ma flûte ; que, si j'étais pressé de marier mon garçon, je pouvais bien aller chercher des filles à la minoterie... Pensez que le sang me montait d'entendre ces mauvaises paroles ; mais j'eus tout de même assez de sagesse pour me contenir, et, laissant ce vieux fou à sa meule, je revins annoncer aux enfants ma déconvenue... Ces pauvres agneaux ne pouvaient pas y croire ; ils me demandèrent comme une grâce de monter tous deux ensemble au moulin, pour parler au grand-père... Je n'eus pas le courage de refuser, et prrrt ! voilà mes amoureux partis.

Tout juste comme ils arrivaient là-haut, maître Cornille venait de sortir. La porte était fermée à double tour ; mais le vieux bonhomme, en partant, avait laissé son échelle dehors, et tout de suite l'idée vint aux enfants d'entrer par la fenêtre, voir un peu ce qu'il y avait dans ce fameux moulin...

Chose singulière ! la chambre de la meule était vide... Pas un sac, pas un grain de blé ; pas la moindre farine aux murs ni sur les toiles d'araignée... On ne sentait pas même cette bonne odeur chaude de froment écrasé qui embaume dans les moulins... L'arbre de couche était couvert de poussière, et le grand chat maigre dormait dessus :

La pièce du bas avait le même air de misère et d'abandon : — un mauvais lit, quelques guenilles, un morceau de pain sur une marche d'escalier, et puis dans un coin trois ou quatre sacs crevés d'où coulaient des gravats et de la terre blanche.

C'était là le secret de maître Cornille ! C'était ce plâtras qu'il promenait le soir par les routes, pour sauver l'honneur du moulin et faire croire qu'on y faisait de la farine... Pauvre moulin ! Pauvre Cornille ! Depuis longtemps les minotiers leur avaient enlevé leur dernière pratique. Les ailes viraient toujours, mais la meule tournait à vide.

Les enfants revinrent tout en larmes, me conter ce qu'ils avaient vu. J'eus le cœur crevé de les entendre... Sans perdre une minute, je courus chez les voisins, je leur dis la chose en deux mots, et nous convînmes qu'il fallait, sur l'heure, porter au moulin Cornille tout ce qu'il y avait de froment dans les maisons... Sitôt dit, sitôt fait. Tout le village se met en route, et nous arrivons là-haut avec une procession d'ânes chargés de blé, — du vrai blé, celui-là !

Le moulin était grand ouvert... Devant la porte, maître Cornille, assis sur un sac de plâtre, pleurait, la tête dans ses mains. Il venait de s'apercevoir, en rentrant, que pendant son absence on avait pénétré chez lui et surpris son triste secret.

— Pauvre de moi! disait-il. Maintenant, je n'ai plus qu'à mourir... Le moulin est déshonoré.

Et il sanglotait à fendre l'âme, appelant son moulin par toutes sortes de noms, lui parlant comme à une personne véritable.

A ce moment, les ânes arrivent sur la plate-forme, et nous nous mettons tous à crier bien fort comme au beau temps des meuniers :

— Ohé! du moulin!... Ohé! maître Cornille!

Et voilà les sacs qui s'entassent devant la porte et le beau grain roux qui se répand par terre, de tous côtés...

Maître Cornille ouvrait de grands yeux. Il avait pris du blé dans le creux de sa vieille main et il disait, riant et pleurant à la fois :

— C'est du blé!... Seigneur Dieu!... Du bon blé!... Laissez-moi, que je le regarde.

Puis, se tournant vers nous :

— Ah! je savais bien que vous me reviendriez... Tous ces minotiers sont des voleurs.

Nous voulions l'emporter en triomphe au village :

— Non, non, mes enfants; il faut avant tout que j'aille donner à manger à mon moulin... Pensez donc! il y a si longtemps qu'il ne s'est rien mis sous la dent!

Et nous avions tous des larmes dans les yeux de voir le pauvre vieux se démener de droite et de gauche, éventrant les sacs, surveillant la meule tandis que le grain s'écrasait et que la fine poussière de froment s'envolait au plafond.

C'est une justice à nous rendre : à partir de ce jour-là, jamais nous ne laissâmes le vieux meunier manquer d'ouvrage. Puis, un matin, maître Cornille mourut, et les ailes de notre dernier moulin cessèrent de virer, pour toujours cette fois... Cornille mort, personne ne

prit sa suite. Que voulez-vous, monsieur !... tout a une
fin en ce monde, et il faut croire que le temps des
moulins à vent était passé comme celui des coches sur
le Rhône, des parlements et des jaquettes à grandes
fleurs.

LA CHÈVRE DE M. SEGUIN[1]

moral

A. M. Pierre Gringoire[2], *poète lyrique à Paris*

Tu seras bien toujours le même, mon pauvre Gringoire !

Comment ! on t'offre une place de chroniqueur dans un bon journal de Paris, et tu as l'aplomb de refuser... Mais regarde-toi, malheureux garçon ! Regarde ce pourpoint troué, ces chausses en déroute, cette face maigre qui crie la faim. Voilà pourtant où t'a conduit la passion des belles rimes ! Voilà ce que t'ont valu dix ans de loyaux services dans les pages du sire Apollo... Est-ce que tu n'as pas honte, à la fin ?

Fais-toi donc chroniqueur, imbécile ! fais-toi chroniqueur ! Tu gagneras de beaux écus à la rose[3], tu auras ton couvert chez Brébant[4], et tu pourras te montrer les jours de première avec une plume neuve à ta barrette.

Non ? Tu ne veux pas ?... Tu prétends rester libre à ta guise jusqu'au bout... Eh bien, écoute un peu l'histoire de *la chèvre de M. Seguin.* Tu verras ce que l'on gagne à vouloir vivre libre.

M. Seguin n'avait jamais eu de bonheur avec ses chèvres.

Il les perdait toutes de la même façon : un beau matin, elles cassaient leur corde, s'en allaient dans la montagne, et là-haut le loup les mangeait. Ni les caresses de leur maître, ni la peur du loup, rien ne les retenait. C'était, paraît-il, des chèvres indépendantes, voulant à tout prix le grand air et la liberté.

Le brave M. Seguin, qui ne comprenait rien au caractère de ses bêtes, était consterné. Il disait :

— C'est fini ; les chèvres s'ennuient chez moi, je n'en garderai pas une.

Cependant il ne se découragea pas, et, après avoir perdu six chèvres de la même manière, il en acheta une septième ; seulement, cette fois, il eut soin de la prendre toute jeune, pour qu'elle s'habituât mieux à demeurer chez lui.

Ah ! Gringoire, qu'elle était jolie la petite chèvre de M. Seguin ! qu'elle était jolie avec ses yeux doux, sa barbiche de sous-officier, ses sabots noirs et luisants, ses cornes zébrées et ses longs poils blancs qui lui faisaient une houppelande ! C'était presque aussi charmant que le cabri d'Esméralda, tu te rappelles, Gringoire ? — et puis, docile, caressante, se laissant traire sans bouger, sans mettre son pied dans l'écuelle. Un amour de petite chèvre...

M. Seguin avait derrière sa maison un clos entouré d'aubépines. C'est là qu'il mit sa nouvelle pensionnaire. Il l'attacha à un pieu, au plus bel endroit du pré, en ayant soin de lui laisser beaucoup de corde, et de temps en temps, il venait voir si elle était bien. La chèvre se trouvait très heureuse et broutait l'herbe de si bon cœur que M. Seguin était ravi.

— Enfin, pensait le pauvre homme, en voilà une qui ne s'ennuiera pas chez moi !

M. Seguin se trompait, sa chèvre s'ennuya.

Un jour, elle se dit en regardant la montagne :

— Comme on doit être bien là-haut ! Quel plaisir de gambader dans la bruyère, sans cette maudite longe qui vous écorche le cou !... C'est bon pour l'âne ou pour le bœuf de brouter dans un clos !... Les chèvres, il leur faut du large.

A partir de ce moment, l'herbe du clos lui parut fade. L'ennui lui vint. Elle maigrit, son lait se fit rare. C'était pitié de la voir tirer tout le jour sur sa longe, la tête tournée du côté de la montagne, la narine ouverte, en faisant *Mê !*... tristement.

M. Seguin s'apercevait bien que sa chèvre avait quelque chose, mais il ne savait pas ce que c'était... Un matin, comme il achevait de la traire, la chèvre se retourna et lui dit dans son patois :

— Ecoutez, monsieur Seguin, je me languis chez vous, laissez-moi aller dans la montagne.

— Ah ! mon Dieu !... Elle aussi ! cria M. Seguin stupéfait, et du coup il laissa tomber son écuelle ; puis, s'asseyant dans l'herbe à côté de sa chèvre :

— Comment Blanquette, tu veux me quitter !
Et Blanquette répondit :

— Oui, monsieur Seguin.

— Est-ce que l'herbe te manque ici ?

— Oh ! non ! monsieur Seguin.

— Tu es peut-être attachée de trop court ; veux-tu que j'allonge la corde !

— Ce n'est pas la peine, monsieur Seguin.

— Alors, qu'est-ce qu'il te faut ! qu'est-ce que tu veux ?

— Je veux aller dans la montagne, monsieur
Seguin.

— Mais, malheureuse, tu ne sais pas qu'il y a le
loup dans la montagne... Que feras-tu quand il
viendra ?...

— Je lui donnerai des coups de corne, monsieur
Seguin.

— Le loup se moque bien de tes cornes. Il m'a
mangé des biques autrement encornées que toi... Tu
sais bien, la pauvre vieille Renaude qui était ici l'an
dernier ? une maîtresse chèvre, forte et méchante
comme un bouc. Elle s'est battue avec le loup toute la
nuit... puis, le matin, le loup l'a mangée.

— Pécaïre ! Pauvre Renaude !... Ça ne fait rien,
monsieur Seguin, laissez-moi aller dans la montagne.

— Bonté divine !... dit M. Seguin ; mais qu'est-ce
qu'on leur fait donc à mes chèvres ? Encore une que le
loup va me manger... Eh bien, non... je te sauverai
malgré toi, coquine ! et de peur que tu ne rompes ta
corde, je vais t'enfermer dans l'étable, et tu y resteras
toujours.

Là-dessus, M. Seguin emporta la chèvre dans une
étable toute noire, dont il ferma la porte à double tour.
Malheureusement, il avait oublié la fenêtre, et à peine
eut-il le dos tourné, que la petite s'en alla...

Tu ris, Gringoire ? Parbleu ! je crois bien ; tu es du
parti des chèvres, toi, contre ce bon M. Seguin... Nous
allons voir si tu riras tout à l'heure.

Quand la chèvre blanche arriva dans la montagne, ce
fut un ravissement général. Jamais les vieux sapins
n'avaient rien vu d'aussi joli. On la reçut comme une
petite reine. Les châtaigniers se baissaient jusqu'à terre
pour la caresser du bout de leurs branches. Les genêts

d'or s'ouvraient sur son passage, et sentaient bon tant qu'ils pouvaient. Toute la montagne lui fit fête.

Tu penses, Gringoire, si notre chèvre était heureuse ! Plus de corde, plus de pieu... rien qui l'empêchât de gambader, de brouter à sa guise... C'est là qu'il y en avait de l'herbe ! jusque par-dessus les cornes, mon cher !... Et quelle herbe ! Savoureuse, fine, dentelée, faite de mille plantes... C'était bien autre chose que le gazon du clos. Et les fleurs donc !... De grandes campanules bleues, des digitales de pourpre à longs calices, toute une forêt de fleurs sauvages débordant de sucs capiteux !...

La chèvre blanche, à moitié soûle, se vautrait là-dedans les jambes en l'air et roulait le long des talus, pêle-mêle avec les feuilles tombées et les châtaignes... Puis, tout à coup elle se redressait d'un bond sur ses pattes. Hop ! la voilà partie, la tête en avant, à travers les maquis et les buissières [5], tantôt sur un pic, tantôt au fond d'un ravin, là-haut, en bas, partout... On aurait dit qu'il y avait dix chèvres de M. Seguin dans la montagne.

C'est qu'elle n'avait peur de rien la Blanquette.

Elle franchissait d'un saut de grands torrents qui l'éclaboussaient au passage de poussière humide et d'écume. Alors, toute ruisselante, elle allait s'étendre sur quelque roche plate et se faisait sécher par le soleil... Une fois, s'avançant au bord d'un plateau, une fleur de cytise aux dents, elle aperçut en bas, tout en bas dans la plaine, la maison de M. Seguin avec le clos derrière. Cela la fit rire aux larmes.

— Que c'est petit ! dit-elle ; comment ai-je pu tenir là-dedans ?

Pauvrette ! de se voir si haut perchée, elle se croyait au moins aussi grande que le monde...

En somme, ce fut une bonne journée pour la chèvre de M. Seguin. Vers le milieu du jour, en courant de droite et de gauche, elle tomba dans une troupe de chamois en train de croquer une lambrusque[6] à belles dents. Notre petite coureuse en robe blanche fit sensation. On lui donna la meilleure place à la lambrusque, et tous ces messieurs furent très galants... Il paraît même, — ceci doit rester entre nous, Gringoire, — qu'un jeune chamois à pelage noir, eut la bonne fortune de plaire à Blanquette. Les deux amoureux s'égarèrent parmi le bois une heure ou deux, et si tu veux savoir ce qu'ils se dirent, va le demander aux sources bavardes qui courent invisibles dans la mousse.

Tout à coup le vent fraîchit. La montagne devint violette ; c'était le soir...

— Déjà ! dit la petite chèvre ; et elle s'arrêta fort étonnée.

En bas, les champs étaient noyés de brume. Le clos de M. Seguin disparaissait dans le brouillard, et de la maisonnette on ne voyait plus que le toit avec un peu de fumée. Elle écouta les clochettes d'un troupeau qu'on ramenait, et se sentit l'âme toute triste... Un gerfaut, qui rentrait, la frôla de ses ailes en passant. Elle tressaillit... puis ce fut un hurlement dans la montagne :

— Hou ! hou !

Elle pensa au loup ; de tout le jour la folle n'y avait pas pensé... Au même moment une trompe sonna bien loin dans la vallée. C'était ce bon M. Seguin qui tentait un dernier effort.

— Hou ! hou !... faisait le loup.

— Reviens ! reviens !... criait la trompe.

Blanquette eut envie de revenir ; mais en se rappelant le pieu, la corde, la haie du clos, elle pensa que maintenant elle ne pouvait plus se faire à cette vie, et qu'il valait mieux rester.

La trompe ne sonnait plus...

La chèvre entendit derrière elle un bruit de feuilles. Elle se retourna et vit dans l'ombre deux oreilles courtes, toutes droites, avec deux yeux qui reluisaient... c'était le loup.

Enorme, immobile, assis sur son train de derrière, il était là regardant la petite chèvre blanche et la dégustant par avance. Comme il savait bien qu'il la mangerait, le loup ne se pressait pas ; seulement, quand elle se retourna, il se mit à rire méchamment.

— Ha ! ha ! la petite chèvre de M. Seguin ! et il passa sa grosse langue rouge sur ses babines d'amadou.

Blanquette se sentit perdue... Un moment en se rappelant l'histoire de la vieille Renaude, qui s'était battue toute la nuit pour être mangée le matin, elle se dit qu'il vaudrait peut-être mieux se laisser manger tout de suite ; puis, s'étant ravisée, elle tomba en garde, la tête basse et la corne en avant, comme une brave chèvre de M. Seguin qu'elle était... Non pas qu'elle eût l'espoir de tuer le loup, — les chèvres ne tuent pas le loup, — mais seulement pour voir si elle pourrait tenir aussi longtemps que la Renaude...

Alors le monstre s'avança, et les petites cornes entrèrent en danse.

Ah ! la brave chevrette, comme elle y allait de bon cœur ! Plus de dix fois, je ne mens pas, Gringoire, elle força le loup à reculer pour reprendre haleine. Pendant ces trêves d'une minute, la gourmande cueillait en hâte encore un brin de sa chère herbe ; puis elle retournait au combat, la bouche pleine... Cela dura toute la nuit. De temps en temps la chèvre de M. Seguin regardait les étoiles danser dans le ciel clair, et elle se disait :

— Oh ! pourvu que je tienne jusqu'à l'aube...

L'une après l'autre, les étoiles s'éteignirent. Blanquette redoubla de coups de cornes, le loup de coups de dents... Une lueur pâle parut dans l'horizon... Le chant d'un coq enroué monta d'une métairie.

— Enfin ! dit la pauvre bête, qui n'attendait plus que le jour pour mourir ; et elle s'allongea par terre dans sa belle fourrure blanche toute tachée de sang...

Alors le loup se jeta sur la petite chèvre et la mangea.

Adieu, Gringoire !

L'histoire que tu as entendue n'est pas un conte de mon invention. Si jamais tu viens en Provence, nos ménagers te parleront souvent de la *cabro de moussu Seguin, que se battégue touto la neui emé lou loup, e piei lou matin lou loup la mangé**.

Tu m'entends bien, Gringoire :

E piei lou matin lou loup la mangé

---

* La chèvre de monsieur Seguin, qui se battit toute la nuit avec le loup, et puis, le matin, le loup la mangea. *(Note de Daudet.)*

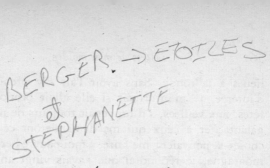

LES ÉTOILES [1]

RÉCIT D'UN BERGER PROVENÇAL

Du temps que je gardais les bêtes sur le Luberon, je restais des semaines entières sans voir âme qui vive, seul dans le pâturage avec mon chien Labri [2] et mes ouailles. De temps en temps, l'ermite du Mont-de-l'Ure [3] passait par-là pour chercher des simples ou bien j'apercevais la face noire de quelque charbonnier du Piémont ; mais c'étaient des gens naïfs, silencieux à force de solitude, ayant perdu le goût de parler et ne sachant rien de ce qui se disait en bas dans les villages et les villes. Aussi, tous les quinze jours, lorsque j'entendais, sur le chemin qui monte, les sonnailles du mulet de notre ferme m'apportant les provisions de quinzaine, et que je voyais apparaître peu à peu, au-dessus de la côte, la tête éveillée du petit *miarro* (garçon de ferme), ou la coiffe rousse de la vieille tante Norade, j'étais vraiment bien heureux. Je me faisais raconter les nouvelles du pays d'en bas, les baptêmes, les mariages ; mais ce qui m'intéressait surtout, c'était de savoir ce que devenait la fille de mes maîtres, notre demoiselle Stéphanette, la plus jolie qu'il y eût à dix

lieues à la ronde. Sans avoir l'air d'y prendre trop
d'intérêt, je m'informais si elle allait beaucoup aux
fêtes, aux veillées, s'il lui venait toujours de nouveaux
galants ; et à ceux qui me demanderont ce que ces
choses-là pouvaient me faire, à moi pauvre berger de la
montagne, je répondrai que j'avais vingt ans et que
cette Stéphanette était ce que j'avais vu de plus beau
dans ma vie.

Or, un dimanche que j'attendais les vivres de
quinzaine, il se trouva qu'ils n'arrivèrent que très tard.
Le matin je me disais : « C'est la faute de la grand-
messe » ; puis, vers midi, il vint un gros orage, et je
pensai que la mule n'avait pas pu se mettre en route à
cause du mauvais état des chemins. Enfin, sur les trois
heures, le ciel étant lavé, la montagne luisante d'eau et
de soleil, j'entendis parmi l'égouttement des feuilles et
le débordement des ruisseaux gonflés les sonnailles de
la mule, aussi gaies, alertes qu'un grand carillon de
cloches un jour de Pâques. Mais ce n'était pas le petit
miarro, ni la vieille Norade qui la conduisait. C'était...
devinez qui !... notre demoiselle, mes enfants ! notre
demoiselle en personne, assise droite entre les sacs
d'osier, toute rose de l'air des montagnes et du
rafraîchissement de l'orage.

Le petit était malade, tante Norade en vacances chez
ses enfants. La belle Stéphanette m'apprit tout ça, en
descendant de sa mule, et aussi qu'elle arrivait tard
parce qu'elle s'était perdue en route ; mais à la voir si
bien endimanchée, avec son ruban à fleurs, sa jupe
brillante et ses dentelles, elle avait plutôt l'air de s'être
attardée à quelque danse que d'avoir cherché son
chemin dans les buissons. O la mignonne créature !
Mes yeux ne pouvaient se lasser de la regarder. Il est
vrai que je ne l'avais jamais vue de si près. Quelquefois

l'hiver, quand les troupeaux étaient descendus dans la plaine et que je rentrais le soir à la ferme pour souper, elle traversait la salle vivement, sans guère parler aux serviteurs, toujours parée et un peu fière... Et maintenant je l'avais là devant moi, rien que pour moi ; n'était-ce pas à en perdre la tête ?

Quand elle eut tiré les provisions du panier, Stéphanette se mit à regarder curieusement autour d'elle. Relevant un peu sa belle jupe du dimanche qui aurait pu s'abîmer, elle entra dans le *parc*, voulut voir le coin où je couchais, la crèche de paille avec la peau de mouton, ma grande cape accrochée au mur, ma crosse, mon fusil à pierre. Tout cela l'amusait.

— Alors c'est ici que tu vis, mon pauvre berger ? Comme tu dois t'ennuyer d'être toujours seul ! Qu'est-ce que tu fais ? A quoi penses-tu ?...

J'avais envie de répondre : « A vous, maîtresse », et je n'aurais pas menti ; mais mon trouble était si grand que je ne pouvais pas seulement trouver une parole. Je crois bien qu'elle s'en apercevait, et que la méchante prenait plaisir à redoubler mon embarras avec ses malices :

— Et ta bonne amie, berger, est-ce qu'elle monte te voir quelquefois ?... Ça doit être bien sûr la chèvre d'or [4], ou cette fée Estérelle [5] qui ne court qu'à la pointe des montagnes...

Et elle-même, en me parlant, avait bien l'air de la fée Estérelle, avec le joli rire de sa tête renversée et sa hâte de s'en aller qui faisait de sa visite une apparition.

— Adieu, berger.

— Salut, maîtresse.

Et la voilà partie, emportant ses corbeilles vides.

Lorsqu'elle disparut dans le sentier en pente, il me semblait que les cailloux, roulant sous les sabots de la

mule, me tombaient un à un sur le cœur. Je les
entendis longtemps, longtemps ; et jusqu'à la fin du
jour je restai comme ensommeillé, n'osant bouger, de
peur de faire en aller mon rêve. Vers le soir, comme le
fond des vallées commençait à devenir bleu et que les
bêtes se serraient en bêlant l'une contre l'autre pour
rentrer au *parc,* j'entendis qu'on m'appelait dans la
descente, et je vis paraître notre demoiselle, non plus
rieuse ainsi que tout à l'heure, mais tremblante de
froid, de peur, de mouillure. Il paraît qu'au bas de la
côte elle avait trouvé la Sorgue grossie par la pluie
d'orage, et qu'en voulant passer à toute force elle avait
risqué de se noyer. Le terrible, c'est qu'à cette heure de
nuit il ne fallait plus songer à retourner à la ferme ; car
le chemin par la traverse, notre demoiselle n'aurait
jamais su s'y retrouver toute seule, et moi je ne pouvais
pas quitter le troupeau. Cette idée de passer la nuit sur
la montagne la tourmentait beaucoup, surtout à cause
de l'inquiétude des siens. Moi, je la rassurais de mon
mieux :

— En juillet, les nuits sont courtes, maîtresse... Ce
n'est qu'un mauvais moment.

Et j'allumai vite un grand feu pour sécher ses pieds
et sa robe toute trempée de l'eau de la Sorgue. Ensuite
j'apportai devant elle du lait, des fromageons ; mais la
pauvre petite ne songeait ni à se chauffer, ni à manger,
et de voir les grosses larmes qui montaient dans ses
yeux, j'avais envie de pleurer, moi aussi.

Cependant la nuit était venue tout à fait. Il ne
restait plus sur la crête des montagnes qu'une poussière
de soleil, une vapeur de lumière du côté du couchant.
Je voulus que notre demoiselle entrât se reposer dans le
parc. Ayant étendu sur la paille fraîche une belle peau
toute neuve, je lui souhaitai la bonne nuit, et j'allai

m'asseoir dehors devant la porte... Dieu m'est témoin que, malgré le feu d'amour qui me brûlait le sang, aucune mauvaise pensée ne me vint ; rien qu'une grande fierté de songer que dans un coin du *parc* tout près du troupeau curieux qui la regardait dormir, la fille de mes maîtres, — comme une brebis plus précieuse et plus blanche que toutes les autres, — reposait, confiée à ma garde. Jamais le ciel ne m'avait paru si profond, les étoiles si brillantes... Tout à coup, la claire-voie du *parc* s'ouvrit et la belle Stéphanette parut. Elle ne pouvait pas dormir. Les bêtes faisaient crier la paille en remuant, ou bêlaient dans leurs rêves. Elle aimait mieux venir près du feu. Voyant cela, je lui jetai ma peau de bique sur les épaules, j'activai la flamme, et nous restâmes assis l'un près de l'autre sans parler. Si vous avez jamais passé la nuit à la belle étoile, vous savez qu'à l'heure où nous dormons, un monde mystérieux s'éveille dans la solitude et le silence. Alors les sources chantent bien plus clair, les étangs allument des petites flammes. Tous les esprits de la montagne vont et viennent librement ; et il y a dans l'air des frôlements, des bruits imperceptibles, comme si l'on entendait les branches grandir, l'herbe pousser. Le jour, c'est la vie des êtres ; mais la nuit, c'est la vie des choses. Quand on n'en a pas l'habitude, ça fait peur... Aussi notre demoiselle était toute frissonnante et se serrait contre moi au moindre bruit. Une fois, un cri long, mélancolique, parti de l'étang qui luisait plus bas, monta vers nous en ondulant. Au même instant une belle étoile filante glissa par-dessus nos têtes dans la même direction, comme si cette plainte que nous venions d'entendre portait une lumière avec elle.

— Qu'est-ce que c'est ? me demanda Stéphanette à voix basse.

— Une âme qui entre en paradis, maîtresse ; et je fis le signe de la croix.

Elle se signa aussi, et resta un moment la tête en l'air, très recueillie. Puis elle me dit :

— C'est donc vrai, berger, que vous êtes sorciers, vous autres ?

— Nullement, notre demoiselle. Mais ici nous vivons plus près des étoiles, et nous savons ce qui s'y passe mieux que des gens de la plaine.

Elle regardait toujours en haut, la tête appuyée dans la main, entourée de la peau de mouton comme un petit pâtre céleste :

— Qu'il y en a ! Que c'est beau ! Jamais je n'en avais tant vu... Est-ce que tu sais leurs noms, berger ?

— Mais oui, maîtresse... Tenez ! juste au-dessus de nous, voilà le *Chemin de saint Jacques* (la voie lactée). Il va de France droit sur l'Espagne. C'est saint Jacques de Galice qui l'a tracé pour montrer sa route au brave Charlemagne lorsqu'il faisait la guerre aux Sarrasins *. Plus loin, vous avez le *Char des âmes* (la grande Ourse) avec ses quatre essieux resplendissants. Les trois étoiles qui vont devant sont les *Trois bêtes,* et cette toute petite contre la troisième c'est le *Charretier.* Voyez-vous tout autour cette pluie d'étoiles qui tombent ? ce sont les âmes dont le bon Dieu ne veut pas chez lui... Un peu plus bas, voici le *Râteau* ou les *Trois rois* (Orion). C'est ce qui nous sert d'horloge, à nous autres. Rien qu'en les regardant, je sais maintenant qu'il est minuit passé.

---

* Tous ces détails d'astronomie populaire sont traduits de l'*Almanach provençal* qui se publie en Avignon. (*Note de Daudet.*)

Un peu plus bas, toujours vers le midi, brille *Jean de Milan*, le flambeau des astres (Sirius). Sur cette étoile-là, voici ce que les bergers racontent. Il paraît qu'une nuit *Jean de Milan*, avec les *Trois rois* et la *Poussinière* (la Pléiade), furent invités à la noce d'une étoile de leurs amies. La *Poussinière*, plus pressée, partit, dit-on, la première, et prit le chemin haut. Regardez-la, là-haut, tout au fond du ciel. Les *Trois rois* coupèrent plus bas et la rattrapèrent ; mais ce paresseux de *Jean de Milan*, qui avait dormi trop tard, resta tout à fait derrière, et furieux, pour les arrêter, leur jeta son bâton. C'est pourquoi les *Trois rois* s'appellent aussi le *Bâton de Jean de Milan*... Mais la plus belle de toutes les étoiles, maîtresse, c'est la nôtre, c'est l'*Etoile du berger*, qui nous éclaire à l'aube quand nous sortons le troupeau, et aussi le soir quand nous le rentrons. Nous la nommons encore *Maguelonne*, la belle Maguelonne qui court après *Pierre de Provence* (Saturne) et se marie avec lui tous les sept ans.

— Comment ! berger, il y a donc des mariages d'étoiles ?

— Mais oui, maîtresse.

Et comme j'essayais de lui expliquer ce que c'était que ces mariages, je sentis quelque chose de frais et de fin peser légèrement sur mon épaule. C'était sa tête alourdie de sommeil qui s'appuyait contre moi avec un joli froissement de rubans, de dentelles et de cheveux ondés. Elle resta ainsi sans bouger jusqu'au moment où les astres du ciel pâlirent, effacés par le jour qui montait. Moi, je la regardais dormir, un peu troublé au fond de mon être, mais saintement protégé par cette claire nuit qui ne m'a jamais donné que de belles pensées. Autour de nous, les étoiles continuaient leur marche silencieuse, dociles comme un grand troupeau ; et par moments je me figurais qu'une de ces étoiles, la plus fine, la plus brillante, ayant perdu sa route, était venue se poser sur mon épaule pour dormir...

L'ARLÉSIENNE [1]

Pour aller au village, en descendant de mon moulin,
on passe devant un *mas* bâti près de la route au fond
d'une grande cour plantée de micocouliers [2]. C'est la
vraie maison du *ménager* de Provence, avec ses tuiles
rouges, sa large façade brune irrégulièrement percée,
puis tout en haut la girouette du grenier, la poulie
pour hisser les meules, et quelques touffes de foin brun
qui dépassent...

Pourquoi cette maison m'avait-elle frappé ? Pourquoi ce portail fermé me serrait-il le cœur ? Je n'aurais
pas pu le dire, et pourtant ce logis me faisait froid. Il y
avait trop de silence autour... Quand on passait, les
chiens n'aboyaient pas, les pintades s'enfuyaient sans
crier... A l'intérieur, pas une voix ! Rien, pas même un
grelot de mule... Sans les rideaux blancs des fenêtres et
la fumée qui montait des toits, on aurait cru l'endroit
inhabité.

Hier, sur le coup de midi, je revenais du village, et,
pour éviter le soleil, je longeais les murs de la ferme,
dans l'ombre des micocouliers... Sur la route, devant le
mas, des valets silencieux achevaient de charger une
charrette de foin... Le portail était resté ouvert. Je

jetai un regard en passant, et je vis, au fond de la cour,
accoudé, — la tête dans ses mains, — sur une large
table de pierre, un grand vieux tout blanc, avec une
veste trop courte et des culottes en lambeaux... Je
m'arrêtai. Un des hommes me dit tout bas :

— Chut ! c'est le maître... Il est comme ça depuis
le malheur de son fils.

A ce moment une femme et un petit garçon, vêtus
de noir, passèrent près de nous avec de gros paroissiens
dorés, et entrèrent à la ferme.

L'homme ajouta :

— ... La maîtresse et Cadet qui reviennent de la
messe. Ils y vont tous les jours, depuis que l'enfant
s'est tué... Ah ! monsieur, quelle désolation !... Le
père porte encore les habits du mort ; on ne peut pas les
lui faire quitter... Dia ! hue ! la bête !

La charrette s'ébranla pour partir. Moi, qui voulais
en savoir plus long, je demandai au voiturier de
monter à côté de lui, et c'est là-haut, dans le foin, que
j'appris toute cette navrante histoire.

Il s'appelait Jan. C'était un admirable paysan de
vingt ans, sage comme une fille, solide et le visage
ouvert. Comme il était très beau, les femmes le
regardaient ; mais lui n'en avait qu'une en tête, — une
petite Arlésienne toute en velours et en dentelles, qu'il
avait rencontrée sur la Lice d'Arles [3], une fois. — Au
mas, on ne vit pas d'abord cette liaison avec plaisir. La
fille passait pour coquette, et ses parents n'étaient pas
du pays. Mais Jan voulait son Arlésienne à toute force.
Il disait :

— Je mourrai si on ne me la donne pas.

Il fallut en passer par là. On décida de les marier
après la moisson.

Donc, un dimanche soir, dans la cour du *mas*, la famille achevait de dîner. C'était presque un repas de noces. La fiancée n'y assistait pas, mais on avait bu en son honneur tout le temps… Un homme se présente à la porte, et, d'une voix qui tremble, demande à parler à maître Estève, à lui seul. Estève se lève et sort sur la route.

— Maître, lui dit l'homme, vous allez marier votre enfant à une coquine, qui a été ma maîtresse pendant deux ans. Ce que j'avance, je le prouve : voici des lettres !… Les parents savent tout et me l'avaient promise ; mais, depuis que votre fils la recherche, ni eux ni la belle ne veulent plus de moi… J'aurais cru pourtant qu'après ça elle ne pouvait pas être la femme d'un autre.

— C'est bien ! dit maître Estève quand il eut regardé les lettres ; entrez boire un verre de muscat.

L'homme répond :

— Merci ! j'ai plus de chagrin que de soif.

Et il s'en va.

Le père rentre impassible ; il reprend sa place à table ; et le repas s'achève gaiement…

Ce soir-là, maître Estève et son fils s'en allèrent ensemble dans les champs. Ils restèrent longtemps dehors ; quand ils revinrent, la mère les attendait encore.

— Femme, dit le *ménager*, en lui amenant son fils, embrasse-le ! il est malheureux…

Jan ne parla plus de l'Arlésienne. Il l'aimait toujours cependant, et même plus que jamais, depuis qu'on la lui avait montrée dans les bras d'un autre. Seulement il était trop fier pour rien dire ; c'est ce qui le tua, le pauvre enfant !… Quelquefois il passait des journées entières seul dans un coin, sans bouger. D'autres jours, il se mettait à la terre avec rage et abattait à lui seul le travail de dix journaliers... Le soir venu, il prenait la route d'Arles et marchait devant lui jusqu'à ce qu'il vît monter dans le couchant les clochers grêles de la ville. Alors il revenait. Jamais il n'alla plus loin.

De le voir ainsi, toujours triste et seul, les gens du *mas* ne savaient plus que faire. On redoutait un malheur... Une fois, à table, sa mère, en le regardant avec des yeux pleins de larmes, lui dit :

— Eh bien ! écoute, Jan, si tu la veux tout de même, nous te la donnerons...

Le père, rouge de honte, baissait la tête...

Jan fit signe que non, et il sortit...

A partir de ce jour, il changea sa façon de vivre, affectant d'être toujours gai, pour rassurer ses parents. On le revit au bal, au cabaret, dans les ferrades [4]. A la vote [5] de Fonvieille, c'est lui qui mena la farandole.

Le père disait : « Il est guéri. » La mère, elle, avait toujours des craintes et plus que jamais surveillait son enfant... Jan couchait avec Cadet, tout près de la magnanerie [6] ; la pauvre vieille se fit dresser un lit à côté de leur chambre... Les magnans pouvaient avoir besoin d'elle, dans la nuit.

Vint la fête de saint Eloi, patron des ménagers.

Grande joie au *mas*... Il y eut du château-neuf pour tout le monde et du vin cuit comme s'il en pleuvait. Puis des pétards, des feux sur l'aire, des lanternes de couleur plein les micocouliers... Vive saint Eloi ! On farandola à mort. Cadet brûla sa blouse neuve... Jan lui-même avait l'air content ; il voulut faire danser sa mère ; la pauvre femme en pleurait de bonheur.

A minuit, on alla se coucher. Tout le monde avait besoin de dormir... Jan ne dormit pas, lui. Cadet a

raconté depuis que toute la nuit il avait sangloté...
Ah ! je vous réponds qu'il était bien mordu, celui-là...

Le lendemain, à l'aube, la mère entendit quelqu'un
traverser sa chambre en courant. Elle eut comme un
pressentiment :

— Jan, c'est toi ?

Jan ne répond pas ; il est déjà dans l'escalier.

Vite, vite la mère se lève :

— Jan, où vas-tu ?

Il monte au grenier ; elle monte derrière lui :

— Mon fils, au nom du ciel !

Il ferme la porte et tire le verrou.

— Jan, mon Janet, réponds-moi. Que vas-tu faire ?

A tâtons, de ses vieilles mains qui tremblent, elle
cherche le loquet... Une fenêtre qui s'ouvre, le bruit
d'un corps sur les dalles de la cour, et c'est tout...

Il s'était dit, le pauvre enfant : « Je l'aime trop...
Je m'en vais... » Ah ! misérables cœurs que nous
sommes ! C'est un peu fort pourtant que le mépris ne
puisse pas tuer l'amour !...

Ce matin-là, les gens du village se demandèrent qui
pouvait crier ainsi, là-bas, du côté du *mas* d'Estève...

C'était, dans la cour, devant la table de pierre
couverte de rosée et de sang, la mère toute nue qui se
lamentait, avec son enfant mort sur ses bras.

LA MULE DU PAPE [1]

De tous les jolis dictons, proverbes ou adages, dont nos paysans de Provence passementent leurs discours, je n'en sais pas un plus pittoresque ni plus singulier que celui-ci. A quinze lieues autour de mon moulin, quand on parle d'un homme rancunier, vindicatif, on dit : « Cet homme-là ! méfiez-vous !... il est comme la mule du Pape, qui garde sept ans son coup de pied. »

J'ai cherché bien longtemps d'où ce proverbe pouvait venir, ce que c'était que cette mule papale et ce coup de pied gardé pendant sept ans. Personne ici n'a pu me renseigner à ce sujet, pas même Francet Mamaï, mon joueur de fifre, qui connaît pourtant son légendaire provençal sur le bout du doigt. Francet pense comme moi qu'il y a là-dessous quelque ancienne chronique du pays d'Avignon ; mais il n'en a jamais entendu parler autrement que par le proverbe...

— Vous ne trouverez cela qu'à la bibliothèque des Cigales, m'a dit le vieux fifre en riant.

L'idée m'a paru bonne, et comme la bibliothèque des Cigales est à ma porte, je suis allé m'y enfermer pendant huit jours.

C'est une bibliothèque merveilleuse, admirablement

montée, ouverte aux poètes jour et nuit, et desservie
par de petits bibliothécaires à cymbales qui vous font
de la musique tout le temps. J'ai passé là quelques
journées délicieuses, et, après une semaine de recher-
ches, — sur le dos, — j'ai fini par découvrir ce que je
voulais, c'est-à-dire l'histoire de ma mule et de ce
fameux coup de pied gardé pendant sept ans. Le conte
en est joli quoique un peu naïf, et je vais essayer de
vous le dire tel que je l'ai lu hier matin dans un
manuscrit couleur du temps, qui sentait bon la lavande
sèche et avait de grands fils de la Vierge pour signets.

Qui n'a pas vu Avignon du temps des Papes [2], n'a
rien vu. Pour la gaieté, la vie, l'animation, le train des
fêtes, jamais une ville pareille. C'étaient, du matin au
soir, des processions, des pèlerinages, les rues jonchées
de fleurs, tapissées de hautes lices, des arrivages de
cardinaux par le Rhône, bannières au vent, galères
pavoisées, les soldats du Pape qui chantaient du latin
sur les places, les crécelles des frères quêteurs ; puis, du
haut en bas des maisons qui se pressaient en bourdon-
nant autour du grand palais papal comme des abeilles
autour de leur ruche, c'était encore le tic-tac des
métiers à dentelles, le va-et-vient des navettes tissant
l'or des chasubles, les petits marteaux des ciseleurs de
burettes, les tables d'harmonie qu'on ajustait chez les
luthiers, les cantiques des ourdisseuses ; par là-dessus
le bruit des cloches, et toujours quelques tambourins
qu'on entendait ronfler, là-bas, du côté du pont. Car
chez nous, quand le peuple est content, il faut qu'il
danse, il faut qu'il danse ; et comme en ce temps-là les
rues de la ville étaient trop étroites pour la farandole,
fifres et tambourins se postaient sur le pont d'Avignon, au vent frais du Rhône, et jour et nuit l'on y

dansait, l'on y dansait… Ah ! l'heureux temps ! l'heureuse ville ! Des hallebardes qui ne coupaient pas ; des
prisons d'Etat où l'on mettait le vin à rafraîchir.
Jamais de disette ; jamais de guerre… Voilà comment
les Papes du Comtat savaient gouverner leur peuple ;
voilà pourquoi leur peuple les a tant regrettés !…

Il y en a un surtout, un bon vieux, qu'on appelait
Boniface [3]… Oh ! celui-là, que de larmes on a versées
en Avignon quand il est mort ! C'était un prince si
aimable, si avenant ! Il vous riait si bien du haut de sa
mule ! Et quand vous passiez près de lui, — fussiez-
vous un pauvre petit tireur de garance [4] ou le grand
viguier [5] de la ville, — il vous donnait sa bénédiction
si poliment ! Un vrai pape d'Yvetot [6], mais d'un
Yvetot de Provence, avec quelque chose de fin dans le
rire, un brin de marjolaine à sa barrette, et pas la
moindre Jeanneton… La seule Jeanneton qu'on lui ait
jamais connue, à ce bon père, c'était sa vigne, — une
petite vigne qu'il avait plantée lui-même, à trois lieues
d'Avignon, dans les myrtes de Château-Neuf.

Tous les dimanches, en sortant de vêpres, le digne
homme allait lui faire sa cour ; et quand il était là-
haut, assis au bon soleil, sa mule près de lui, ses
cardinaux tout autour étendus aux pieds des souches,
alors il faisait déboucher un flacon de vin du cru, — ce
beau vin, couleur de rubis qui s'est appelé depuis le
Château-Neuf des Papes, — et il le dégustait par
petits coups, en regardant sa vigne d'un air attendri.
Puis, le flacon vidé, le jour tombant, il rentrait
joyeusement à la ville, suivi de tout son chapitre ; et,
lorsqu'il passait sur le pont d'Avignon, au milieu des
tambours et des farandoles, sa mule, mise en train par
la musique, prenait un petit amble sautillant, tandis

que lui-même il marquait le pas de la danse avec sa
barrette, ce qui scandalisait fort ses cardinaux, mais
faisait dire à tout le peuple : « Ah ! le bon prince ! Ah !
le brave pape ! »

Après sa vigne de Château-Neuf, ce que le pape
aimait le plus au monde, c'était sa mule. Le bonhomme en raffolait de cette bête-là. Tous les soirs
avant de se coucher il allait voir si son écurie était bien
fermée, si rien ne manquait dans sa mangeoire, et
jamais il ne se serait levé de table sans faire préparer
sous ses yeux un grand bol de vin à la française, avec
beaucoup de sucre et d'aromates, qu'il allait lui porter
lui-même, malgré les observations de ses cardinaux...
Il faut dire aussi que la bête en valait la peine. C'était
une belle mule noire mouchetée de rouge, le pied sûr,
le poil luisant, la croupe large et pleine, portant
fièrement sa petite tête sèche toute harnachée de
pompons, de nœuds, de grelots d'argent, de bouffettes [7] ; avec cela douce comme un ange, l'œil naïf, et
deux longues oreilles, toujours en branle, qui lui
donnaient l'air bon enfant... Tout Avignon la respec-
tait, et, quand elle allait dans les rues, il n'y avait pas
de bonnes manières qu'on ne lui fît ; car chacun savait
que c'était le meilleur moyen d'être bien en cour, et
qu'avec son air innocent, la mule du Pape en avait
mené plus d'un à la fortune, à preuve Tistet Védène et
sa prodigieuse aventure.

Ce Tistet Védène était, dans le principe, un effronté
galopin, que son père, Guy Védène, le sculpteur d'or,
avait été obligé de chasser de chez lui, parce qu'il ne
voulait rien faire et débauchait les apprentis. Pendant
six mois, on le vit traîner sa jaquette dans tous les
ruisseaux d'Avignon, mais principalement du côté de

la maison papale ; car le drôle avait depuis longtemps son idée sur la mule du Pape, et vous allez voir que c'était quelque chose de malin... Un jour que Sa Sainteté se promenait toute seule sous les remparts avec sa bête, voilà mon Tistet qui l'aborde, et lui dit en joignant les mains d'un air d'admiration :

— Ah mon Dieu ! grand Saint-Père, quelle brave mule vous avez là !... Laissez un peu que je la regarde... Ah ! mon Pape, la belle mule !... L'empereur d'Allemagne n'en a pas une pareille.

Et il la caressait, et il lui parlait doucement comme à une demoiselle :

— Venez ça, mon bijou, mon trésor, ma perle fine...

Et le bon Pape, tout ému, se disait dans lui-même :

— Quel bon petit garçonnet !... Comme il est gentil avec ma mule !

Et puis le lendemain savez-vous ce qui arriva ? Tistet Védène troqua sa vieille jaquette jaune contre une belle aube en dentelles, un camail de soie violette, des souliers à boucles, et il entra dans la maîtrise du Pape, où jamais avant lui on n'avait reçu que des fils de nobles et des neveux de cardinaux... Voilà ce que c'est que l'intrigue !... Mais Tistet ne s'en tint pas là.

Une fois au service du Pape, le drôle continua le jeu qui lui avait si bien réussi. Insolent avec tout le monde, il n'avait d'attentions ni de prévenances que pour la mule, et toujours on le rencontrait par les cours du palais avec une poignée d'avoine ou une bottelée de sainfoin, dont il secouait gentiment les grappes roses en regardant le balcon du Saint-Père, d'un air de dire : « Hein !... pour qui ça ?... » Tant et tant qu'à la fin le bon Pape, qui se sentait devenir vieux, en arriva à lui laisser le soin de veiller sur l'écurie et de porter à la mule son bol de vin à la française ; ce qui ne faisait pas rire les cardinaux.

Ni la mule non plus, cela ne la faisait pas rire... Maintenant, à l'heure de son vin, elle voyait toujours arriver chez elle cinq ou six petits clercs de maîtrise qui se fourraient vite dans la paille avec leur camail et leurs dentelles ; puis, au bout d'un moment, une bonne odeur chaude de caramel et d'aromates emplissait l'écurie, et Tistet Védène apparaissait portant avec précaution le bol de vin à la française. Alors le martyre de la pauvre bête commençait.

Ce vin parfumé qu'elle aimait tant, qui lui tenait chaud, qui lui mettait des ailes, on avait la cruauté de le lui apporter, là, dans sa mangeoire, de le lui faire respirer ; puis, quand elle en avait les narines pleines, passe, je t'ai vu ! La belle liqueur de flamme rose s'en allait toute dans le gosier de ces garnements... Et encore, s'ils n'avaient fait que lui voler son vin ; mais c'étaient comme des diables, tous ces petits clercs, quand ils avaient bu !... L'un lui tirait les oreilles, l'autre la queue ; Quiquet lui montait sur le dos, Béluguet lui essayait sa barrette, et pas un de ces galopins ne songeait que d'un coup de reins ou d'une ruade la brave bête aurait pu les envoyer tous dans l'étoile polaire, et même plus loin... Mais non ! On n'est pas pour rien la mule du Pape, la mule des bénédictions et des indulgences... Les enfants avaient beau faire, elle ne se fâchait pas ; et ce n'était qu'à Tistet Védène qu'elle en voulait... Celui-là, par exemple, quand elle le sentait derrière elle, son sabot lui démangeait, et vraiment il y avait bien de quoi. Ce vaurien de Tistet lui jouait de si vilains tours ! Il avait de si cruelles inventions après boire !...

Est-ce qu'un jour il ne s'avisa pas de la faire monter avec lui au clocheton de la maîtrise, là-haut, tout là-haut, à la pointe du palais !... Et ce que je vous dis là n'est pas un conte, deux cent mille Provençaux l'ont vu. Vous figurez-vous la terreur de cette malheureuse mule, lorsque, après avoir tourné pendant une heure à l'aveuglette dans un escalier en colimaçon et grimpé je ne sais combien de marches, elle se trouva tout à coup sur une plate-forme éblouissante de lumière, et qu'à mille pieds au-dessous d'elle elle aperçut tout un Avignon fantastique, les baraques du marché pas plus grosses que des noisettes, les soldats du Pape devant leur caserne comme des fourmis rouges, et là-bas, sur un fil d'argent, un petit pont microscopique où l'on dansait, où l'on dansait... Ah ! pauvre bête ! quelle panique ! Du cri qu'elle en poussa, toutes les vitres du palais tremblèrent.

— Qu'est-ce qu'il y a ? qu'est-ce qu'on lui fait ? s'écria le bon Pape en se précipitant sur son balcon.

Tistet Védène était déjà dans la cour, faisant mine de pleurer et de s'arracher les cheveux :

— Ah ! grand Saint-Père, ce qu'il y a ! Il y a que votre mule... Mon Dieu ! qu'allons-nous devenir ? Il y a que votre mule est montée dans le clocheton...

— Toute seule ? ? ?

— Oui, grand Saint-Père, toute seule... Tenez ! regardez-la, là-haut... Voyez-vous le bout de ses oreilles qui passe ?... On dirait deux hirondelles...

— Miséricorde ! fit le pauvre Pape en levant les yeux... Mais elle est donc devenue folle ! Mais elle va se tuer... Veux-tu bien descendre, malheureuse !...

Pécaïre ! elle n'aurait pas mieux demandé, elle, que de descendre... ; mais par où ? L'escalier, il n'y fallait pas songer : ça se monte encore, ces choses-là ; mais, à la descente, il y aurait de quoi se rompre cent fois les jambes... Et la pauvre mule se désolait, et, tout en rôdant sur la plate-forme avec ses gros yeux pleins de vertige, elle pensait à Tistet Védène :

— Ah! bandit, si j'en réchappe... quel coup de sabot demain matin !

Cette idée de coup de sabot lui redonnait un peu de cœur au ventre ; sans cela elle n'aurait pas pu se tenir... Enfin on parvint à la tirer de là-haut ; mais ce fut toute une affaire. Il fallut la descendre avec un cric, des cordes, une civière. Et vous pensez quelle humiliation pour la mule d'un pape de se voir pendue à cette hauteur, nageant des pattes dans le vide comme un hanneton au bout d'un fil. Et tout Avignon qui la regardait.

La malheureuse bête n'en dormit pas de la nuit. Il lui semblait toujours qu'elle tournait sur cette maudite plate-forme, avec les rires de la ville au-dessous, puis elle pensait à cet infâme Tistet Védène et au joli coup de sabot qu'elle allait lui détacher le lendemain matin. Ah! mes amis, quel coup de sabot ! De Pampéri-gousse[8] on en verrait la fumée... Or, pendant qu'on lui préparait cette belle réception à l'écurie, savez-vous ce que faisait Tistet Védène ? Il descendait le Rhône en chantant sur une galère papale et s'en allait à la cour de Naples avec la troupe de jeunes nobles que la ville envoyait tous les ans près de la reine Jeanne[9] pour s'exercer à la diplomatie et aux belles manières. Tistet n'était pas noble ; mais le Pape tenait à le récompenser des soins qu'il avait donnés à sa bête, et principalement de l'activité qu'il venait de déployer pendant la journée du sauvetage.

C'est la mule qui fut désappointée le lendemain !

— Ah! le bandit ! il s'est douté de quelque

chose !... pensait-elle en secouant ses grelots avec fureur... ; mais c'est égal, va, mauvais ! tu le retrouveras au retour, ton coup de sabot..., je te le garde !

Et elle le lui garda.

Après le départ de Tistet, la mule du Pape retrouva son train de vie tranquille et ses allures d'autrefois. Plus de Quiquet, plus de Béluguet à l'écurie. Les beaux jours du vin à la française étaient revenus, et avec eux la bonne humeur, les longues siestes, et le petit pas de gavotte quand elle passait sur le pont d'Avignon. Pourtant, depuis son aventure, on lui marquait toujours un peu de froideur dans la ville. Il y avait des chuchotements sur sa route ; les vieilles gens hochaient la tête, les enfants riaient en se montrant le clocheton. Le bon Pape lui-même n'avait plus autant de confiance en son amie, et, lorsqu'il se laissait aller à faire un petit somme sur son dos, le dimanche, en revenant de la vigne, il gardait toujours cette arrière-pensée : « Si j'allais me réveiller là-haut, sur la plate-forme ! » La mule voyait cela et elle en souffrait, sans rien dire ; seulement, quand on prononçait le nom de Tistet Védène devant elle, ses longues oreilles frémissaient, et elle aiguisait avec un petit rire le fer de ses sabots sur le pavé...

Sept ans se passèrent ainsi ; puis, au bout de ces sept années, Tistet Védène revint de la cour de Naples. Son temps n'était pas encore fini là-bas ; mais il avait appris que le premier moutardier [10] du Pape venait de mourir subitement en Avignon, et, comme la place lui semblait bonne, il était arrivé en grande hâte pour se mettre sur les rangs.

Quand cet intrigant de Védène entra dans la salle du palais, le Saint-Père eut peine à le reconnaître, tant il avait grandi et pris du corps. Il faut dire aussi que le bon Pape s'était fait vieux de son côté, et qu'il n'y voyait pas bien sans besicles.

Tistet ne s'intimida pas.

— Comment ! grand Saint-Père, vous ne me reconnaissez plus ?... C'est moi. Tistet Védène !...

— Védène ?...

— Mais oui, vous savez bien... celui qui portait le vin français à votre mule.

— Ah ! oui... oui... je me rappelle... Un bon petit garçonnet, ce Tistet Védène !... Et maintenant, qu'est-ce qu'il veut de nous ?

— Oh ? peu de chose, grand Saint-Père... Je venais vous demander... A propos, est-ce que vous l'avez toujours, votre mule ? Et elle va bien ?... Ah ! tant mieux !... Je venais vous demander la place du premier moutardier qui vient de mourir.

— Premier moutardier, toi !... Mais tu es trop jeune. Quel âge as-tu donc ?

— Vingt ans deux mois, illustre pontife, juste cinq ans de plus que votre mule... Ah !... palme de Dieu [11], la brave bête !... Si vous saviez comme je l'aimais cette mule-là !... comme je me suis langui d'elle en Italie !... Est-ce que vous ne me la laisserez pas voir ?

— Si, mon enfant, tu la verras, fit le bon Pape tout ému... Et puisque tu l'aimes tant, cette brave bête, je ne veux plus que tu vives loin d'elle. Dès ce jour, je t'attache à ma personne en qualité de premier moutardier... Mes cardinaux crieront, mais tant pis ! j'y suis habitué... Viens nous trouver demain, à la sortie de vêpres, nous te remettrons les insignes de ton grade en présence de notre chapitre, et puis... je te mènerai voir la mule, et tu viendras à la vigne avec nous deux... hé ! hé ! Allons ! va...

Si Tistet Védène était content en sortant de la

grande salle, avec quelle impatience il attendit la
cérémonie du lendemain, je n'ai pas besoin de vous le
dire. Pourtant il y avait dans le palais quelqu'un de
plus heureux encore et de plus impatient que lui :
c'était la mule. Depuis le retour de Védène jusqu'aux
vêpres du jour suivant, la terrible bête ne cessa de se
bourrer d'avoine et de tirer au mur avec ses sabots de
derrière. Elle aussi se préparait pour la cérémonie...

Et donc, le lendemain, lorsque vêpres furent dites,
Tistet Védène fit son entrée dans la cour du palais
papal. Tout le haut clergé était là, les cardinaux en
robes rouges, l'avocat du diable en velours noir, les
abbés de couvent avec leurs petites mitres, les marguilliers [12] de Saint-Agrico [13], les camails violets de la
maîtrise, le bas clergé aussi, les soldats du Pape en
grand uniforme, les trois confréries de pénitents, les
ermites du mont Ventoux avec leurs mines farouches et
le petit clerc qui va derrière en portant la clochette, les
frères flagellants nus jusqu'à la ceinture, les sacristains
fleuris en robes de juges, tous, tous, jusqu'aux
donneurs d'eau bénite, et celui qui allume, et celui qui
éteint... il n'y en avait pas un qui manquât... Ah !
c'était une belle ordination ! Des cloches, des pétards,
du soleil, de la musique, et toujours ces enragés de
tambourins qui menaient la danse, là-bas, sur le pont
d'Avignon...

Quand Védène parut au milieu de l'assemblée, sa
prestance et sa belle mine y firent courir un murmure
d'admiration. C'était un magnifique Provençal, mais
des blonds, avec de grands cheveux frisés au bout et
une petite barbe follette qui semblait prise aux
copeaux de fin métal tombé du burin de son père, le
sculpteur d'or. Le bruit courait que dans cette barbe
blonde les doigts de la reine Jeanne avaient quelque-

fois joué ; et le sire de Védène avait bien, en effet, l'air
glorieux et le regard distrait des hommes que les reines
ont aimés... Ce jour-là, pour faire honneur à sa nation,
il avait remplacé ses vêtements napolitains par une
jaquette bordée de rose à la Provençale, et sur son
chaperon tremblait une grande plume d'ibis de
Camargue.

Sitôt entré, le premier moutardier salua d'un air
galant, et se dirigea vers le haut perron, où le Pape
l'attendait pour lui remettre les insignes de son grade :
la cuiller de buis jaune et l'habit de safran. La mule
était au bas de l'escalier, toute harnachée et prête à
partir pour la vigne... Quand il passa près d'elle,
Tistet Védène eut un bon sourire et s'arrêta pour lui
donner deux ou trois petites tapes amicales sur le dos,
en regardant du coin de l'œil si le Pape le voyait. La
position était bonne... La mule prit son élan :

— Tiens ! attrape, bandit ! Voilà sept ans que je te
le garde !

Et elle vous lui détacha un coup de sabot si terrible,
si terrible, que de Pampérigouste même on en vit la
fumée, un tourbillon de fumée blonde où voltigeait
une plume d'ibis ; tout ce qui restait de l'infortuné
Tistet Védène !...

Les coups de pied de mule ne sont pas aussi
foudroyants d'ordinaire ; mais celle-ci était une mule
papale ; et puis, pensez donc ! elle le lui gardait depuis
sept ans... Il n'y a pas de plus bel exemple de rancune
ecclésiastique.

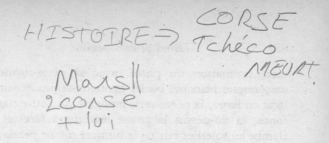

LE PHARE DES SANGUINAIRES[1]

Cette nuit je n'ai pas pu dormir. Le mistral était en colère, et les éclats de sa grande voix m'ont tenu éveillé jusqu'au matin. Balançant lourdement ses ailes mutilées qui sifflaient à la bise comme les agrès d'un navire, tout le moulin craquait. Des tuiles s'envolaient de sa toiture en déroute. Au loin, les pins serrés dont la colline est couverte s'agitaient et bruissaient dans l'ombre. On se serait cru en pleine mer...

Cela m'a rappelé tout à fait mes belles insomnies d'il y a trois ans, quand j'habitais le phare des Sanguinaires, là-bas, sur la côte corse, à l'entrée du golfe d'Ajaccio.

Encore un joli coin que j'avais trouvé là pour rêver et pour être seul.

Figurez-vous une île rougeâtre et d'aspect farouche ; le phare à une pointe, à l'autre une vieille tour génoise[2] où, de mon temps, logeait un aigle. En bas, au bord de l'eau, un lazaret en ruine, envahi de partout par les herbes ; puis, des ravins, des maquis, de grandes roches, quelques chèvres sauvages, de petits chevaux corses gambadant la crinière au vent ; enfin là-haut, tout en haut, dans un tourbillon d'oiseaux de

mer, la maison du phare, avec sa plate-forme en
maçonnerie blanche, où les gardiens se promènent de
long en large, la porte verte en ogive, la petite tour de
fonte, et au-dessus la grosse lanterne à facettes qui
flambe au soleil et fait de la lumière même pendant le
jour... Voilà l'île des Sanguinaires, comme je l'ai revue
cette nuit, en entendant ronfler mes pins. C'était dans
cette île enchantée qu'avant d'avoir un moulin j'allais
m'enfermer quelquefois, lorsque j'avais besoin de
grand air et de solitude.

Ce que je faisais ?

Ce que je fais ici, moins encore. Quand le mistral ou
la tramontane ne soufflaient pas trop fort, je venais me
mettre entre deux roches au ras de l'eau, au milieu des
goélands, des merles, des hirondelles, et j'y restais
presque tout le jour dans cette espèce de stupeur et
d'accablement délicieux que donne la contemplation
de la mer. Vous connaissez, n'est-ce pas, cette jolie
griserie de l'âme ? On ne pense pas, on ne rêve pas non
plus. Tout votre être vous échappe, s'envole, s'éparpille. On est la mouette qui plonge, la poussière
d'écume qui flotte au soleil entre deux vagues, la
fumée blanche de ce paquebot qui s'éloigne, ce petit
corailleur à voile rouge, cette perle d'eau, ce flocon de
brume, tout excepté soi-même... Oh ! que j'en ai passé
dans mon île de ces belles heures de demi-sommeil et
d'éparpillement !...

Les jours de grand vent, le bord de l'eau n'étant pas
tenable, je m'enfermais dans la cour du lazaret, une
petite cour mélancolique, toute embaumée de romarin
et d'absinthe sauvage, et là, blotti contre un pan de
vieux mur, je me laissais envahir doucement par le
vague parfum d'abandon et de tristesse qui flottait
avec le soleil dans les logettes de pierre, ouvertes tout

autour comme d'anciennes tombes. De temps en temps un battement de porte, un bond léger dans l'herbe... c'était une chèvre qui venait brouter à l'abri du vent. En me voyant, elle s'arrêtait interdite, et restait plantée devant moi, l'air vif, la corne haute, me regardant d'un œil enfantin...

Vers cinq heures, le porte-voix des gardiens m'appelait pour dîner. Je prenais alors un petit sentier dans le maquis grimpant à pic au-dessus de la mer, et je revenais lentement vers le phare, me retournant à chaque pas sur cet immense horizon d'eau et de lumière qui semblait s'élargir à mesure que je montais.

Là-haut c'était charmant. Je vois encore cette belle salle à manger à larges dalles, à lambris de chêne, la bouillabaisse fumant au milieu, la porte grande ouverte sur la terrasse blanche et tout le couchant qui entrait... Les gardiens étaient là, m'attendant pour se mettre à table. Il y en avait trois, un Marseillais et deux Corses, tous trois petits, barbus, le même visage tanné, crevassé, le même *pelone* (caban) en poil de chèvre, mais d'allure et d'humeur entièrement opposées.

A la façon de vivre de ces gens, on sentait tout de suite la différence des deux races. Le Marseillais, industrieux et vif, toujours affairé, toujours en mouvement, courait l'île du matin au soir, jardinant, pêchant, ramassant des œufs de *gouailles* [3], s'embusquant dans le maquis pour traire une chèvre au passage ; et toujours quelque aïoli ou quelque bouillabaisse en train.

Les Corses, eux, en dehors de leur service, ne s'occupaient absolument de rien ; ils se considéraient comme des fonctionnaires, et passaient toutes leurs

journées dans la cuisine à jouer d'interminables parties
de *scopa*[4], ne s'interrompant que pour rallumer leurs
pipes d'un air grave et hacher avec des ciseaux, dans le
creux de leurs mains, de grandes feuilles de tabac
vert...

Du reste, Marseillais et Corses, tous trois de bonnes
gens, simples, naïfs, et pleins de prévenances pour leur
hôte, quoique au fond il dût leur paraître un monsieur
bien extraordinaire...

Pensez donc ! venir s'enfermer au phare pour son
plaisir !... Eux qui trouvent les journées si longues, et
qui sont si heureux quand c'est leur tour d'aller à
terre... Dans la belle saison, ce grand bonheur leur
arrive tous les mois. Dix jours de terre pour trente
jours de phare, voilà le règlement ; mais avec l'hiver et
les gros temps, il n'y a plus de règlement qui tienne.
Le vent souffle, la vague monte, les Sanguinaires sont
blanches d'écume, et les gardiens de service restent
bloqués deux ou trois mois de suite, quelquefois même
dans de terribles conditions.

— Voici ce qui m'est arrivé, à moi, monsieur, —
me contait un jour le vieux Bartoli, pendant que nous
dînions, — voici ce qui m'est arrivé il y a cinq ans, à
cette même table où nous sommes, un soir d'hiver,
comme maintenant. Ce soir-là, nous n'étions que deux
dans le phare, moi et un camarade qu'on appelait
Tchéco... Les autres étaient à terre, malades, en congé,
je ne sais plus... Nous finissions de dîner, bien
tranquilles... Tout à coup, voilà mon camarade qui
s'arrête de manger, me regarde un moment avec de
drôles d'yeux, et, pouf ! tombe sur la table, les bras en
avant. Je vais à lui, je le secoue, je l'appelle :

« — Oh ! Tché !... Oh ! Tché !...

« Rien ! il était mort... Vous jugez quelle émotion !

Je restai plus d'une heure stupide et tremblant devant ce cadavre, puis, subitement cette idée me vient : « Et le phare ! » Je n'eus que le temps de monter dans la lanterne et d'allumer. La nuit était déjà là... Quelle nuit, monsieur ! La mer, le vent, n'avaient plus leurs voix naturelles. A tout moment il me semblait que quelqu'un m'appelait dans l'escalier... Avec cela une fièvre, une soif ! Mais vous ne m'auriez pas fait descendre... j'avais trop peur du mort. Pourtant, au petit jour, le courage me revint un peu. Je portai mon camarade sur son lit ; un drap dessus, un bout de prière, et puis vite aux signaux d'alarme.

« Malheureusement, la mer était trop grosse ; j'eus beau appeler, appeler, personne ne vint... Me voilà seul dans le phare avec mon pauvre Tchéco, et Dieu sait pour combien de temps... J'espérais pouvoir le garder près de moi jusqu'à l'arrivée du bateau ! mais au bout de trois jours ce n'était plus possible... Comment faire ? le porter dehors ? l'enterrer ? La roche était trop dure, et il y a tant de corbeaux dans l'île. C'était pitié de leur abandonner ce chrétien. Alors je songeai à le descendre dans une des logettes du lazaret... Ça me prit tout une après-midi cette triste corvée-là, et je vous réponds qu'il m'en fallut du courage... Tenez ! monsieur, encore aujourd'hui, quand je descends ce côté de l'île par une après-midi de grand vent, il me semble que j'ai toujours le mort sur les épaules... »

Pauvre vieux Bartoli ! La sueur lui en coulait sur le front, rien que d'y penser.

Nos repas se passaient ainsi à causer longuement : le phare, la mer, des récits de naufrages, des histoires de bandits corses... Puis, le jour tombant, le gardien du premier quart allumait sa petite lampe, prenait sa pipe, sa gourde, un gros Plutarque à tranche rouge, toute la bibliothèque des Sanguinaires, et disparaissait par le fond. Au bout d'un moment, c'était dans tout le phare un fracas de chaînes, de poulies, de gros poids d'horloges qu'on remontait.

Moi, pendant ce temps, j'allais m'asseoir dehors sur la terrasse. Le soleil déjà très bas, descendait vers l'eau de plus en plus vite, entraînant tout l'horizon après lui. Le vent fraîchissait, l'île devenait violette. Dans le ciel, près de moi, un gros oiseau passait lourdement : c'était l'aigle de la tour génoise qui rentrait... Peu à peu la brume de mer montait. Bientôt on ne voyait plus que l'ourlet blanc de l'écume autour de l'île... Tout à coup, au-dessus de ma tête, jaillissait un grand flot de lumière douce. Le phare était allumé. Laissant toute l'île dans l'ombre, le clair rayon allait tomber au large sur la mer, et j'étais là perdu dans la nuit, sous ces grandes ondes lumineuses qui m'éclaboussaient à peine en passant... Mais le vent fraîchissait encore. Il fallait rentrer. A tâtons, je fermais la grosse porte, j'assurais les barres de fer ; puis, toujours tâtonnant, je prenais un petit escalier de fonte qui tremblait et sonnait sous mes pas, et j'arrivais au sommet du phare. Ici, par exemple, il y en avait de la lumière.

Imaginez une lampe Carcel[5] gigantesque à six rangs de mèches, autour de laquelle pivotent lentement les parois de la lanterne, les unes remplies par une énorme lentille de cristal, les autres ouvertes sur un grand vitrage immobile qui met la flamme à l'abri du vent... En entrant j'étais ébloui. Ces cuivres, ces étains, ces réflecteurs de métal blanc, ces murs de cristal bombé qui tournaient avec des grands cercles bleuâtres, tout ce miroitement, tout ce cliquetis de lumières, me donnait un moment de vertige.

Peu à peu, cependant, mes yeux s'y faisaient, et je venais m'asseoir au pied même de la lampe, à côté du gardien qui lisait son Plutarque à haute voix, de peur de s'endormir...

Au-dehors, le noir, l'abîme. Sur le petit balcon qui tourne autour du vitrage, le vent court comme un fou, en hurlant. Le phare craque, la mer ronfle. A la pointe de l'île, sur les brisants, les lames font comme des coups de canon... Par moments un doigt invisible frappe aux carreaux : quelque oiseau de nuit, que la lumière attire, et qui vient se casser la tête contre le cristal... Dans la lanterne étincelante et chaude, rien que le crépitement de la flamme, le bruit de l'huile qui s'égoutte, de la chaîne qui se dévide ; et une voix monotone psalmodiant la vie de Démétrius de Phalère [6]...

A minuit, le gardien se levait, jetait un dernier coup d'œil à ses mèches, et nous descendions. Dans l'escalier on rencontrait le camarade du second quart qui montait en se frottant les yeux ; on lui passait la gourde, le Plutarque... Puis, avant de gagner nos lits, nous entrions un moment dans la chambre du fond, toute encombrée de chaînes, de gros poids, de réservoirs d'étain, de cordages, et là, à la lueur de sa petite lampe, le gardien écrivait sur le grand livre du phare, toujours ouvert :

Minuit. Grosse mer. Tempête. Navire au large.

L'AGONIE DE LA SÉMILLANTE [1]

Puisque le mistral de l'autre nuit nous a jetés sur la côte corse, laissez-moi vous raconter une terrible histoire de mer dont les pêcheurs de là-bas parlent souvent à la veillée, et sur laquelle le hasard m'a fourni des renseignements fort curieux.

... Il y a deux ou trois ans de cela.

Je courais la mer de Sardaigne en compagnie de sept ou huit matelots douaniers. Rude voyage pour un novice ! De tout le mois de mars, nous n'eûmes pas un jour de bon. Le vent d'est s'était acharné après nous, et la mer ne décolérait pas.

Un soir que nous fuyions devant la tempête, notre bateau vint se réfugier à l'entrée du détroit de Bonifacio, au milieu d'un massif de petites îles... Leur aspect n'avait rien d'engageant : grands rocs pelés, couverts d'oiseaux, quelques touffes d'absinthe, des maquis de lentisques [2], et, çà et là, dans la vase, des pièces de bois en train de pourrir : mais, ma foi, pour passer la nuit, ces roches sinistres valaient encore mieux que le rouf d'une vieille barque à demi pontée, où la lame entrait comme chez elle, et nous nous contentâmes.

A peine débarqués, tandis que les matelots allumaient du feu pour la bouillabaisse, le patron m'ap-
pela, et, me montrant un petit enclos de maçonnerie
blanche perdu dans la brume au bout de l'île :

— Venez-vous au cimetière ? me dit-il.

— Un cimetière, patron Lionetti ! Où sommes-
nous donc ?

— Aux îles Lavezzi, monsieur. C'est ici que sont
enterrés les six cents hommes de la *Sémillante*, à
l'endroit même où leur frégate s'est perdue, il y a dix
ans... Pauvres gens ! ils ne reçoivent pas beaucoup de
visites ; c'est bien le moins que nous allions leur dire
bonjour, puisque nous voilà...

— De tout mon cœur, patron.

Qu'il était triste le cimetière de la *Sémillante* !... Je
le vois encore avec sa petite muraille basse, sa porte de
fer, rouillée, dure à ouvrir, sa chapelle silencieuse, et
des centaines de croix noires cachées par l'herbe... Pas
une couronne d'immortelles, pas un souvenir ! rien...
Ah ! les pauvres morts abandonnés, comme ils doivent
avoir froid dans leur tombe de hasard !

Nous restâmes là un moment, agenouillés. Le
patron priait à haute voix. D'énormes goélands, seuls
gardiens du cimetière, tournoyaient sur nos têtes et
mêlaient leurs cris rauques aux lamentations de la mer.

La prière finie, nous revînmes tristement vers le coin
de l'île où la barque était amarrée. En notre absence,
les matelots n'avaient pas perdu leur temps. Nous
trouvâmes un grand feu flambant à l'abri d'une roche,
et la marmite qui fumait. On s'assit en rond, les pieds
à la flamme, et bientôt chacun eut sur ses genoux, dans
une écuelle de terre rouge, deux tranches de pain noir
arrosées largement. Le repas fut silencieux : nous

étions mouillés, nous avions faim, et puis le voisinage
du cimetière... Pourtant, quand les écuelles furent
vidées, on alluma les pipes et on se mit à causer un
peu. Naturellement, on parlait de la *Sémillante*.

— Mais enfin, comment la chose s'est-elle passée ?
demandai-je au patron, qui, la tête dans ses mains,
regardait la flamme d'un air pensif.

— Comment la chose s'est passée ? me répondit le
bon Lionetti avec un gros soupir, hélas ! monsieur,
personne au monde ne pourrait le dire. Tout ce que
nous savons, c'est que la *Sémillante*, chargée de troupes
pour la Crimée, était partie de Toulon, la veille au
soir, avec le mauvais temps. La nuit, ça se gâta encore.
Du vent, de la pluie, la mer énorme comme on ne
l'avait jamais vue... Le matin, le vent tomba un peu,
mais la mer était toujours dans tous ses états, et avec
cela une sacrée brume du diable à ne pas distinguer un
fanal à quatre pas... Ces brumes-là, monsieur, on ne se
doute pas comme c'est traître... Ça ne fait rien, j'ai
idée que la *Sémillante* a dû perdre son gouvernail dans la
matinée ; car, il n'y a pas de brume qui tienne, sans
une avarie, jamais le capitaine ne serait venu s'aplatir
ici contre. C'était un rude marin, que nous connais-
sions tous. Il avait commandé la station en Corse
pendant trois ans, et savait sa côte aussi bien que moi,
qui ne sais pas autre chose.

— Et à quelle heure pense-t-on que la *Sémillante* a
péri ?

— Ce doit être à midi ; oui, monsieur, en plein
midi... Mais dame ! avec la brume de mer, ce plein
midi-là ne valait guère mieux qu'une nuit noire
comme la gueule d'un loup... Un douanier de la côte
m'a raconté que ce jour-là, vers onze heures et demie,
étant sorti de sa maisonnette pour rattacher ses volets,

il avait eu sa casquette emportée d'un coup de vent, et qu'au risque d'être enlevé lui-même par la lame, il s'était mis à courir après, le long du rivage, à quatre pattes. Vous comprenez ! les douaniers ne sont pas riches, et une casquette, ça coûte cher. Or il paraîtrait qu'à un moment notre homme, en relevant la tête, aurait aperçu tout près de lui, dans la brume, un gros navire à sec de toiles [3] qui fuyait sous le vent du côté des îles Lavezzi. Ce navire allait si vite, si vite, que le douanier n'eut guère le temps de bien voir. Tout fait croire cependant que c'était la *Sémillante,* puisqu'une demi-heure après le berger des îles a entendu sur ces roches... Mais précisément voici le berger dont je vous parle, monsieur ; il va vous conter la chose lui-même... Bonjour, Palombo !... viens te chauffer un peu ; n'aie pas peur.

Un homme encapuchonné, que je voyais rôder depuis un moment autour de notre feu et que j'avais pris pour quelqu'un de l'équipage, car j'ignorais qu'il y eût un berger dans l'île, s'approcha de nous craintivement.

C'était un vieux lépreux, aux trois quarts idiot, atteint de je ne sais quel mal scorbutique qui lui faisait de grosses lèvres lippues, horribles à voir. On lui expliqua à grand-peine de quoi il s'agissait. Alors, soulevant du doigt sa lèvre malade, le vieux nous raconta qu'en effet, le jour en question, vers midi, il entendit de sa cabane un craquement effroyable sur les roches. Comme l'île était toute couverte d'eau, il n'avait pas pu sortir, et ce fut le lendemain seulement qu'en ouvrant sa porte il avait vu le rivage encombré de débris et de cadavres laissés là par la mer. Epouvanté, il s'était enfui en courant vers sa barque, pour aller à Bonifacio chercher du monde.

Fatigué d'en avoir tant dit, le berger s'assit, et le patron reprit la parole :

— Oui, monsieur, c'est ce pauvre vieux qui est venu nous prévenir. Il était presque fou de peur ; et, de l'affaire, sa cervelle en est restée détraquée. Le fait est qu'il y avait de quoi… Figurez-vous six cents cadavres en tas sur le sable, pêle-mêle avec les éclats de bois et les lambeaux de toile… Pauvre *Sémillante* !… la mer l'avait broyée du coup, et si bien mise en miettes que dans tous ses débris le berger Palombo n'a trouvé qu'à grand-peine de quoi faire une palissade autour de sa hutte… Quant aux hommes, presque tous défigurés, mutilés affreusement… c'était pitié de les voir accrochés les uns aux autres, par grappes… Nous trouvâmes le capitaine en grand costume, l'aumônier son étole au cou ; dans un coin, entre deux roches, un petit mousse, les yeux ouverts… on aurait cru qu'il vivait encore ; mais non ! Il était dit que pas un n'en réchapperait…

Ici le patron s'interrompit :

— Attention, Nardi ! cria-t-il, le feu s'éteint.

Nardi jeta sur la braise deux ou trois morceaux de planches goudronnées qui s'enflammèrent, et Lionetti continua :

— Ce qu'il y a de plus triste dans cette histoire, le voici… Trois semaines avant le sinistre, une petite corvette, qui allait en Crimée comme la *Sémillante*, avait fait naufrage de la même façon, presque au même endroit ; seulement, cette fois-là, nous étions parvenus à sauver l'équipage et vingt soldats du train [4] qui se trouvaient à bord… Ces pauvres tringlos [5] n'étaient pas à leur affaire, vous pensez ! On les emmena à Bonifacio et nous les gardâmes pendant deux jours avec nous, à la *marine* [6]… Une fois bien secs et remis sur pied bonsoir !

bonne chance ! ils retournèrent à Toulon où, quelque
temps après, on les embarqua de nouveau pour la
Crimée... Devinez sur quel navire !... Sur la *Sémillante,*
monsieur... Nous les avons retrouvés tous, tous les
vingt, couchés parmi les morts, à la place où nous
sommes... Je relevai moi-même un joli brigadier à
fines moustaches, un blondin de Paris, que j'avais
couché à la maison et qui nous avait fait rire tout le
temps avec ses histoires... De le voir là, ça me creva le
cœur... Ah ! Santa Madre !...

Là-dessus, le brave Lionetti, tout ému, secoua les
cendres de sa pipe et se roula dans son caban en me
souhaitant la bonne nuit... Pendant quelque temps
encore, les matelots causèrent entre eux à demi-voix...
Puis, l'une après l'autre, les pipes s'éteignirent... On
ne parla plus... Le vieux berger s'en alla... Et je restai
seul à rêver au milieu de l'équipage endormi.

Encore sous l'impression du lugubre récit que je
venais d'entendre, j'essayais de reconstruire dans ma
pensée le pauvre navire défunt et l'histoire de cette
agonie dont les goélands ont été seuls témoins.
Quelques détails qui m'avaient frappé, le capitaine en
grand costume, l'étole de l'aumônier, les vingt soldats
du train, m'aidaient à deviner toutes les péripéties du
drame... Je voyais la frégate partant de Toulon dans la
nuit... Elle sort du port. La mer est mauvaise, le vent
terrible ; mais on a pour capitaine un vaillant marin, et
tout le monde est tranquille à bord...

Le matin, la brume de mer se lève. On commence à
être inquiet. Tout l'équipage est en haut. Le capitaine
ne quitte pas la dunette... Dans l'entrepont, où les
soldats sont renfermés il fait noir ; l'atmosphère est
chaude. Quelques-uns sont malades, couchés sur leurs

sacs. Le navire tangue horriblement ; impossible de se tenir debout. On cause assis à terre, par groupes, en se cramponnant aux bancs ; il faut crier pour s'entendre. Il y en a qui commencent à avoir peur... Ecoutez donc ! les naufrages sont fréquents dans ces parages-ci ; les tringlos sont là pour le dire, et ce qu'ils racontent n'est pas rassurant. Leur brigadier surtout, un Parisien qui blague toujours, vous donne la chair de poule avec ses plaisanteries :

— Un naufrage !... mais c'est très amusant, un naufrage. Nous en serons quittes pour un bain à la glace, et puis on nous mènera à Bonifacio, histoire de manger des merles chez le patron Lionetti.

Et les tringlos de rire...

Tout à coup un craquement... Qu'est-ce que c'est ? Qu'arrive-t-il ?...

— Le gouvernail vient de partir, dit un matelot tout mouillé qui traverse l'entrepont en courant.

— Bon voyage ! crie cet enragé de brigadier ; mais cela ne fait plus rire personne.

Grand tumulte sur le pont. La brume empêche de se voir. Les matelots vont et viennent, effrayés, à tâtons... Plus de gouvernail ! La manœuvre est impossible... La *Sémillante*, en dérive, file comme le vent... C'est à ce moment que le douanier la voit passer ; il est onze heures et demie. A l'avant de la frégate, on entend comme un coup de canon... Les brisants ! les brisants !... C'est fini, il n'y a plus d'espoir, on va droit à la côte... Le capitaine descend dans sa cabine... Au bout d'un moment, il vient reprendre sa place sur la dunette, — en grand costume... Il a voulu se faire beau pour mourir.

Dans l'entrepont, les soldats, anxieux, se regardent, sans rien dire... Les malades essayent de se redresser...

Le petit brigadier ne rit plus… C'est alors que la porte s'ouvre et que l'aumônier paraît sur le seuil avec son étole :

— A genoux, mes enfants !

Tout le monde obéit. D'une voix retentissante, le prêtre commence la prière des agonisants.

Soudain un choc formidable, un cri, un seul cri, un cri immense, des bras tendus, des mains qui se cramponnent, des regards effarés où la vision de la mort passe comme un éclair…

Miséricorde !…

C'est ainsi que je passai toute la nuit à rêver, évoquant à dix ans de distance, l'âme du pauvre navire dont les débris m'entouraient… Au loin, dans le détroit, la tempête faisait rage ; la flamme du bivouac se courbait sous la rafale ; et j'entendais notre barque danser au pied des roches en faisant crier son amarre.

(il en meurt) parce qu'il
attrape la pleur
suite force
de fièvre
> changer à
1° chaque 2 ans
Palombo

LES DOUANIERS[1]

Le bateau l'*Emilie,* de Porto-Vecchio, à bord duquel
j'ai fait ce lugubre voyage aux îles Lavezzi, était une
vieille embarcation de la douane, à demi pontée, où
l'on n'avait pour s'abriter du vent, des lames, de la
pluie, qu'un petit rouf goudronné, à peine assez large
pour tenir une table et deux couchettes. Aussi il fallait
voir nos matelots par le gros temps. Les figures
ruisselaient, les vareuses trempées fumaient comme du
linge à l'étuve, et en plein hiver les malheureux
passaient ainsi des journées entières, même des nuits,
accroupis sur leurs bancs mouillés, à grelotter dans
cette humidité malsaine ; car on ne pouvait pas allumer
de feu à bord, et la rive était souvent difficile à
atteindre… Eh bien, pas un de ces hommes ne se
plaignait. Par les temps les plus rudes, je leur ai
toujours vu la même placidité, la même bonne
humeur. Et pourtant quelle triste vie que celle de ces
matelots douaniers !

Presque tous mariés, ayant femme et enfants à terre,
ils restent des mois dehors, à louvoyer sur ces côtes si
dangereuses. Pour se nourrir, ils n'ont guère que du
pain moisi et des oignons sauvages. Jamais de vin,

4

jamais de viande, parce que la viande et le vin coûtent
cher et qu'ils ne gagnent que cinq cents francs par an !
Cinq cents francs par an ! vous pensez si la hutte doit
être noire là-bas à la *marine,* et si les enfants doivent
aller pieds nus !... N'importe ! Tous ces gens-là paraissent contents. Il y avait à l'arrière, devant le rouf, un
grand baquet plein d'eau de pluie où l'équipage venait
boire, et je me rappelle que, la dernière gorgée finie,
chacun de ces pauvres diables secouait son gobelet avec
un « Ah !... » de satisfaction, une expression de bien-
être à la fois comique et attendrissante.

Le plus gai, le plus satisfait de tous, était un petit
Bonifacien hâlé et trapu qu'on appelait Palombo.
Celui-là ne faisait que chanter, même dans les plus
gros temps. Quand la lame devenait lourde, quand le
ciel assombri et bas se remplissait de grésil, et qu'on
était là tous, le nez en l'air, la main sur l'écoute, à
guetter le coup de vent qui allait venir, alors, dans le
grand silence et l'anxiété du bord, la voix tranquille de
Palombo commençait :

> *Non, monseigneur,*
> *C'est trop d'honneur.*
> *Lisette est sa...age,*
> *Reste au villa...age...*

Et la rafale avait beau souffler, faire gémir les agrès,
secouer et inonder la barque, la chanson du douanier
allait son train, balancée comme une mouette à la
pointe des vagues. Quelquefois le vent accompagnait
trop fort, on n'entendait plus les paroles ; mais, entre
chaque coup de mer, dans le ruissellement de l'eau qui
s'égouttait, le petit refrain revenait toujours :

Lisette est sa... age,
Reste au villa... age...

Un jour, pourtant, qu'il ventait et pleuvait très fort,
je ne l'entendis pas. C'était si extraordinaire, que je
sortis la tête du rouf :

— Eh ! Palombo, on ne chante donc plus ?

Palombo ne répondit pas. Il était immobile, couché
sous son banc. Je m'approchai de lui. Ses dents
claquaient ; tout son corps tremblait de fièvre.

— Il a une *pountoura*, me dirent ses camarades
tristement.

Ce qu'ils appellent *pountoura*, c'est un point de côté,
une pleurésie. Ce grand ciel plombé, cette barque
ruisselante, ce pauvre fiévreux roulé dans un vieux
manteau de caoutchouc qui luisait sous la pluie comme
une peau de phoque, je n'ai jamais rien vu de plus
lugubre. Bientôt le froid, le vent, la secousse des
vagues, aggravèrent son mal. Le délire le prit ; il fallut
aborder.

Après beaucoup de temps et d'efforts, nous entrâ-
mes vers le soir dans un petit port aride et silencieux,
qu'animait seulement le vol circulaire de quelques
gouailles. Tout autour de la plage montaient de hautes
roches escarpées, des maquis inextricables d'arbustes
verts, d'un vert sombre, sans saison. En bas, au bord
de l'eau, une petite maison blanche à volets gris :
c'était le poste de la douane. Au milieu de ce désert,
cette bâtisse de l'Etat, numérotée comme une casquette d'uniforme, avait quelque chose de sinistre.
C'est là qu'on descendit le malheureux Palombo.
Triste asile pour un malade ! Nous trouvâmes le
douanier en train de manger au coin du feu avec sa
femme et ses enfants. Tout ce monde-là vous avait des

mines hâves, jaunes, des yeux agrandis, cerclés de fièvre. La mère, jeune encore, un nourrisson sur les bras, grelottait en nous parlant.

— C'est un poste terrible, me dit tout bas l'inspecteur. Nous sommes obligés de renouveler nos douaniers tous les deux ans. La fièvre de marais les mange...

Il s'agissait cependant de se procurer un médecin. Il n'y en avait pas avant Sartène, c'est-à-dire à six ou huit lieues de là. Comment faire ? Nos matelots n'en pouvaient plus ; c'était trop loin pour envoyer un des enfants. Alors la femme, se penchant dehors, appelant :

— Cecco !... Cecco !

Et nous vîmes entrer un grand gars bien découplé, vrai type de braconnier ou de *banditto,* avec son bonnet de laine brune et son *pelone*[2] en poils de chèvre. En débarquant je l'avais déjà remarqué, assis devant la porte, sa pipe rouge aux dents, un fusil entre les jambes ; mais, je ne sais pourquoi, il s'était enfui à notre approche. Peut-être croyait-il que nous avions des gendarmes avec nous. Quand il entra, la douanière rougit un peu.

— C'est mon cousin... nous dit-elle. Pas de danger que celui-là se perde dans le maquis.

Puis elle lui parla tout bas, en montrant le malade. L'homme s'inclina sans répondre, sortit, siffla son chien, et le voilà parti, le fusil sur l'épaule, sautant de roche en roche avec ses longues jambes.

Pendant ce temps-là les enfants, que la présence de l'inspecteur semblait terrifier, finissaient vite leur dîner de châtaignes et de *brucio* (fromage blanc). Et toujours de l'eau, rien que de l'eau sur la table ! Pourtant, ç'eût été bien bon, un coup de vin, pour ces

petits. Ah ! misère ! Enfin la mère monta les coucher ;
le père, allumant son falot, alla inspecter la côte, et
nous restâmes au coin du feu à veiller notre malade qui
s'agitait sur son grabat, comme s'il était encore en
pleine mer, secoué par les lames. Pour calmer un peu
sa *pountoura*, nous faisions chauffer des galets, des
briques qu'on lui posait sur le côté. Une ou deux fois,
quand je m'approchai de son lit, le malheureux me
reconnut, et, pour me remercier, me tendit péniblement la main, une grosse main râpeuse et brûlante
comme une de ces briques sorties du feu...

Triste veillée ! Au-dehors, le mauvais temps avait
repris avec la tombée du jour, et c'était un fracas, un
roulement, un jaillissement d'écume, la bataille des
roches et de l'eau. De temps en temps, le coup de vent
du large parvenait à se glisser dans la baie et
enveloppait notre maison. On le sentait à la montée
subite de la flamme qui éclairait tout à coup les visages
mornes des matelots, groupés autour de la cheminée et
regardant le feu avec cette placidité d'expression que
donne l'habitude des grandes étendues et des horizons
pareils. Parfois aussi, Palombo se plaignait doucement. Alors tous les yeux se tournaient vers le coin
obscur où le pauvre camarade était en train de mourir,
loin des siens, sans secours ; les poitrines se gonflaient
et l'on entendait de gros soupirs. C'est tout ce
qu'arrachait à ces ouvriers de la mer, patients et doux,
le sentiment de leur propre infortune. Pas de révoltes,
pas de grèves. Un soupir, et rien de plus !... Si,
pourtant, je me trompe. En passant devant moi pour
jeter une bourrée au feu, un d'eux me dit tout bas
d'une voix navrée :

— Voyez-vous, monsieur... on a quelquefois beaucoup *du* tourment dans notre métier !...

LE CURÉ DE CUCUGNAN [1]

sauve son peuple de l'enfer

Tous les ans, à la Chandeleur, les poètes provençaux publient en Avignon un joyeux petit livre rempli jusqu'aux bords de beaux vers et de jolis contes [2]. Celui de cette année m'arrive à l'instant, et j'y trouve un adorable fabliau que je vais essayer de vous traduire en l'abrégeant un peu... Parisiens, tendez vos mannes [3]. C'est de la fine fleur de farine provençale qu'on va vous servir cette fois...

L'abbé Martin était curé... de Cucugnan [4].

Bon comme le pain, franc comme l'or, il aimait paternellement ses Cucugnanais ; pour lui, son Cucugnan aurait été le paradis sur terre, si les Cucugnanais lui avaient donné un peu plus de satisfaction. Mais, hélas ! les araignées filaient dans son confessionnal, et, le beau jour de Pâques, les hosties restaient au fond de son saint-ciboire. Le bon prêtre en avait le cœur meurtri, et toujours il demandait à Dieu la grâce de ne pas mourir avant d'avoir ramené au bercail son troupeau dispersé.

Or, vous allez voir que Dieu l'entendit.

Un dimanche, après l'Evangile, M. Martin monta en chaire.

— Mes frères, dit-il, vous me croirez si vous
voulez : l'autre nuit, je me suis trouvé, moi misérable
pécheur, à la porte du paradis.

« Je frappai : saint Pierre m'ouvrit !

« — Tiens ! c'est vous, mon brave monsieur Martin, me fit-il ; quel bon vent... ? et qu'y a-t-il pour
votre service ?

« — Beau saint Pierre, vous qui tenez le grand
livre et la clef, pourriez-vous me dire, si je ne suis pas
trop curieux, combien vous avez de Cucugnanais en
paradis ?

« — Je n'ai rien à vous refuser, monsieur Martin ;
asseyez-vous, nous allons voir la chose ensemble.

« Et saint Pierre prit son gros livre, l'ouvrit, mit ses
besicles :

« — Voyons un peu : Cucugnan, disons-nous.
Cu... Cu... Cucugnan. Nous y sommes. Cucugnan...
Mon brave monsieur Martin, la page est toute blanche.
Pas une âme... Pas plus de Cucugnanais que d'arêtes
dans une dinde.

« — Comment ! Personne de Cucugnan ici ? Personne ? Ce n'est pas possible ! Regardez mieux...

« — Personne, saint homme. Regardez vous-
même, si vous croyez que je plaisante.

« Moi, pécaïre ! je frappais des pieds, et, les mains
jointes, je criais miséricorde. Alors, saint Pierre :

« — Croyez-moi, monsieur Martin, il ne faut pas
ainsi vous mettre le cœur à l'envers, car vous pourriez
en avoir quelque mauvais coup de sang. Ce n'est pas
votre faute, après tout. Vos Cucugnanais, voyez-vous,
doivent faire à coup sûr leur petite quarantaine en
purgatoire.

« — Ah ! par charité, grand saint Pierre ! faites que je puisse au moins les voir et les consoler.

« — Volontiers, mon ami... Tenez, chaussez vite ces sandales, car les chemins ne sont pas beaux de reste... Voilà qui est bien... Maintenant, cheminez droit devant vous. Voyez-vous là-bas, au fond, en tournant ? Vous trouverez une porte d'argent toute constellée de croix noires... à main droite... Vous frapperez, on vous ouvrira... Adessias [5] ! Tenez-vous sain et gaillardet.

« Et je cheminai... je cheminai ! Quelle battue ! j'ai la chair de poule, rien que d'y songer. Un petit sentier, plein de ronces, d'escarboucles qui luisaient et de serpents qui sifflaient, m'amena jusqu'à la porte d'argent.

« — Pan ! pan !

« — Qui frappe ! me fait une voix rauque et dolente.

« — Le curé de Cucugnan.

« — De... ?

« — De Cucugnan.

« — Ah !... Entrez.

« J'entrai. Un grand bel ange, avec des ailes sombres comme la nuit, avec une robe resplendissante comme le jour, avec une clef de diamant pendue à sa ceinture, écrivait, cra-cra, dans un grand livre plus gros que celui de saint Pierre...

« — Finalement, que voulez-vous et que demandez-vous ? dit l'ange.

« — Bel ange de Dieu, je veux savoir, — je suis bien curieux peut-être, — si vous avez ici les Cucugnanais.

« — Les ?...

« — Les Cucugnanais, les gens de Cucugnan... que c'est moi qui suis leur prieur.

« — Ah ! l'abbé Martin, n'est-ce pas ?

« — Pour vous servir, monsieur l'ange.

« — Vous dites donc Cucugnan...

« Et l'ange ouvre et feuillette son grand livre, mouillant son doigt de salive pour que le feuillet glisse mieux...

« — Cucugnan, dit-il en poussant un long soupir... Monsieur Martin, nous n'avons en purgatoire personne de Cucugnan.

« — Jésus ! Marie ! Joseph ! personne de Cucugnan en purgatoire ! O grand Dieu ! où sont-ils donc ?

« — Eh ! saint homme, ils sont en paradis. Où diantre voulez-vous qu'ils soient ?

« — Mais j'en viens, du paradis...

« — Vous en venez !!... Eh bien ?

« — Eh bien ! ils n'y sont pas !... Ah ! bonne mère des anges !...

« — Que voulez-vous, monsieur le curé ? s'ils ne sont ni en paradis ni en purgatoire, il n'y a pas de milieu, ils sont...

« — Sainte croix ! Jésus, fils de David ! Aï ! aï ! aï ! est-il possible ?... Serait-ce un mensonge du grand saint Pierre ?... Pourtant je n'ai pas entendu chanter le coq !... Aï ! pauvres nous ! comment irai-je en paradis si mes Cucugnanais n'y sont pas ?

« — Ecoutez, mon pauvre monsieur Martin, puisque vous voulez, coûte que coûte, être sûr de tout ceci, et voir de vos yeux de quoi il retourne, prenez ce sentier, filez en courant, si vous savez courir... Vous trouverez, à gauche, un grand portail. Là, vous vous renseignerez sur tout. Dieu vous le donne[6] !

« Et l'ange ferma la porte.

« C'était un long sentier tout pavé de braise rouge. Je chancelais comme si j'avais bu ; à chaque pas, je trébuchais ; j'étais tout en eau, chaque poil de mon corps avait sa goutte de sueur, et je haletais de soif... Mais, ma foi, grâce aux sandales que le bon saint Pierre m'avait prêtées, je ne me brûlai pas les pieds.

« Quand j'eus fait assez de faux pas clopin-clopant, je vis à ma main gauche une porte... non, un portail, un énorme portail, tout bâillant, comme la porte d'un grand four. Oh ! mes enfants, quel spectacle ! Là on ne demande pas mon nom ; là, point de registre. Par fournées et à pleine porte, on entre là, mes frères, comme le dimanche vous entrez au cabaret.

« Je suais à grosses gouttes, et pourtant j'étais transi, j'avais le frisson. Mes cheveux se dressaient. Je sentais le brûlé, la chair rôtie, quelque chose comme l'odeur qui se répand dans notre Cucugnan quand Eloy, le maréchal, brûle pour la ferrer la botte [7] d'un vieil âne. Je perdais haleine dans cet air puant et embrasé ; j'entendais une clameur horrible, des gémissements, des hurlements et des jurements.

« — Eh bien ! entres-tu ou n'entres-tu pas, toi ? — me fait, en me piquant de sa fourche, un démon cornu.

« — Moi ? Je n'entre pas. Je suis un ami de Dieu.

« — Tu es un ami de Dieu... Eh ! b... de teigneux ! que viens-tu faire ici ?...

« — Je viens... Ah ! ne m'en parlez pas, que je ne puis plus me tenir sur mes jambes... Je viens... Je viens de loin... humblement vous demander... si... si, par coup de hasard... vous n'auriez pas ici... quelqu'un... quelqu'un de Cucugnan...

« — Ah ! feu de Dieu ! tu fais la bête, toi, comme
si tu ne savais pas que tout Cucugnan est ici. Tiens,
laid corbeau, regarde, et tu verras comme nous les
arrangeons ici, tes fameux Cucugnanais...

« Et je vis, au milieu d'un épouvantable tourbillon
de flamme :

« Le long Coq-Galine, — vous l'avez tous connu,
mes frères, — Coq-Galine, qui se grisait si souvent, et
si souvent secouait les puces à sa pauvre Clairon.

« Je vis Catarinet... cette petite gueuse... avec son
nez en l'air... qui couchait toute seule à la grange... Il
vous en souvient, mes drôles !... Mais passons, j'en ai
trop dit.

« Je vis Pascal Doigt-de-Poix, qui faisait son huile
avec les olives de M. Julien.

« Je vis Babet la glaneuse, qui, en glanant, pour
avoir plus vite noué sa gerbe, puisait à poignées aux
gerbiers [8].

« Je vis maître Grapasi, qui huilait si bien la roue
de sa brouette.

« Et Dauphine, qui vendait si cher l'eau de son
puits.

« Et le Tortillard, qui, lorsqu'il me rencontrait
portant le bon Dieu, filait son chemin, la barrette sur
la tête et la pipe au bec... et fier comme Artaban...
comme s'il avait rencontré un chien.

« Et Coulau avec sa Zette, et Jacques, et Pierre, et
Toni... »

Emu, blême de peur, l'auditoire gémit, en voyant,
dans l'enfer tout ouvert, qui son père et qui sa mère,
qui sa grand-mère et qui sa sœur...

— Vous sentez bien, mes frères, reprit le bon abbé

Martin, vous sentez bien que ceci ne peut pas durer. J'ai charge d'âmes, et je veux, je veux vous sauver de l'abîme où vous êtes tous en train de rouler tête première. Demain je me mets à l'ouvrage, pas plus tard que demain. Et l'ouvrage ne manquera pas ! Voici comment je m'y prendrai. Pour que tout se fasse bien, il faut tout faire avec ordre. Nous irons rang par rang, comme à Jonquières [9] quand on danse.

« Demain lundi, je confesserai les vieux et les vieilles. Ce n'est rien.

« Mardi, les enfants. J'aurai bientôt fait.

« Mercredi, les garçons et les filles. Cela pourra être long.

« Jeudi, les hommes. Nous couperons court.

« Vendredi, les femmes. Je dirai : Pas d'histoires !

« Samedi, le meunier !... Ce n'est pas trop d'un jour pour lui tout seul...

« Et, si dimanche nous avons fini, nous serons bien heureux.

« Voyez-vous, mes enfants, quand le blé est mûr, il faut le couper ; quand le vin est tiré, il faut le boire. Voilà assez de linge sale, il s'agit de le laver, et de le bien laver.

« C'est la grâce que je vous souhaite. *Amen !* »

Ce qui fut dit fut fait. On coula la lessive [10].

Depuis ce dimanche mémorable, le parfum des vertus de Cucugnan se respire à dix lieues à l'entour.

Et le bon pasteur M. Martin, heureux et plein d'allégresse, a rêvé l'autre nuit que, suivi de tout son troupeau, il gravissait, en resplendissante procession, au milieu des cierges allumés, d'un nuage d'encens qui embaumait et des enfants de chœur qui chantaient *Te Deum,* le chemin éclairé de la cité de Dieu.

Et voilà l'histoire du curé de Cucugnan, telle que m'a ordonné de vous le dire ce grand gueusard de Roumanille, qui la tenait lui-même d'un autre bon compagnon.

père Azan
qui doit aller
rendre visite
au g.P. de Maurices

LES VIEUX [1]

— Une lettre, père Azan ?

— Oui, monsieur... ça vient de Paris.

Il était tout fier que ça vînt de Paris, ce brave père Azan... Pas moi. Quelque chose me disait que cette Parisienne de la rue Jean-Jacques [2], tombant sur ma table à l'improviste et de si grand matin, allait me faire perdre toute ma journée. Je ne me trompais pas, voyez plutôt :

Il faut que tu me rendes un service, mon ami. Tu vas fermer ton moulin pour un jour et t'en aller tout de suite à Eyguières... Eyguières est un gros bourg à trois ou quatre lieues de chez toi, — une promenade. En arrivant, tu demanderas le couvent des Orphelines. La première maison après le couvent est une maison basse à volets gris avec un jardinet derrière. Tu entreras sans frapper, la porte est toujours ouverte, — et, en entrant, tu crieras bien fort : « Bonjour, braves gens ! Je suis l'ami de Maurice... » Alors, tu verras deux petits vieux, oh ! mais vieux, vieux, archivieux, te tendre les bras du fond de leurs grands fauteuils, et tu les embrasseras de ma part, avec tout ton cœur, comme s'ils étaient à toi. Puis vous causerez ; ils te

*parleront de moi, rien que de moi ; ils te raconteront mille
folies que tu écouteras sans rire... Tu ne riras pas, hein ?...
Ce sont mes grands-parents, deux êtres dont je suis toute la vie
et qui ne m'ont pas vu depuis dix ans... Dix ans, c'est long !
Mais que veux-tu ? moi, Paris me tient ; eux, c'est le grand
âge... Ils sont si vieux, s'ils venaient me voir, ils se
casseraient en route... Heureusement, tu es là-bas, mon cher
meunier, et, en t'embrassant, les pauvres gens croiront
m'embrasser un peu moi-même... Je leur ai si souvent parlé de
nous et de cette bonne amitié dont...*

Le diable soit de l'amitié ! Justement ce matin-là il
faisait un temps admirable, mais qui ne valait rien
pour courir les routes : trop de mistral et trop de soleil,
une vraie journée de Provence. Quand cette maudite
lettre arriva, j'avais déjà choisi mon *cagnard* (abri) entre
deux roches, et je rêvais de rester là tout le jour,
comme un lézard, à boire de la lumière, en écoutant
chanter les pins... Enfin, que voulez-vous faire ? Je
fermai le moulin en maugréant, je mis la clef sous la
chatière. Mon bâton, ma pipe, et me voilà parti.

J'arrivai à Eyguières vers deux heures. Le village
était désert, tout le monde aux champs. Dans les ormes
du cours, blancs de poussière, les cigales chantaient
comme en pleine Crau. Il y avait bien sur la place de la
mairie un âne qui prenait le soleil, un vol de pigeons
sur la fontaine de l'église ; mais personne pour m'indi-
quer l'orphelinat. Par bonheur une vieille fée m'apparut tout à coup, accroupie et filant dans l'encoignure
de sa porte ; je lui dis ce que je cherchais ; et comme
cette fée était très puissante, elle n'eut qu'à lever sa
quenouille : aussitôt le couvent des Orphelines se
dressa devant moi comme par magie... C'était une
grande maison maussade et noire, toute fière de
montrer au-dessus de son portail en ogive une vieille

croix de grès rouge avec un peu de latin autour. A côté de cette maison, j'en aperçus une autre plus petite. Des volets gris, le jardin derrière... Je la reconnus tout de suite, et j'entrai sans frapper.

Je reverrai toute ma vie ce long corridor frais et calme, la muraille peinte en rose, le jardinet qui tremblait au fond à travers un store de couleur claire, et sur tous les panneaux des fleurs et des violons fanés. Il me semblait que j'arrivais chez quelque vieux bailli du temps de Sedaine... Au bout du couloir, sur la gauche, par une porte entrouverte on entendait le tic-tac d'une grosse horloge et une voix d'enfant, mais d'enfant à l'école, qui lisait en s'arrêtant à chaque syllabe : A... LORS... SAINT... I... RÉ... NÉE... S'É... CRI... A... JE... SUIS... LE... FRO... MENT... DU... SEIGNEUR... IL... FAUT... QUE... JE... SOIS... MOU... LU... PAR... LA... DENT... DE... CES... A... NI... MAUX... Je m'approchai doucement de cette porte et je regardai.

Dans le calme et le demi-jour d'une petite chambre, un bon vieux à pommettes roses, ridé jusqu'au bout des doigts, dormait au fond d'un fauteuil, la bouche ouverte, les mains sur ses genoux. A ses pieds, une fillette habillée de bleu, — grande pèlerine et petit béguin [3], le costume des orphelines, — lisait la Vie de saint Irénée [4] dans un livre plus gros qu'elle... Cette lecture miraculeuse avait opéré sur toute la maison. Le vieux dormait dans son fauteuil, les mouches au plafond, les canaris dans leur cage, là-bas sur la fenêtre. La grosse horloge ronflait, tic-tac, tic-tac. Il n'y avait d'éveillé dans toute la chambre qu'une grande bande de lumière qui tombait droite et blanche entre les volets clos, pleine d'étincelles vivantes et de valses microscopiques... Au milieu de l'assoupissement géné-

ral, l'enfant continuait sa lecture d'un air grave :
Aus... si... tôt... deux... lions... se... pré... ci...
pi... tè... rent... sur... lui... et... le... dé... vo...
rè... rent... C'est à ce moment que j'entrai... Les
lions de saint Irénée se précipitant dans la chambre n'y
auraient pas produit plus de stupeur que moi. Un vrai
coup de théâtre ! La petite pousse un cri, le gros livre
tombe, les canaris, les mouches se réveillent, la
pendule sonne, le vieux se dresse en sursaut, tout
effaré, et moi-même, un peu troublé, je m'arrête sur le
seuil en criant bien fort :

— Bonjour, braves gens ! je suis l'ami de Maurice.

Oh ! alors, si vous l'aviez vu, le pauvre vieux, si vous
l'aviez vu venir vers moi les bras tendus, m'embrasser,
me serrer les mains, courir égaré dans la chambre, en
faisant :

— Mon Dieu ! mon Dieu !...

Toutes les rides de son visage riaient. Il était rouge.
Il bégayait :

— Ah ! monsieur... ah ! monsieur...

Puis il allait vers le fond en appelant :

— Mamette !

Une porte qui s'ouvre, un trot de souris dans le
couloir... C'était Mamette. Rien de joli comme cette
petite vieille avec son bonnet à coque [5], sa robe
carmélite, et son mouchoir brodé qu'elle tenait à la
main pour me faire honneur, à l'ancienne mode...
Chose attendrissante ! ils se ressemblaient. Avec un
tour [6] et des coques jaunes, il aurait pu s'appeler
Mamette, lui aussi. Seulement la vraie Mamette avait
dû beaucoup pleurer dans sa vie, et elle était encore
plus ridée que l'autre. Comme l'autre aussi, elle avait
près d'elle une enfant de l'orphelinat, petite garde en
pèlerine bleue, qui ne la quittait jamais ; et de voir ces

vieillards protégés par ces orphelines, c'était ce qu'on peut imaginer de plus touchant.

En entrant, Mamette avait commencé par me faire une grande révérence, mais d'un mot le vieux lui coupa sa révérence en deux :

— C'est l'ami de Maurice...

Aussitôt la voilà qui tremble, qui pleure, perd son mouchoir, qui devient rouge, toute rouge, encore plus rouge que lui... Ces vieux ! ça n'a qu'une goutte de sang dans les veines, et à la moindre émotion elle leur saute au visage...

— Vite, vite, une chaise... dit la vieille à sa petite.

— Ouvre les volets... crie le vieux à la sienne.

Et, me prenant chacun par une main, ils m'emmenèrent en trottinant jusqu'à la fenêtre, qu'on a ouverte toute grande pour mieux me voir. On approche les fauteuils, je m'installe entre les deux sur un pliant, les petites bleues derrière nous, et l'interrogatoire commence :

— Comment va-t-il ? Qu'est-ce qu'il fait ? Pourquoi ne vient-il pas ? Est-ce qu'il est content ?...

Et patati ! et patata ! Comme cela pendant des heures.

Moi, je répondais de mon mieux à toutes leurs questions, donnant sur mon ami les détails que je savais, inventant effrontément ceux que je ne savais pas, me gardant surtout d'avouer que je n'avais jamais remarqué si ses fenêtres fermaient bien ou de quelle couleur était le papier de sa chambre.

— Le papier de sa chambre !... Il est bleu, madame, bleu clair, avec des guirlandes...

— Vraiment ? faisait la pauvre vieille attendrie ; et elle ajoutait en se tournant vers son mari : C'est un si brave enfant !

— Oh ! oui, c'est un brave enfant ! reprenait l'autre avec enthousiasme.

Et, tout le temps que je parlais, c'étaient entre eux des hochements de tête, de petits rires fins, des clignements d'yeux, des airs entendus, ou bien encore le vieux qui se rapprochait pour me dire :

— Parlez plus fort... Elle a l'oreille un peu dure.

Et elle de son côté :

— Un peu plus haut, je vous prie !... Il n'entend pas très bien...

Alors j'élevais la voix ; et tous deux me remerciaient d'un sourire ; et dans ces sourires fanés qui se penchaient vers moi, cherchant jusqu'au fond de mes yeux l'image de leur Maurice, moi, j'étais tout ému de la retrouver cette image, vague, voilée, presque insaisissable, comme si je voyais mon ami me sourire, très loin, dans un brouillard.

Tout à coup le vieux se dresse sur son fauteuil :

— Mais j'y pense, Mamette..., il n'a peut-être pas déjeuné !

Et Mamette, effarée, les bras au ciel :

— Pas déjeuné !... Grand Dieu !

Je croyais qu'il s'agissait encore de Maurice, et j'allais répondre que ce brave enfant n'attendait jamais plus tard que midi pour se mettre à table. Mais non, c'était bien de moi qu'on parlait ; et il faut voir quel branle-bas quand j'avouai que j'étais encore à jeun :

— Vite le couvert, petites bleues ! La table au milieu de la chambre, la nappe du dimanche, les assiettes à fleurs. Et ne rions pas tant, s'il vous plaît ! et dépêchons-nous...

Je crois bien qu'elles se dépêchaient. A peine le

temps de casser trois assiettes le déjeuner se trouva servi.

— Un bon petit déjeuner ! me disait Mamette en me conduisant à table ; seulement vous serez tout seul... Nous autres, nous avons déjà mangé ce matin.

Ces pauvres vieux ! à quelque heure qu'on les prenne, ils ont toujours mangé le matin.

Le bon petit déjeuner de Mamette, c'était deux doigts de lait, des dattes et une *barquette*[7], quelque chose comme un échaudé[8] ; de quoi la nourrir elle et ses canaris au moins pendant huit jours... Et dire qu'à moi seul je vins à bout de toutes ces provisions !... Aussi quelle indignation autour de la table ! Comme les petites bleues chuchotaient en se poussant du coude, et là-bas, au fond de leur cage, comme les canaris avaient l'air de se dire : « Oh ! ce monsieur qui mange toute la *barquette* ! »

Je la mangeai toute, en effet, et presque sans m'en apercevoir, occupé que j'étais à regarder autour de moi dans cette chambre claire et paisible où flottait comme une odeur de choses anciennes... Il y avait surtout deux petits lits dont je ne pouvais pas détacher mes yeux. Ces lits, presque deux berceaux, je me les figurais le matin, au petit jour, quand ils sont encore enfouis sous leurs grands rideaux à franges. Trois heures sonnent. C'est l'heure où tous les vieux se réveillent :

— Tu dors, Mamette ?

— Non, mon ami.

— N'est-ce pas que Maurice est un brave enfant ?

— Oh ! oui c'est un brave enfant.

Et j'imaginais comme cela toute une causerie, rien que pour avoir vu ces deux petits lits de vieux, dressés l'un à côté de l'autre...

Pendant ce temps, un drame terrible se passait à

l'autre bout de la chambre, devant l'armoire. Il s'agissait d'atteindre là-haut, sur le dernier rayon, certain bocal de cerises à l'eau-de-vie qui attendait Maurice depuis dix ans et dont on voulait me faire l'ouverture. Malgré les supplications de Mamette, le vieux avait tenu à aller chercher ses cerises lui-même ; et, monté sur une chaise au grand effroi de sa femme, il essayait d'arriver là-haut... Vous voyez le tableau d'ici, le vieux qui tremble et qui se hisse, les petites bleues cramponnées à sa chaise, Mamette derrière lui haletante, les bras tendus, et sur tout cela un léger parfum de bergamote qui s'exhale de l'armoire ouverte et des grandes piles de linge roux... C'était charmant.

Enfin, après bien des efforts, on parvint à le tirer de l'armoire, ce fameux bocal, et avec lui une vieille timbale d'argent toute bosselée, la timbale de Maurice quand il était petit. On me la remplit de cerises jusqu'au bord, Maurice les aimait tant, les cerises ! Et tout en me servant, le vieux me disait à l'oreille d'un air de gourmandise :

— Vous êtes bien heureux, vous, de pouvoir en manger !... C'est ma femme qui les a faites... Vous allez goûter quelque chose de bon.

Hélas sa femme les avait faites, mais elle avait oublié de les sucrer. Que voulez-vous ? on devient distrait en vieillissant. Elles étaient atroces, vos cerises, ma pauvre Mamette... Mais cela ne m'empêcha pas de les manger jusqu'au bout, sans sourciller.

Le repas terminé, je me levai pour prendre congé de mes hôtes. Ils auraient bien voulu me garder encore un peu pour causer du brave enfant, mais le jour baissait, le moulin était loin, il fallait partir.

Le vieux s'était levé en même temps que moi.

— Mamette, mon habit !... Je veux le conduire jusqu'à la place.

Bien sûr qu'au fond d'elle-même Mamette trouvait qu'il faisait déjà un peu frais pour me conduire jusqu'à la place ; mais elle n'en laissa rien paraître. Seulement, pendant qu'elle l'aidait à passer les manches de son habit, un bel habit tabac d'Espagne à boutons de nacre, j'entendais la chère créature qui lui disait doucement :

— Tu ne rentreras pas trop tard, n'est-ce pas ?

Et lui, d'un petit air malin :

— Hé ! hé !... je ne sais pas... peut-être...

Là-dessus, ils se regardaient en riant, et les petites bleues riaient de les voir rire, et dans leur coin les canaris riaient aussi à leur manière... Entre nous, je crois que l'odeur des cerises les avait tous un peu grisés.

... La nuit tombait, quand nous sortîmes, le grand-père et moi. La petite bleue nous suivait de loin pour le ramener ; mais lui ne la voyait pas, et il était tout fier de marcher à mon bras, comme un homme. Mamette, rayonnante, voyait cela du pas de sa porte, et elle avait en nous regardant de jolis hochements de tête qui semblaient dire : « Tout de même, mon pauvre homme !... il marche encore. »

BALLADES EN PROSE [1]

En ouvrant ma porte ce matin, il y avait autour de mon moulin un grand tapis de gelée blanche. L'herbe luisait et craquait comme du verre ; toute la colline grelottait... Pour un jour ma chère Provence s'était déguisée en pays du Nord ; et c'est parmi les pins frangés de givre, les touffes de lavandes épanouies en bouquets de cristal, que j'ai écrit ces deux ballades d'une fantaisie un peu germanique, pendant que la gelée m'envoyait ses étincelles blanches, et que là-haut, dans le ciel clair, de grands triangles de cigognes venues du pays de Henri Heine [2] descendaient vers la Camargue en criant : « Il fait froid... froid... froid. »

I

LA MORT DU DAUPHIN ≠ paradis

Le petit Dauphin est malade, le petit Dauphin va mourir [3]... Dans toutes les églises du royaume, le Saint-Sacrement demeure exposé nuit et jour et de

grands cierges brûlent pour la guérison de l'enfant
royal. Les rues de la vieille résidence sont tristes et
silencieuses, les cloches ne sonnent plus, les voitures
vont au pas... Aux abords du palais, les bourgeois
curieux regardent, à travers les grilles, des suisses à
bedaines dorées qui causent dans les cours d'un air
important.

Tout le château est en émoi... Des chambellans, des
majordomes, montent et descendent en courant les
escaliers de marbre... Les galeries sont pleines de pages
et de courtisans en habits de soie qui vont d'un groupe
à l'autre quêter des nouvelles à voix basse... Sur les
larges perrons, les dames d'honneur éplorées se font de
grandes révérences en essuyant leurs yeux avec de jolis
mouchoirs brodés.

Dans l'Orangerie, il y a nombreuse assemblée de
médecins en robe. On les voit, à travers les vitres,
agiter leurs longues manches noires et incliner doctora-
lement leurs perruques à marteaux [4]... Le gouverneur
et l'écuyer du petit Dauphin se promènent devant la
porte, attendant les décisions de la Faculté. Des
marmitons passent à côté d'eux sans les saluer.
M. l'écuyer jure comme un païen, M. le gouverneur
récite des vers d'Horace... Et pendant ce temps-là, là-
bas, du côté des écuries, on entend un long hennisse-
ment plaintif. C'est l'alezan du petit Dauphin que les
palefreniers oublient et qui appelle tristement devant
sa mangeoire vide.

Et le roi ? Où est monseigneur le roi ?... Le roi s'est
enfermé tout seul dans une chambre, au bout du
château... Les Majestés n'aiment pas qu'on les voie
pleurer... Pour la reine, c'est autre chose... Assise au
chevet du petit Dauphin, elle a son beau visage baigné

de larmes, et sanglote bien haut devant tous, comme ferait une drapière.

Dans sa couchette de dentelles, le petit Dauphin, plus blanc que les coussins sur lesquels il est étendu, repose, les yeux fermés. On croit qu'il dort ; mais non. Le petit Dauphin ne dort pas... Il se retourne vers sa mère et, voyant qu'elle pleure, il lui dit :

— Madame la reine, pourquoi pleurez-vous ? Est-ce que vous croyez bonnement que je m'en vas mourir ?

La reine veut répondre. Les sanglots l'empêchent de parler.

— Ne pleurez donc pas, madame la reine ; vous oubliez que je suis le Dauphin ; et que les Dauphins ne peuvent pas mourir ainsi...

La reine sanglote encore plus fort, et le petit Dauphin commence à s'effrayer.

— Holà, dit-il, je ne veux pas que la mort vienne me prendre, et je saurai bien l'empêcher d'arriver jusqu'ici... Qu'on fasse venir sur l'heure quarante lansquenets très forts pour monter la garde autour de notre lit !... Que cent gros canons veillent nuit et jour, mèche allumée, sous nos fenêtres ! Et malheur à la mort, si elle ose s'approcher de nous !...

Pour complaire à l'enfant royal, la reine fait un signe. Sur l'heure, on entend les gros canons qui roulent dans la cour ; et quarante grands lansquenets, la pertuisane au poing, viennent se ranger autour de la chambre. Ce sont de vieux soudards à moustaches grises. Le petit Dauphin bat des mains en les voyant. Il en reconnaît un et l'appelle :

— Lorrain ! Lorrain !

Le soudard fait un pas vers le lit :

— Je t'aime bien, mon vieux Lorrain... Fais voir

un peu ton grand sabre… Si la mort veut me prendre, il faudra la tuer, n'est-ce pas ?

Lorrain répond :

— Oui, monseigneur…

Et il a deux grosses larmes qui coulent sur ses joues tannées.

A ce moment, l'aumônier s'approche du petit Dauphin et lui parle longtemps à voix basse en lui montrant un crucifix. Le petit Dauphin l'écoute d'un air fort étonné, puis tout à coup l'interrompant :

— Je comprends bien ce que vous me dites, monsieur l'abbé ; mais enfin est-ce que mon petit ami Beppo ne pourrait pas mourir à ma place, en lui donnant beaucoup d'argent ?

L'aumônier continue à lui parler à voix basse, et le petit Dauphin a l'air de plus en plus étonné.

Quand l'aumônier a fini, le petit Dauphin reprend avec un gros soupir :

— Tout ce que vous me dites là est bien triste, monsieur l'abbé ; mais une chose me console, c'est que là-haut, dans le paradis des étoiles, je vais être encore le Dauphin… Je sais que le bon Dieu est mon cousin et ne peut pas manquer de me traiter selon mon rang.

Puis il ajoute, en se tournant vers sa mère :

— Qu'on m'apporte mes plus beaux habits, mon pourpoint d'hermine blanche et mes escarpins de velours ! Je veux me faire brave [5] pour les anges et entrer au paradis en costume de Dauphin.

Une troisième fois, l'aumônier se penche vers le petit Dauphin et lui parle longuement à voix basse… Au milieu de son discours, l'enfant royal l'interrompt avec colère :

— Mais alors, crie-t-il, d'être Dauphin, ce n'est rien du tout !

Et, sans vouloir plus rien entendre, le petit Dauphin se tourne vers la muraille, et il pleure amèrement.

II

LE SOUS-PRÉFET AUX CHAMPS

M. le sous-préfet est en tournée. Cocher devant, laquais derrière, la calèche de la sous-préfecture l'emporte majestueusement au concours régional de la Combe-aux-Fées [6]. Pour cette journée mémorable, M. le sous-préfet a mis son bel habit brodé, son petit claque [7], sa culotte collante à bandes d'argent et son épée de gala à poignée de nacre... Sur ses genoux repose une grande serviette en chagrin [8] gaufré qu'il regarde tristement.

M. le sous-préfet regarde tristement sa serviette en chagrin gaufré ; il songe au fameux discours qu'il va falloir prononcer tout à l'heure devant les habitants de la Combe-aux-Fées :

— Messieurs et chers administrés...

Mais il a beau tortiller la soie blonde de ses favoris et répéter vingt fois de suite :

— Messieurs et chers administrés... la suite du discours ne vient pas.

La suite du discours ne vient pas... Il fait si chaud dans cette calèche !... A perte de vue, la route de la Combe-aux-Fées poudroie sous le soleil du Midi... L'air est embrasé... et sur les ormeaux du bord du chemin, tout couverts de poussière blanche, des milliers de cigales se répondent d'un arbre à l'autre... Tout à coup M. le sous-préfet tressaille. Là-bas, au

pied d'un coteau, il vient d'apercevoir un petit bois de
chênes verts qui semble lui faire signe.

Le petit bois de chênes verts semble lui faire signe :

— Venez donc par ici, monsieur le sous-préfet ;
pour composer votre discours, vous serez beaucoup
mieux sous mes arbres...

M. le sous-préfet est séduit ; il saute à bas de sa
calèche, et dit à ses gens de l'attendre, qu'il va
composer son discours dans le petit bois de chênes
verts.

Dans le petit bois de chênes verts il y a des oiseaux,
des violettes, et des sources sous l'herbe fine... Quand
ils ont aperçu M. le sous-préfet avec sa belle culotte et
sa serviette en chagrin gaufré, les oiseaux ont eu peur
et se sont arrêtés de chanter, les sources n'ont plus osé
faire de bruit, et les violettes se sont cachées dans le
gazon... Tout ce petit monde-là n'a jamais vu de sous-
préfet, et se demande à voix basse quel est ce beau
seigneur qui se promène en culotte d'argent.

A voix basse, sous la feuillée, on se demande quel
est ce beau seigneur en culotte d'argent... Pendant ce
temps-là, M. le sous-préfet, ravi du silence et de la
fraîcheur du bois, relève les pans de son habit, pose son
claque sur l'herbe et s'assied dans la mousse au pied
d'un jeune chêne ; puis il ouvre sur ses genoux sa
grande serviette de chagrin gaufré et en tire une large
feuille de papier ministre.

— C'est un artiste ! dit la fauvette.

— Non, dit le bouvreuil, ce n'est pas un artiste,
puisqu'il a une culotte en argent ; c'est plutôt un
prince.

— C'est plutôt un prince, dit le bouvreuil.

— Ni un artiste, ni un prince, interrompt un vieux
rossignol, qui a chanté toute une saison dans les jardins

de la sous-préfecture... Je sais ce que c'est : c'est un sous-préfet !

Et tout le petit bois va chuchotant :

— C'est un sous-préfet ! c'est un sous-préfet !

— Comme il est chauve ! remarque une alouette à grande huppe.

Les violettes demandent :

— Est-ce que c'est méchant ?

— Est-ce que c'est méchant ? demandent les violettes.

Le vieux rossignol répond :

— Pas du tout !

Et sur cette assurance, les oiseaux se remettent à chanter, les sources à courir, les violettes à embaumer, comme si le monsieur n'était pas là... Impassible au milieu de tout ce joli tapage, M. le sous-préfet invoque dans son cœur la Muse des comices agricoles, et, le crayon levé, commence à déclamer de sa voix de cérémonie :

— Messieurs et chers administrés...

— Messieurs et chers administrés, dit le sous-préfet de sa voix de cérémonie...

Un éclat de rire l'interrompt ; il se retourne et ne voit rien qu'un gros pivert qui le regarde en riant, perché sur son claque. Le sous-préfet hausse les épaules et veut continuer son discours ; mais le pivert l'interrompt encore et lui crie de loin :

— A quoi bon ?

— Comment ! à quoi bon ? dit le sous-préfet, qui devient tout rouge ; et, chassant d'un geste cette bête effrontée, il reprend de plus belle :

— Messieurs et chers administrés...

— Messieurs et chers administrés..., a repris le sous-préfet de plus belle.

Mais alors, voilà les petites violettes qui se haussent vers lui sur le bout de leurs tiges et qui lui disent doucement :

— Monsieur le sous-préfet, sentez-vous comme nous sentons bon ?

Et les sources lui font sous la mousse une musique divine ; et dans les branches, au-dessus de sa tête, des tas de fauvettes viennent lui chanter leurs plus jolis airs ; et tout le petit bois conspire pour l'empêcher de composer son discours.

Tout le petit bois conspire pour l'empêcher de composer son discours... M. le sous-préfet, grisé de parfums, ivre de musique, essaye vainement de résister au nouveau charme qui l'envahit. Il s'accoude sur l'herbe, dégrafe son bel habit, balbutie encore deux ou trois fois :

— Messieurs et chers administrés... Messieurs et chers admi... Messieurs et chers...

Puis il envoie les administrés au diable ; et la Muse des comices agricoles n'a plus qu'à se voiler la face.

Voile-toi la face, ô Muse des comices agricoles !... Lorsque, au bout d'une heure, les gens de la sous-préfecture, inquiets de leur maître, sont entrés dans le petit bois, ils ont vu un spectacle qui les a fait reculer d'horreur... M. le sous-préfet était couché sur le ventre, dans l'herbe, débraillé comme un bohème. Il avait mis son habit bas ;... et, tout en mâchonnant des violettes, M. le sous-préfet faisait des vers.

LE PORTEFEUILLE DE BIXIOU [1]

Un matin du mois d'octobre, quelques jours avant
de quitter Paris, je vis arriver chez moi, — pendant
que je déjeunais, — un vieil homme en habit râpé,
cagneux, crotté, l'échine basse, grelottant sur ses
longues jambes comme un échassier déplumé. C'était
Bixiou. Oui, Parisiens, votre Bixiou, le féroce et
charmant Bixiou, ce railleur enragé qui vous a tant
réjouis depuis quinze ans avec ses pamphlets et ses
caricatures... Ah ! le malheureux, quelle détresse ! Sans
une grimace qu'il fit en entrant, jamais je ne l'aurais
reconnu.

La tête inclinée sur l'épaule, sa canne aux dents
comme une clarinette, l'illustre et lugubre farceur
s'avança jusqu'au milieu de la chambre et vint se jeter
contre ma table en disant d'une voix dolente :

— Ayez pitié d'un pauvre aveugle !...

C'était si bien imité que je ne pus m'empêcher de
rire. Mais lui, très froidement :

— Vous croyez que je plaisante... regardez mes
yeux.

Et il tourna vers moi deux grandes prunelles
blanches sans regard.

— Je suis aveugle, mon cher, aveugle pour la vie...
Voilà ce que c'est que d'écrire avec du vitriol. Je me
suis brûlé les yeux à ce joli métier ; mais là, brûlé à
fond... jusqu'aux bobèches [2] ! ajouta-t-il en me montrant ses paupières calcinées où ne restait plus l'ombre
d'un cil.

J'étais si ému que je ne trouvai rien à lui dire. Mon
silence l'inquiéta.

— Vous travaillez ?

— Non, Bixiou, je déjeune. Voulez-vous en faire
autant ?

Il ne répondit pas, mais au frémissement de ses
narines, je vis bien qu'il mourait d'envie d'accepter. Je
le pris par la main, et je le fis asseoir près de moi.

Pendant qu'on le servait, le pauvre diable flairait la
table avec un petit rire :

— Ça a l'air bon tout ça. Je vais me régaler ; il y a si
longtemps que je ne déjeune plus ! Un pain d'un sou
tous les matins, en courant les ministères... car, vous
savez, je cours les ministères, maintenant ; c'est ma
seule profession. J'essaye d'accrocher un bureau de
tabac... Qu'est-ce que vous voulez ? il faut qu'on
mange à la maison. Je ne peux plus dessiner ; je ne
peux plus écrire... Dicter ?... Mais quoi ?... Je n'ai
rien dans la tête ; moi ; je n'invente rien. Mon métier,
c'était de voir les grimaces de Paris et de les faire ; à
présent il n'y a plus moyen... Alors j'ai pensé à un
bureau de tabac ; pas sur les boulevards, bien entendu.
Je n'ai pas droit à cette faveur, n'étant ni mère de
danseuse, ni veuve d'officier supérieur [3]. Non ! simplement un petit bureau de province, quelque part bien
loin, dans un coin des Vosges. J'aurai une forte pipe en
porcelaine ; je m'appellerai Hans ou Zébédé, comme
dans Erckmann-Chatrian [4], et je me consolerai de ne

plus écrire en faisant des cornets de tabac avec les œuvres de mes contemporains.

« Voilà tout ce que je demande. Pas grand-chose, n'est-ce pas ?... Eh bien, c'est le diable pour y arriver... Pourtant les protections ne devraient pas me manquer. J'étais très lancé autrefois. Je dînais chez le maréchal, chez le prince, chez les ministres ; tous ces gens-là voulaient m'avoir parce que je les amusais ou qu'ils avaient peur de moi. A présent, je ne fais plus peur à personne. O mes yeux ! mes pauvres yeux ! Et l'on ne m'invite nulle part. C'est si triste une tête d'aveugle à table... Passez-moi le pain, je vous prie... Ah ! les bandits ! ils me l'auront fait payer cher ce malheureux bureau de tabac. Depuis six mois, je me promène dans tous les ministères avec ma pétition. J'arrive le matin, à l'heure où l'on allume les poêles et où l'on fait faire un tour aux chevaux de Son Excellence sur le sable de la cour ; je ne m'en vais qu'à la nuit, quand on apporte les grosses lampes et que les cuisines commencent à sentir bon...

« Toute ma vie se passe sur les coffres à bois des antichambres. Aussi les huissiers me connaissent, allez ! A l'Intérieur, ils m'appellent : « Ce bon monsieur ! » Et moi, pour gagner leur protection, je fais des calembours, ou je dessine d'un trait sur un coin de leurs buvards de grosses moustaches qui les font rire... Voilà où j'en suis arrivé après vingt ans de succès tapageurs, voilà la fin d'une vie d'artiste !... Et dire qu'ils sont en France quarante mille galopins à qui notre profession fait venir l'eau à la bouche ! Dire qu'il y a tous les jours, dans les départements, une locomotive qui chauffe pour nous apporter des pane-rées d'imbéciles affamés de littérature et de bruit imprimé !... Ah ! province romanesque, si la misère de Bixiou pouvait te servir de leçon ! »

Là-dessus il se fourra le nez dans son assiette et se mit à manger avidement, sans dire un mot... C'était pitié de le voir faire. A chaque minute, il perdait son pain, sa fourchette, tâtonnait pour trouver son verre... Pauvre homme ! il n'avait pas encore l'habitude.

Au bout d'un moment, il reprit :

— Savez-vous ce qu'il y a encore de plus horrible pour moi ? C'est de ne plus pouvoir lire mes journaux. Il faut être du métier pour comprendre cela... Quelquefois le soir, en rentrant, j'en achète un, rien que pour sentir cette odeur de papier humide et de nouvelles fraîches... C'est si bon ! et personne pour me les lire ! Ma femme pourrait bien, mais elle ne veut pas : elle prétend qu'on trouve dans les faits divers des choses qui ne sont pas convenables... Ah ! ces anciennes maîtresses, une fois mariées, il n'y a pas plus bégueules qu'elles. Depuis que j'en ai fait Mme Bixiou, celle-là s'est crue obligée de devenir bigote, mais à un point !... Est-ce qu'elle ne voulait pas me faire frictionner les yeux avec l'eau de la Salette [5] ! Et puis, le pain bénit, les quêtes, la Sainte-Enfance, les petits Chinois [6], que sais-je encore ?... Nous sommes dans les bonnes œuvres jusqu'au cou... Ce serait cependant une bonne œuvre de me lire mes journaux. Eh bien, non, elle ne veut pas... Si ma fille était chez nous, elle me les lirait, elle ; mais, depuis que je suis aveugle, je l'ai fait entrer à Notre-Dame-des-Arts, pour avoir une bouche de moins à nourrir...

« Encore une qui me donne de l'agrément, celle-là ! Il n'y a pas neuf ans qu'elle est au monde, elle a déjà eu toutes les maladies... Et triste ! et laide ! plus laide que

moi, si c'est possible… un monstre !… Que voulez-
vous ? je n'ai jamais su faire que des charges… Ah ça,
mais je suis bon, moi, de vous raconter mes histoires
de famille. Qu'est-ce que cela peut vous faire à vous ?..
Allons, donnez-moi encore un peu de cette eau-de-vie.
Il faut que je me mette en train. En sortant d'ici je vais
à l'Instruction publique, et les huissiers n'y sont pas
faciles à dérider. C'est tous d'anciens professeurs.

Je lui versai son eau-de-vie. Il commença à la
déguster par petites fois, d'un air attendri… Tout à
coup, je ne sais quelle fantaisie le piquant, il se leva,
son verre à la main, promena un instant autour de lui
sa tête de vipère aveugle, avec le sourire aimable du
monsieur qui va parler, puis, d'une voix stridente,
comme pour haranguer un banquet de deux cents
couverts :

— Aux arts ! Aux lettres ! A la presse !

Et le voilà parti sur un toast de dix minutes, la plus
folle et la plus merveilleuse improvisation qui soit
jamais sortie de cette cervelle de pitre.

Figurez-vous une revue de fin d'année intitulée : le
Pavé des lettres en 186* ; nos assemblées soi-disant
littéraires, nos papotages, nos querelles, toutes les
cocasseries d'un monde excentrique, fumier d'encre,
enfer sans grandeur, où l'on s'égorge, où l'on s'étripe,
où l'on se détrousse, où l'on parle intérêts et gros sous
bien plus que chez les bourgeois, ce qui n'empêche pas
qu'on y meure de faim plus qu'ailleurs ; toutes nos
lâchetés, toutes nos misères ; le vieux baron T… de la
Tombola s'en allant faire « gna… gna… gna… » aux
Tuileries avec sa sébile et son habit barbeau ; puis nos
morts de l'année, les enterrements à réclames, l'oraison
funèbre de monsieur le délégué toujours la même :

« Cher et regretté ! pauvre cher ! » à un malheureux
dont on refuse de payer la tombe ; et ceux qui se sont
suicidés, et ceux qui sont devenus fous ; figurez-vous
tout cela, raconté, détaillé, gesticulé par un grimacier
de génie, vous aurez alors une idée de ce que fut
l'improvisation de Bixiou.

Son toast fini, son verre bu, il me demanda l'heure
et s'en alla, d'un air farouche, sans me dire adieu...
J'ignore comment les huissiers de M. Duruy [7] se
trouvèrent de sa visite ce matin-là ; mais je sais bien
que jamais de ma vie je ne me suis senti si triste, si mal
en train qu'après le départ de ce terrible aveugle. Mon
encrier m'écœurait, ma plume me faisait horreur.
J'aurais voulu m'en aller loin, courir, voir des arbres,
sentir quelque chose de bon... Quelle haine, grand
Dieu ! que de fiel ! quel besoin de baver, sur tout, de
tout salir ! Ah ! le misérable...

Et j'arpentais ma chambre avec fureur, croyant
toujours entendre le ricanement de dégoût qu'il avait
eu en me parlant de sa fille.

Tout à coup, près de la chaise où l'aveugle s'était
assis, je sentis quelque chose rouler sous mon pied. En
me baissant, je reconnus son portefeuille, un gros
portefeuille luisant, à coins cassés, qui ne le quitte
jamais et qu'il appelle en riant sa poche à venin. Cette
poche, dans notre monde, était aussi renommée que les
fameux cartons de M. de Girardin [8]. On disait qu'il y
avait des choses terribles là-dedans... L'occasion se
présentait belle pour m'en assurer. Le vieux portefeuille, trop gonflé, s'était crevé en tombant, et tous
les papiers avaient roulé sur le tapis ; il me fallut les
ramasser l'un après l'autre...

Un paquet de lettres écrites sur du papier à fleurs, commençant toutes : *Mon cher papa*, et signées : *Céline Bixiou des Enfants de Marie.*

D'anciennes ordonnances pour des maladies d'enfants : croup, convulsions, scarlatine, rougeole... (la pauvre petite n'en avait pas échappé une !)

Enfin une grande enveloppe cachetée d'où sortaient, comme d'un bonnet de fillette, deux ou trois crins jaunes tout frisés ; et sur l'enveloppe, en grosse écriture tremblée, une écriture d'aveugle :

Cheveux de Céline, coupés le 13 mai, le jour de son entrée là-bas.

Voilà ce qu'il y avait dans le portefeuille de Bixiou.

Allons, Parisiens, vous êtes tous les mêmes. Le dégoût, l'ironie, un rire infernal, des blagues féroces, et puis pour finir :... *Cheveux de Céline coupés le 13 mai.*

LA LÉGENDE DE L'HOMME
A LA CERVELLE D'OR [1]

A la dame qui demande des histoires gaies

En lisant votre lettre, madame, j'ai eu comme un remords. Je m'en suis voulu de la couleur un peu trop demi-deuil de mes historiettes, et je m'étais promis de vous offrir aujourd'hui quelque chose de joyeux, de follement joyeux.

Pourquoi serais-je triste, après tout ? Je vis à mille lieues des brouillards parisiens, sur une colline lumineuse, dans le pays des tambourins et du vin muscat. Autour de chez moi tout n'est que soleil et musique ; j'ai des orchestres de culs-blancs, des orphéons de mésanges ; le matin, les courlis qui font : « Coureli ! coureli ! » à midi, les cigales, puis les pâtres qui jouent du fifre, et les belles filles brunes qu'on entend rire dans les vignes... En vérité, l'endroit est mal choisi pour broyer du noir ; je devrais plutôt expédier aux dames des poèmes couleur de rose et des pleins paniers de contes galants.

Eh bien, non ! je suis encore trop près de Paris. Tous les jours, jusque dans mes pins il m'envoie les éclaboussures de ses tristesses... A l'heure même où j'écris ces lignes, je viens d'apprendre la mort misérable du pauvre Charles Barbara [2] ; et mon moulin en est tout en deuil. Adieu les courlis et les cigales ! Je n'ai plus le cœur à rien de gai... Voilà pourquoi, madame, au lieu du joli conte badin que je m'étais promis de vous faire, vous n'aurez encore aujourd'hui qu'une légende mélancolique.

Il était une fois un homme qui avait une cervelle d'or ; oui, madame, une cervelle toute en or. Lorsqu'il vint au monde, les médecins pensaient que cet enfant ne vivrait pas, tant sa tête était lourde et son crâne démesuré. Il vécut cependant et grandit au soleil comme un beau plant d'olivier ; seulement sa grosse tête l'entraînait toujours, et c'était pitié de le voir se cogner à tous les meubles en marchant... Il tombait souvent. Un jour, il roula du haut d'un perron et vint donner du front contre un degré de marbre, où son crâne sonna comme un lingot. On le crut mort ; mais, en le relevant, on ne lui trouva qu'une légère blessure, avec deux ou trois gouttelettes d'or caillées dans ses cheveux blonds. C'est ainsi que les parents apprirent que l'enfant avait une cervelle en or.

La chose fut tenue secrète ; le pauvre petit lui-même ne se douta de rien. De temps en temps, il demandait pourquoi on ne le laissait plus courir devant la porte avec les garçonnets de la rue.

— On vous volerait, mon beau trésor ! lui répondait sa mère...

Alors le petit avait grand-peur d'être volé ; il retournait jouer tout seul, sans rien dire, et se trimbalait lourdement d'une salle à l'autre...

A dix-huit ans seulement, ses parents lui révélèrent

le don monstrueux qu'il tenait du destin ; et, comme
ils l'avaient élevé et nourri jusque-là, ils lui demandèrent en retour un peu de son or. L'enfant n'hésita pas ;
sur l'heure même, — comment ? par quels moyens ? la
légende ne l'a pas dit, — il s'arracha du crâne un
morceau d'or massif, un morceau gros comme une
noix, qu'il jeta fièrement sur les genoux de sa mère...
Puis tout ébloui des richesses qu'il portait dans la tête,
fou de désirs, ivre de sa puissance, il quitta la maison
paternelle et s'en alla par le monde en gaspillant son
trésor.

Du train dont il menait sa vie, royalement, et
semant l'or sans compter, on aurait dit que sa cervelle
était inépuisable... Elle s'épuisait cependant, et à
mesure on pouvait voir les yeux s'éteindre, la joue
devenir plus creuse. Un jour enfin, au matin d'une
débauche folle, le malheureux, resté seul parmi les
débris du festin et les lustres qui pâlissaient, s'épou-
vanta de l'énorme brèche qu'il avait déjà faite à son
lingot ; il était temps de s'arrêter.

Dès lors, ce fut une existence nouvelle. L'homme à
la cervelle d'or s'en alla vivre, à l'écart, du travail de ses
mains, soupçonneux et craintif comme un avare,
fuyant les tentations, tâchant d'oublier lui-même ces
fatales richesses auxquelles il ne voulait plus toucher...
Par malheur, un ami l'avait suivi dans sa solitude, et
cet ami connaissait son secret.

Une nuit, le pauvre homme fut réveillé en sursaut
par une douleur à la tête, une effroyable douleur ; il se
dressa éperdu, et vit, dans un rayon de lune, l'ami qui
fuyait en cachant quelque chose sous son manteau...

Encore un peu de cervelle qu'on lui emportait !...

A quelque temps de là, l'homme à la cervelle d'or

devint amoureux, et cette fois tout fut fini… Il aimait du meilleur de son âme une petite femme blonde, qui l'aimait bien aussi, mais qui préférait encore les pompons, les plumes blanches et les jolis glands mordorés battant le long des bottines.

Entre les mains de cette mignonne créature, — moitié oiseau, moitié poupée, — les piécettes d'or fondaient que c'était un plaisir. Elle avait tous les caprices ; et lui ne savait jamais dire non ; même, de peur de la peiner, il lui cacha jusqu'au bout le triste secret de sa fortune.

— Nous sommes donc bien riches ? disait-elle.

Le pauvre homme répondait :

— Oh ! oui… bien riches !

Et il souriait avec amour au petit oiseau bleu qui lui mangeait le crâne innocemment. Quelquefois cependant la peur le prenait, il avait des envies d'être avare ; mais alors la petite femme venait vers lui en sautillant, et lui disait :

— Mon mari, qui êtes si riche ! achetez-moi quelque chose de bien cher…

Et il lui achetait quelque chose de bien cher.

Cela dura ainsi pendant deux ans ; puis, un matin, la petite femme mourut, sans qu'on sût pourquoi, comme un oiseau… Le trésor touchait à sa fin ; avec ce qui lui en restait, le veuf fit faire à sa chère morte un bel enterrement. Cloches à toute volée, lourds carrosses tendus de noir, chevaux empanachés, larmes d'argent dans le velours, rien ne lui parut trop beau. Que lui importait son or maintenant ?… Il en donna pour l'église, pour les porteurs, pour les revendeuses d'immortelles ; il en donna partout, sans marchander… Aussi, en sortant du cimetière, il ne lui restait presque plus rien de cette cervelle merveilleuse, à peine quelques parcelles aux parois du crâne.

Alors on le vit s'en aller dans les rues, l'air égaré, les mains en avant, trébuchant comme un homme ivre. Le soir, à l'heure où les bazars s'illuminent, il s'arrêta devant une large vitrine dans laquelle tout un fouillis d'étoiles et de parures reluisait aux lumières, et resta là longtemps à regarder deux bottines de satin bleu bordées de duvet de cygne. « Je sais quelqu'un à qui ces bottines feraient bien plaisir », se disait-il en souriant ; et, ne se souvenant déjà plus que la petite femme était morte, il entra pour les acheter.

Du fond de son arrière-boutique, la marchande entendit un grand cri ; elle accourut et recula de peur en voyant un homme debout, qui s'accotait au comptoir et la regardait douloureusement d'un air hébété. Il tenait d'une main les bottines bleues à bordure de cygne, et présentait l'autre main toute sanglante, avec des raclures d'or au bout des ongles.

Telle est, madame, la légende de l'homme à la cervelle d'or.

Malgré ses airs de conte fantastique, cette légende est vraie d'un bout à l'autre... Il y a par le monde de pauvres gens qui sont condamnés à vivre de leur cerveau, et payent en bel or fin, avec leur moelle et leur substance, les moindres choses de la vie. C'est pour eux une douleur de chaque jour ; et puis, quand ils sont las de souffrir...

LE POÈTE MISTRAL [1]

Dimanche dernier, en me levant, j'ai cru me réveiller rue du Faubourg-Montmartre. Il pleuvait, le ciel était gris, le moulin triste. J'ai eu peur de passer chez moi cette froide journée de pluie, et tout de suite l'envie m'est venue d'aller me réchauffer un brin auprès de Frédéric Mistral, ce grand poète qui vit à trois lieues de mes pins, dans son petit village de Maillane.

Sitôt pensé, sitôt parti : une trique en bois de myrte, mon Montaigne, une couverture, et en route !

Personne aux champs... Notre belle Provence catholique laisse la terre se reposer le dimanche... Les chiens seuls au logis, les fermes closes... De loin en loin, une charrette de roulier avec sa bâche ruisselante, une vieille encapuchonnée dans sa mante feuille-morte, des mules en tenue de gala, housse de sparterie bleue et blanche, pompons rouges, grelots d'argent, — emportant au petit trot toute une carriole de gens de *mas* qui vont à la messe ; puis, là-bas, à travers la brume, une barque sur la *roubine* [2] et un pêcheur debout qui lance son épervier...

Pas moyen de lire en route ce jour-là. La pluie

tombait par torrents, et la tramontane vous la jetait à pleins seaux dans la figure... Je fis le chemin tout d'une haleine, et enfin, après trois heures de marche, j'aperçus devant moi les petits bois de cyprès au milieu desquels le pays de Maillane s'abrite de peur du vent.

Pas un chat dans les rues du village ; tout le monde était à la grand-messe. Quand je passai devant l'église, le serpent [3] ronflait, et je vis les cierges reluire à travers les vitres de couleur.

Le logis du poète est à l'extrémité du pays ; c'est la dernière maison à main gauche, sur la route de Saint-Remy, — une maisonnette à un étage avec un jardin devant... J'entre doucement... Personne ! La porte du salon est fermée, mais j'entends derrière quelqu'un qui marche et qui parle à haute voix... Ce pas et cette voix me sont bien connus... Je m'arrête un moment dans le petit couloir peint à la chaux, la main sur le bouton de la porte, très ému. Le cœur me bat. — Il est là. Il travaille... Faut-il attendre que la strophe soit finie ?... Ma foi ! tant pis, entrons.

Ah ! Parisiens, lorsque le poète de Maillane est venu chez vous montrer Paris à sa Mireille, et que vous l'avez vu dans vos salons, ce Chactas [4] en habit de ville, avec un col droit et un grand chapeau qui le gênait autant que sa gloire, vous avez cru que c'était là Mistral... Non, ce n'était pas lui. Il n'y a qu'un Mistral au monde, celui que j'ai surpris dimanche dernier dans son village, le chaperon de feutre sur l'oreille, sans gilet, en jaquette, sa rouge taillole catalane autour des reins, l'œil allumé, le feu de l'inspiration aux pommettes, superbe avec un bon sourire, élégant comme un pâtre grec, et marchant à

grands pas, les mains dans ses poches, en faisant des
vers...

— Comment ! c'est toi ? cria Mistral en me sautant
au cou ; la bonne idée que tu as eue de venir !... Tout
juste aujourd'hui, c'est la fête de Maillane. Nous avons
la musique d'Avignon, les taureaux, la procession, la
farandole, ce sera magnifique... La mère va rentrer de
la messe ; nous déjeunons, et puis, zou ! nous allons
voir danser les jolies filles...

Pendant qu'il me parlait, je regardais avec émotion
ce petit salon à tapisserie claire, que je n'avais pas vu
depuis si longtemps, et où j'ai passé déjà de si belles
heures. Rien n'était changé. Toujours le canapé à
carreaux jaunes, les deux fauteuils de paille, la Vénus
sans bras et la Vénus d'Arles [5] sur la cheminée, le
portrait du poète par Hébert [6], sa photographie par
Etienne Carjat [7], et, dans un coin, près de la fenêtre,
le bureau, — un pauvre petit bureau de receveur
d'enregistrement, — tout chargé de vieux bouquins et
de dictionnaires. Au milieu de ce bureau, j'aperçus un
gros cahier ouvert... C'était *Calendal*, le nouveau
poème de Frédéric Mistral, qui doit paraître à la fin de
cette année le jour de Noël. Ce poème, Mistral y
travaille depuis sept ans, et voilà près de six mois qu'il
en a écrit le dernier vers ; pourtant, il n'ose s'en séparer
encore. Vous comprenez, on a toujours une strophe à
polir, une rime plus sonore à trouver... Mistral a beau
écrire en provençal, il travaille ses vers comme si tout
le monde devait les lire dans la langue et lui tenir
compte de ses efforts de bon ouvrier... Oh ! le brave
poète, et que c'est bien Mistral dont Montaigne aurait
pu dire : *Souvienne-vous de celuy à qui, comme on demandoit
à quoy faire il se peinoit si fort en un art qui ne pouvoit venir*

à la cognoissance de guère des gens, « J'en ay assez de peu,
répondit-il. J'en ay assez d'un. J'en ay assez de pas un. »

Je tenais le cahier de *Calendal* entre mes mains, et je
le feuilletais, plein d'émotion... Tout à coup une
musique de fifres et de tambourins éclate dans la rue,
devant la fenêtre, et voilà mon Mistral qui court à
l'armoire, en tire des verres, des bouteilles, traîne la
table au milieu du salon, et ouvre la porte aux
musiciens en me disant :

— Ne ris pas... Ils viennent me donner l'aubade...
je suis conseiller municipal.

La petite pièce se remplit de monde. On pose les
tambourins sur les chaises, la vieille bannière dans un
coin ; et le vin cuit circule. Puis quand on a vidé
quelques bouteilles à la santé de M. Frédéric, qu'on a
causé gravement de la fête, si la farandole sera aussi
belle que l'an dernier, si les taureaux se comporteront
bien, les musiciens se retirent et vont donner l'aubade
chez les autres conseillers. A ce moment, la mère de
Mistral arrive.

En un tour de main la table est dressée : un beau
linge blanc et deux couverts. Je connais les usages de la
maison ; je sais que lorsque Mistral a du monde, sa
mère ne se met pas à table... La pauvre vieille femme
ne connaît que son provençal et se sentirait mal à l'aise
pour causer avec des Français... D'ailleurs, on a besoin
d'elle à la cuisine.

Dieu ! le joli repas que j'ai fait ce matin-là : — un
morceau de chevreau rôti, du fromage de montagne,
de la confiture de moût, des figues, des raisins
muscats. Le tout arrosé de ce bon Châteauneuf des
papes qui a une si belle couleur rose dans les verres...

Au dessert, je vais chercher le cahier de poèmes, et je l'apporte sur la table devant Mistral.

— Nous avions dit que nous sortirions, fait le poète en souriant.

— Non ! non !... *Calendal ! Calendal !*

Mistral se résigne, et de sa voix musicale et douce, en battant la mesure de ses vers avec la main, il entame le premier chant : — *D'une fille folle d'amour,* — *à présent que j'ai dit la triste aventure,* — *je chanterai, si Dieu veut, un enfant de Cassis,* — *un pauvre petit pêcheur d'anchois...*

Au-dehors, les cloches sonnaient les vêpres, les pétards éclataient sur la place, les fifres passaient et repassaient dans les rues avec les tambourins. Les taureaux de Camargue, qu'on menait courir, mugissaient.

Moi, les coudes sur la nappe, des larmes dans les yeux, j'écoutais l'histoire du petit pêcheur provençal.

Calendal n'était qu'un pêcheur ; l'amour en fait un héros... Pour gagner le cœur de sa mie, — la belle Estérelle, — il entreprend des choses miraculeuses, et les douze travaux d'Hercule ne sont rien à côté des siens.

Une fois, s'étant mis en tête d'être riche, il a inventé de formidables engins de pêche, et ramène au port tout le poisson de la mer. Une autre fois, c'est un terrible bandit des gorges d'Ollioules, le comte Sévéran, qu'il va relancer jusque dans son aire, parmi ses coupe-jarrets et ses concubines... Quel rude gars que ce petit Calendal ! Un jour, à la Sainte-Baume, il rencontre deux partis de compagnons venus là pour vider leur querelle à grands coups de compas sur la tombe de maître Jacques, un Provençal qui a fait la charpente du

temple de Salomon, s'il vous plaît[8]. Calendal se jette
au milieu de la tuerie, et apaise les compagnons en leur
parlant...

Des entreprises surhumaines !... Il y avait là-haut,
dans les rochers de Lure, une forêt de cèdres inaccessi-
bles, où jamais bûcheron n'osa monter. Calendal y va,
lui. Il s'y installe tout seul pendant trente jours.
Pendant trente jours, on entend le bruit de sa hache
qui sonne en s'enfonçant dans les troncs. La forêt crie ;
l'un après l'autre, les vieux arbres géants tombent et
roulent au fond des abîmes et quand Calendal redescend, il ne reste plus un cèdre sur la montagne...

Enfin en récompense de tant d'exploits, le pêcheur
d'anchois obtient l'amour d'Estérelle, et il est nommé
consul[9] par les habitants de Cassis. Voilà l'histoire de
Calendal... Mais qu'importe Calendal ? Ce qu'il y a
avant tout dans le poème, c'est la Provence, — la
Provence de la mer, la Provence de la montagne, —
avec son histoire, ses mœurs, ses légendes, ses paysages, tout un peuple naïf et libre qui a trouvé son grand
poète avant de mourir... Et maintenant, tracez des
chemins de fer, plantez des poteaux à télégraphes,
chassez la langue provençale des écoles ! La Provence
vivra éternellement dans *Mireille* et dans *Calendal*.

— Assez de poésie ! dit Mistral en fermant son
cahier. Il faut aller voir la fête.

Nous sortîmes ; tout le village était dans les rues ; un
grand coup de bise avait balayé le ciel, et le ciel
reluisait joyeusement sur les toits rouges mouillés de
pluie. Nous arrivâmes à temps pour voir rentrer la
procession. Ce fut pendant une heure un interminable
défilé de pénitents en cagoule, pénitents blancs,
pénitents bleus, pénitents gris[10], confréries de filles

voilées, bannières roses à fleurs d'or, grands saints de bois décorés portés à quatre épaules, saintes de faïence coloriées comme des idoles avec des gros bouquets à la main, chapes, ostensoirs, dais de velours vert, crucifix encadrés de soie blanche, tout cela ondulant au vent dans la lumière des cierges et du soleil, au milieu des psaumes, des litanies, et des cloches qui sonnaient à toute volée.

La procession finie, les saints remisés dans leurs chapelles, nous allâmes voir les taureaux, puis les jeux sur l'aire, les luttes d'hommes, les trois sauts, l'étrangle-chat, le jeu de l'outre[11], et tout le joli train des fêtes de Provence... La nuit tombait quand nous rentrâmes à Maillane. Sur la place, devant le petit café où Mistral va faire, le soir, sa partie avec son ami Zidore, on avait allumé un grand feu de joie... La farandole s'organisait. Des lanternes de papier découpé s'allumaient partout dans l'ombre, la jeunesse prenait place ; et bientôt, sur un appel des tambourins, commença autour de la flamme une ronde folle, bruyante, qui devait durer toute la nuit.

Après souper, trop las pour courir encore, nous montâmes dans la chambre de Mistral. C'est une modeste chambre de paysan, avec deux grands lits. Les murs n'ont pas de papier ; les solives du plafond se voient... Il y a quatre ans, lorsque l'Académie donna à l'auteur de *Mireille* le prix de trois mille francs, Mme Mistral eut une idée.

— Si nous faisions tapisser et plafonner ta chambre ? dit-elle à son fils.

— Non ! non ! répondit Mistral... Ça, c'est l'argent des poètes, on n'y touche pas.

Et la chambre est restée toute nue ; mais tant que

l'argent des poètes a duré, ceux qui ont frappé chez Mistral ont toujours trouvé sa bourse ouverte...

J'avais emporté le cahier de *Calendal* dans la chambre, et je voulus m'en faire lire encore un passage avant de m'endormir. Mistral choisit l'épisode des faïences. Le voici en quelques mots :

C'est dans un grand repas je ne sais où. On apporte sur la table un magnifique service en faïence de Moustiers. Au fond de chaque assiette, dessiné en bleu dans l'émail, il y a un sujet provençal ; toute l'histoire du pays tient là-dedans. Aussi il faut voir avec quel amour sont décrites ces belles faïences ; une strophe pour chaque assiette, autant de petits poèmes d'un travail naïf et savant, achevés comme un tableautin de Théocrite [12].

Tandis que Mistral me disait ses vers dans cette belle langue provençale, plus qu'aux trois quarts latine, que les reines ont parlée autrefois et que maintenant nos pâtres seuls comprennent, j'admirais cet homme au-dedans de moi, et, songeant à l'état de ruine où il a trouvé sa langue maternelle et ce qu'il en a fait, je me figurais un de ces vieux palais des princes des Baux [13] comme on en voit dans les Alpilles : plus de toits, plus de balustres aux perrons, plus de vitraux aux fenêtres, le trèfle des ogives cassé, le blason des portes mangé de mousse, des poules picorant dans la cour d'honneur, des porcs vautrés sous les fines colonnettes des galeries, l'âne broutant dans la chapelle où l'herbe pousse, des pigeons venant boire aux grands bénitiers remplis d'eau de pluie, et enfin, parmi ces décombres, deux ou trois familles de paysans qui se sont bâti des huttes dans les flancs du vieux palais.

Puis, voilà qu'un beau jour le fils d'un de ces paysans s'éprend de ces grandes ruines et s'indigne de les voir ainsi profanées ; vite, vite, il chasse le bétail hors de la cour d'honneur ; et, les fées lui venant en aide, à lui tout seul il reconstruit le grand escalier, remet des boiseries aux murs, des vitraux aux fenêtres, relève les tours, redore la salle du trône, et met sur pied le vaste palais d'autre temps, où logèrent des papes et des impératrices.

Ce palais restauré, c'est la langue provençale.

Ce fils de paysan, c'est Mistral.

LES TROIS MESSES BASSES [1]

Conte de Noël

I

— Deux dindes truffées, Garrigou ?...

— Oui, mon révérend, deux dindes magnifiques bourrées de truffes. J'en sais quelque chose, puisque c'est moi qui ai aidé à les remplir. On aurait dit que leur peau allait craquer en rôtissant, tellement elle était tendue...

— Jésus-Maria ! moi qui aime tant les truffes !... Donne-moi vite mon surplis, Garrigou... Et avec les dindes, qu'est-ce que tu as encore aperçu à la cuisine ?...

— Oh ! toutes sortes de bonnes choses... Depuis midi nous n'avons fait que plumer des faisans, des huppes [2], des gelinottes [3], des coqs de bruyère. La plume en volait partout... Puis de l'étang on a apporté des anguilles, des carpes dorées, des truites, des...

— Grosses comment, les truites, Garrigou ?

— Grosses comme ça, mon révérend... Enormes !...

— Oh ! Dieu ! il me semble que je les vois... As-tu mis le vin dans les burettes ?

— Oui, mon révérend, j'ai mis le vin dans les burettes... Mais dame ! il ne vaut pas celui que vous boirez tout à l'heure en sortant de la messe de minuit. Si vous voyiez cela dans la salle à manger du château, toutes ces carafes qui flambent pleines de vins de toutes les couleurs... Et la vaisselle d'argent, les surtouts ciselés, les fleurs, les candélabres !... Jamais il ne se sera vu un réveillon pareil. Monsieur le marquis a invité tous les seigneurs du voisinage. Vous serez au moins quarante à table, sans compter le bailli [4] ni le tabellion [5]... Ah ! vous êtes bien heureux d'en être, mon révérend !... Rien que d'avoir flairé ces belles dindes, l'odeur des truffes me suit partout... Meuh !...

— Allons, allons, mon enfant. Gardons-nous du péché de gourmandise, surtout la nuit de la Nativité... Va bien vite allumer les cierges et sonner le premier coup de la messe ; car voilà que minuit est proche, et il ne faut pas nous mettre en retard...

Cette conversation se tenait une nuit de Noël de l'an de grâce mil six cent et tant, entre le révérend dom Balaguère, ancien prieur des Barnabites [6], présentement chapelain gagé des sires de Trinquelage [7], et son petit clerc Garrigou, ou du moins ce qu'il croyait être le petit clerc Garrigou, car vous saurez que le diable, ce soir-là, avait pris la face ronde et les traits indécis du jeune sacristain pour mieux induire le révérend père en tentation et lui faire commettre un épouvantable péché de gourmandise. Donc, pendant que le soi-disant Garrigou (hum ! hum !) faisait à tour de bras carillonner les cloches de la chapelle seigneuriale, le révérend achevait de revêtir sa chasuble dans la petite sacristie du château ; et, l'esprit déjà troublé par toutes ces

descriptions gastronomiques, il se répétait à lui-même
en s'habillant :

— Des dindes rôties... des carpes dorées... des
truites grosses comme ça !...

Dehors, le vent de la nuit soufflait en éparpillant la
musique des cloches, et, à mesure, des lumières
apparaissaient dans l'ombre aux flancs du mont Ventoux, en haut duquel s'élevaient les vieilles tours de
Trinquelage. C'étaient des familles de métayers qui
venaient entendre la messe de minuit au château. Ils
grimpaient la côte en chantant par groupes de cinq ou
six, le père en avant, la lanterne à la main, les femmes
enveloppées dans leurs grandes mantes brunes où les
enfants se serraient et s'abritaient. Malgré l'heure et le
froid, tout ce brave peuple marchait allégrement,
soutenu par l'idée qu'au sortir de la messe il y aurait,
comme tous les ans, table mise pour eux en bas dans les
cuisines. De temps en temps, sur la rude montée, le
carrosse d'un seigneur précédé de porteurs de torches,
faisait miroiter ses glaces au clair de lune, ou bien une
mule trottait en agitant ses sonnailles, et à la lueur des
falots enveloppés de brumes, les métayers reconnaissaient leur bailli et le saluaient au passage :

— Bonsoir, bonsoir, maître Arnoton !

— Bonsoir, bonsoir, mes enfants !

La nuit était claire, les étoiles avivées de froid ; la
bise piquait, et un fin grésil, glissant sur les vêtements
sans les mouiller, gardait fidèlement la tradition des
Noëls blancs de neige. Tout en haut de la côte, le
château apparaissait comme le but, avec sa masse
énorme de tours, de pignons, le clocher de sa chapelle
montant dans le ciel bleu noir, et une foule de petites
lumières qui clignotaient, allaient, venaient, s'agitaient à toutes les fenêtres, et ressemblaient, sur le

fond sombre du bâtiment, aux étincelles courant dans
des cendres de papier brûlé… Passé le pont-levis et la
poterne, il fallait, pour se rendre à la chapelle,
traverser la première cour, pleine de carrosses, de
valets, de chaises à porteurs, toute claire du feu des
torches et de la flambée des cuisines. On entendait le
tintement des tournebroches, le fracas des casseroles, le
choc des cristaux et de l'argenterie remués dans les
apprêts d'un repas ; par là-dessus, une vapeur tiède,
qui sentait bon les chairs rôties et les herbes fortes des
sauces compliquées, faisait dire aux métayers comme
au chapelain, comme au bailli, comme à tout le
monde :

— Quel bon réveillon nous allons faire après la
messe !

II

Drelindin din !… Drelindin din !…

C'est la messe de minuit qui commence. Dans la
chapelle du château, une cathédrale en miniature, aux
arceaux entrecroisés, aux boiseries de chêne, montant
jusqu'à hauteur des murs, les tapisseries ont été
tendues, tous les cierges allumés. Et que de monde ! Et
que de toilettes ! Voici d'abord, assis dans les stalles
sculptées qui entourent le chœur, le sire de Trinquelage, en habit de taffetas saumon, et près de lui tous
les nobles seigneurs invités. En face, sur des prie-Dieu
garnis de velours, ont pris place la vieille marquise
douairière dans sa robe de brocart couleur de feu et la
jeune dame de Trinquelage, coiffée d'une haute tour
de dentelle gaufrée à la dernière mode de la cour de

France. Plus bas on voit, vêtus de noir avec de vastes perruques en pointe et des visages rasés, le bailli Thomas Arnoton et le tabellion maître Ambroy, deux notes graves parmi les soies voyantes et les damas brochés. Puis viennent les gras majordomes, les pages, les piqueurs, les intendants, dame Barbe, toutes ses clefs pendues sur le côté à un clavier d'argent fin. Au fond, sur les bancs, c'est le bas office, les servantes, les métayers avec leurs familles ; et enfin, là-bas, tout contre la porte qu'ils entrouvrent et referment discrètement, messieurs les marmitons qui viennent entre deux sauces prendre un petit air de messe et apporter une odeur de réveillon dans l'église toute en fête et tiède de tant de cierges allumés.

Est-ce la vue de ces petites barrettes blanches qui donne des distractions à l'officiant ? Ne serait-ce pas plutôt la sonnette de Garrigou, cette enragée petite sonnette qui s'agite au pied de l'autel avec une précipitation infernale et semble dire tout le temps :

— Dépêchons-nous, dépêchons-nous... Plus tôt nous aurons fini, plus tôt nous serons à table.

Le fait est que chaque fois qu'elle tinte, cette sonnette du diable, le chapelain oublie sa messe et ne pense plus qu'au réveillon. Il se figure les cuisiniers en rumeur, les fourneaux où brûle un feu de forge, la buée qui monte des couvercles entrouverts, et dans cette buée deux dindes magnifiques, bourrées, tendues, marbrées de truffes...

Ou bien encore il voit passer des files de pages portant des plats enveloppés de vapeurs tentantes, et avec eux il entre dans la grande salle déjà prête pour le festin. O délices ! voilà l'immense table toute chargée et flamboyante, les paons habillés de leurs plumes, les faisans écartant leurs ailes mordorées, les flacons couleur de rubis, les pyramides de fruits éclatants parmi les branches vertes, et ces merveilleux poissons dont parlait Garrigou (ah ! bien oui, Garrigou !) étalés sur un lit de fenouil, l'écaille nacrée comme s'ils sortaient de l'eau, avec un bouquet d'herbes odorantes dans leurs narines de monstres. Si vive est la vision de ces merveilles, qu'il semble à dom Balaguère que tous ces plats mirifiques sont servis devant lui sur les broderies de la nappe d'autel, et deux ou trois fois, au lieu de *Dominus vobiscum !* il se surprend à dire le *Benedicite*. A part ces légères méprises, le digne homme débite son office très consciencieusement, sans passer une ligne, sans omettre une génuflexion ; et tout marche assez bien jusqu'à la fin de la première messe ; car vous savez que le jour de Noël le même officiant doit célébrer trois messes consécutives.

— Et d'une ! se dit le chapelain avec un soupir de soulagement ; puis, sans perdre une minute, il fait signe à son clerc ou celui qu'il croit être son clerc, et...

Drelindin din !... Drelindin din !

C'est la seconde messe qui commence, et avec elle commence aussi le péché de dom Balaguère.

— Vite, vite, dépêchons-nous, lui crie de sa petite voix aigrelette la sonnette de Garrigou, et cette fois le malheureux officiant, tout abandonné au démon de gourmandise, se rue sur le missel et dévore les pages avec l'avidité de son appétit en surexcitation. Frénétiquement il se baisse, se relève, esquisse les signes de croix, les génuflexions, raccourcit tous ses gestes pour avoir plus tôt fini. A peine s'il étend ses bras à l'Evangile, s'il frappe sa poitrine au *Confiteor*. Entre le clerc et lui c'est à qui bredouillera le plus vite. Versets et réponses se précipitent, se bousculent. Les mots à moitié prononcés, sans ouvrir la bouche, ce qui prendrait trop de temps, s'achèvent en murmures incompréhensibles.

Oremus ps... ps... ps...

Mea culpa... pa... pa...

Pareils à des vendangeurs pressés foulant le raisin de la cuve, tous deux barbotent dans le latin de la messe, en envoyant des éclaboussures de tous les côtés.

Dom... scum !... dit Balaguère.

... Stutuo !... répond Garrigou ; et tout le temps la damnée petite sonnette est là qui tinte à leurs oreilles, comme ces grelots qu'on met aux chevaux de poste pour les faire galoper à la grande vitesse. Pensez que de ce train-là une messe basse est vite expédiée.

— Et de deux ! dit le chapelain tout essoufflé ; puis sans prendre le temps de respirer, rouge, suant, il dégringole les marches de l'autel et...

Drelindin din !... Drelindin din !...

C'est la troisième messe qui commence. Il n'y a plus que quelques pas à faire pour arriver à la salle à manger ; mais, hélas ! à mesure que le réveillon approche, l'infortuné Balaguère se sent pris d'une folie d'impatience et de gourmandise. Sa vision s'accentue, les carpes dorées, les dindes rôties, sont là, là... Il les touche ;... il les... Oh ! Dieu !... Les plats fument, les vins embaument ; et secouant son grelot enragé, la petite sonnette lui crie :

— Vite, vite, encore plus vite !...

Mais comment pourrait-il aller plus vite ? Ses lèvres remuent à peine. Il ne prononce plus les mots... A moins de tricher tout à fait le bon Dieu[8] et de lui escamoter sa messe... Et c'est ce qu'il fait, le malheureux !... De tentation en tentation il commence par sauter un verset, puis deux. Puis l'épître est trop longue, il ne la finit pas, effleure l'Evangile, passe

devant le *Credo* sans entrer, saute le *Pater,* salue de loin
la préface [9], et par bonds et par élans se précipite ainsi
dans la damnation éternelle, toujours suivi de l'infâme
Garrigou *(vade retro, Satanas !)* qui le seconde avec une
merveilleuse entente, lui relève sa chasuble, tourne les
feuillets deux par deux, bouscule les pupitres, renverse
les burettes, et sans cesse secoue la petite sonnette de
plus en plus fort, de plus en plus vite.

Il faut voir la figure effarée que font tous les
assistants ! Obligés de suivre à la mimique du prêtre
cette messe dont ils n'entendent pas un mot, les uns se
lèvent quand les autres s'agenouillent, s'asseyent
quand les autres sont debout ; et toutes les phases de ce
singulier office se confondent sur les bancs dans une
foule d'attitudes diverses. L'étoile de Noël en route
dans les chemins du ciel, là-bas, vers la petite étable,
pâlit d'épouvante en voyant cette confusion...

— L'abbé va trop vite... On ne peut pas suivre,
murmure la vieille douairière en agitant sa coiffe avec
égarement.

Maître Arnoton, ses grandes lunettes d'acier sur le
nez, cherche dans son paroissien où diantre on peut
bien en être. Mais au fond, tous ces braves gens, qui
eux aussi pensent à réveillonner, ne sont pas fâchés que
la messe aille ce train de poste [10] ; et quand dom
Balaguère, la figure rayonnante, se tourne vers l'assistance en criant de toutes ses forces : *Ite, missa est,* il n'y
a qu'une voix dans la chapelle pour lui répondre un *Deo
gratias* si joyeux, si entraînant, qu'on se croirait déjà à
table au premier toast du réveillon.

III

Cinq minutes après, la foule des seigneurs s'asseyait dans la grande salle, le chapelain au milieu d'eux. Le château, illuminé de haut en bas, retentissait de chants, de cris, de rires, de rumeurs ; et le vénérable dom Balaguère plantait sa fourchette dans une aile de gelinotte, noyant le remords de son péché sous des flots de vin du pape et de bons jus de viandes. Tant il but et mangea, le pauvre saint homme, qu'il mourut dans la nuit d'une terrible attaque, sans avoir eu seulement le temps de se repentir ; puis, au matin, il arriva dans le ciel encore tout en rumeur des fêtes de la nuit, et je vous laisse à penser comme il y fut reçu.

— Retire-toi de mes yeux, mauvais chrétien ! lui dit le souverain Juge, notre maître à tous. Ta faute est assez grande pour effacer toute une vie de vertu... Ah ! tu m'as volé une messe de nuit... Eh bien ! tu m'en payeras trois cents en place, et tu n'entreras en paradis que quand tu auras célébré dans ta propre chapelle ces trois cents messes de Noël en présence de tous ceux qui ont péché par ta faute et avec toi...

... Et voilà la vraie légende de dom Balaguère comme on la raconte au pays des olives. Aujourd'hui le château de Trinquelage n'existe plus, mais la chapelle se tient encore droite tout en haut du mont Ventoux, dans un bouquet de chênes verts. Le vent fait battre sa porte disjointe, l'herbe encombre le seuil ; il y a des nids aux angles de l'autel et dans l'embrasure des hautes croisées dont les vitraux coloriés ont disparu depuis longtemps. Cependant il paraît que tous les ans, à Noël, une lumière surnaturelle erre parmi ces

ruines, et qu'en allant aux messes et aux réveillons, les
paysans aperçoivent ce spectre de chapelle éclairé de
cierges invisibles qui brûlent au grand air, même sous
la neige et le vent. Vous en rirez si vous voulez, mais
un vigneron de l'endroit, nommé Garrigue, sans doute
un descendant de Garrigou, m'a affirmé qu'un soir de
Noël, se trouvant un peu en ribote, il s'était perdu
dans la montagne du côté de Trinquelage ; et voici ce
qu'il avait vu... Jusqu'à onze heures, rien. Tout était
silencieux, éteint, inanimé. Soudain, vers minuit, un
carillon sonna tout en haut du clocher, un vieux, vieux
carillon qui avait l'air d'être à dix lieues. Bientôt, dans
le chemin qui monte, Garrigue vit trembler des feux,
s'agiter des ombres indécises. Sous le porche de la
chapelle, on marchait, on chuchotait :

— Bonsoir, maître Arnoton !

— Bonsoir, bonsoir, mes enfants !...

Quand tout le monde fut entré, mon vigneron, qui
était très brave, s'approcha doucement, et regardant
par la porte cassée eut un singulier spectacle. Tous ces
gens qu'il avait vus passer étaient rangés autour du
chœur, dans la nef en ruine, comme si les anciens
bancs existaient encore. De belles dames en brocart
avec des coiffes de dentelle, des seigneurs chamarrés du
haut en bas, des paysans en jaquettes fleuries ainsi
qu'en avaient nos grands-pères, tous l'air vieux, fané,
poussiéreux, fatigué. De temps en temps, des oiseaux
de nuit, hôtes habituels de la chapelle, réveillés par
toutes ces lumières, venaient rôder autour des cierges
dont la flamme montait droite et vague comme si elle
avait brûlé derrière une gaze ; et ce qui amusait
beaucoup Garrigue, c'était un certain personnage à
grandes lunettes d'acier, qui secouait à chaque instant
sa haute perruque noire sur laquelle un de ces oiseaux

se tenait droit tout empêtré en battant silencieusement des ailes.

Dans le fond, un petit vieillard de taille enfantine, à genoux au milieu du chœur, agitait désespérément une sonnette sans grelot et sans voix, pendant qu'un prêtre, habillé de vieil or, allait, venait devant l'autel en récitant des oraisons dont on n'entendait pas un mot... Bien sûr c'était dom Balaguère, en train de dire sa troisième messe basse.

LES ORANGES[1]

Fantaisie

A Paris, les oranges ont l'air triste de fruits tombés ramassés sous l'arbre. A l'heure où elles vous arrivent, en plein hiver pluvieux et froid, leur écorce éclatante, leur parfum exagéré dans ces pays de saveurs tranquilles, leur donnent un aspect étrange, un peu bohémien. Par les soirées brumeuses, elles longent tristement les trottoirs, entassées dans leurs petites charrettes ambulantes, à la lueur sourde d'une lanterne en papier rouge. Un cri monotone et grêle les escorte, perdu dans le roulement des voitures, le fracas des omnibus :

— A deux sous la Valence !

Pour les trois quarts des Parisiens, ce fruit cueilli au loin, banal dans sa rondeur, où l'arbre n'a rien laissé qu'une mince attache verte, tient de la sucrerie, de la confiserie. Le papier de soie qui l'entoure, les fêtes qu'il accompagne, contribuent à cette impression. Aux approches de janvier surtout, les milliers d'oranges disséminées par les rues, toutes ces écorces traînant dans la boue du ruisseau, font songer à quelque arbre de Noël gigantesque qui secouerait sur Paris ses branches chargées de fruits factices. Pas un coin où on ne les rencontre. A la vitrine claire des étalages, choisies et parées ; à la porte des prisons et des hospices, parmi les paquets de biscuits, les tas de pommes ; devant l'entrée des bals, des spectacles du dimanche. Et leur parfum exquis se mêle à l'odeur du gaz, au bruit des crincrins, à la poussière des banquettes du paradis [2]. On en vient à oublier qu'il faut des orangers pour produire les oranges, cependant que le fruit nous arrive directement du Midi à pleines caisses, l'arbre, taillé, transformé, déguisé, de la serre chaude où il passe l'hiver, ne fait qu'une courte apparition au plein air des jardins publics.

Pour bien connaître les oranges, il faut les avoir vues chez elles, aux îles Baléares, en Sardaigne, en Corse, en Algérie, dans l'air bleu doré, l'atmosphère tiède de la Méditerranée. Je me rappelle un petit bois d'orangers, aux portes de Blidah [3] ; c'est là qu'elles étaient belles ! Dans le feuillage sombre, lustré, vernissé, les fruits avaient l'éclat de verres de couleur, et doraient l'air environnant avec cette auréole de splendeur qui entoure les fleurs éclatantes. Çà et là des éclaircies laissaient voir à travers les branches les remparts de la petite ville, le minaret d'une mosquée, le dôme d'un marabout [4], et au-dessus l'énorme masse de l'Atlas, verte à sa base, couronnée de neige comme d'une fourrure blanche, avec des moutonnements, un flou de flocons tombés.

Une nuit, pendant que j'étais là, je ne sais par quel phénomène ignoré depuis trente ans cette zone de frimas et d'hiver se secoua sur la ville endormie, et Blidah se réveilla transformée, poudrée à blanc. Dans cet air algérien si léger, si pur, la neige semblait une poussière de nacre. Elle avait des reflets de plumes de paon blanc. Le plus beau, c'était le bois d'orangers. Les feuilles solides gardaient la neige intacte et droite comme des sorbets sur des plateaux de laque, et tous les fruits poudrés à frimas avaient une douceur splendide, un rayonnement discret comme de l'or voilé de claires étoffes blanches. Cela donnait vaguement l'impression d'une fête d'église, de soutanes rouges sous des robes de dentelles, de dorures d'autel enveloppées de guipures...

Mais mon meilleur souvenir d'oranges me vient encore de Barbicaglia[5], un grand jardin auprès d'Ajaccio où j'allais faire la sieste aux heures de chaleur. Ici les orangers, plus hauts, plus espacés qu'à Blidah, descendaient jusqu'à la route, dont le jardin n'était séparé que par une haie vive et un fossé. Tout de suite après, c'était la mer, l'immense mer bleue... Quelles bonnes heures j'ai passées dans ce jardin ! Au-dessus de ma tête, les orangers en fleur et en fruit brûlaient leurs parfums d'essences. De temps en temps, une orange mûre, détachée tout à coup, tombait près de moi comme alourdie de chaleur, avec un bruit mat, sans écho, sur la terre pleine. Je n'avais qu'à allonger la main. C'étaient des fruits superbes, d'un rouge pourpre à l'intérieur. Ils me paraissaient exquis, et puis l'horizon était si beau ! Entre les feuilles, la mer mettait des espaces bleus éblouissants comme des morceaux de verre brisés qui miroitaient dans la brume de l'air. Avec cela le mouvement du flot agitant l'atmosphère à de grandes distances, ce murmure cadencé qui vous berce comme dans une barque invisible, la chaleur, l'odeur des oranges... Ah ! qu'on était bien pour dormir dans le jardin de Barbicaglia !

Quelquefois cependant, au meilleur moment de la sieste, des éclats de tambour me réveillaient en sursaut. C'étaient de malheureux tapins[6] qui venaient s'exercer en bas, sur la route. A travers les trous de la haie, j'apercevais le cuivre des tambours et les grands tabliers blancs sur les pantalons rouges. Pour s'abriter un peu de la lumière aveuglante que la poussière de la route leur renvoyait impitoyablement, les pauvres diables venaient se mettre au pied du jardin, dans l'ombre courte de la haie. Et ils tapaient ! et ils avaient chaud ! Alors, m'arrachant de force à mon hypnotisme, je m'amusais à leur jeter quelques-uns de ces beaux fruits d'or rouge qui pendaient près de ma main. Le tambour visé s'arrêtait. Il y avait une minute d'hésitation, un regard circulaire pour voir d'où venait la superbe orange roulant devant lui dans le fossé ; puis il la ramassait bien vite et mordait à pleines dents sans même enlever l'écorce.

Je me souviens aussi que tout à côté de Barbicaglia, et séparé seulement par un petit mur bas, il y avait un jardinet assez bizarre que je dominais de la hauteur où je me trouvais. C'était un petit coin de terre bourgeoisement dessiné. Ses allées blondes de sable, bordées de buis très vert, les deux cyprès de sa porte d'entrée, lui donnaient l'aspect d'une bastide marseillaise. Pas une ligne d'ombre. Au fond, un bâtiment de pierre blanche avec des jours de caveau au ras du sol. J'avais d'abord cru à une maison de campagne ; mais, en y regardant mieux, la croix qui la surmontait, une inscription que je voyais de loin creusée dans la pierre, sans en distinguer le texte, me firent reconnaître un tombeau de famille corse. Tout autour d'Ajaccio, il y a beaucoup de ces petites chapelles mortuaires, dressées au milieu de jardins à elles seules. La famille y vient, le dimanche, rendre visite à ses morts. Ainsi comprise, la mort est moins lugubre que dans la confusion des cimetières. Des pas amis troublent seuls le silence.

De ma place, je voyais un bon vieux trottiner

tranquillement par les allées. Tout le jour il taillait les arbres, bêchait, arrosait, enlevait les fleurs fanées avec un soin minutieux ; puis, au soleil couchant, il entrait dans la petite chapelle où dormaient les morts de sa famille ; il resserrait [7] la bêche, les râteaux, les grands arrosoirs ; tout cela avec la tranquillité, la sérénité d'un jardinier de cimetière. Pourtant, sans qu'il s'en rendît bien compte, ce brave homme travaillait avec un certain recueillement, tous les bruits amortis et la porte du caveau refermée, chaque fois discrètement comme s'il eût craint de réveiller quelqu'un. Dans le grand silence radieux, l'entretien de ce petit jardin ne troublait pas un oiseau, et son voisinage n'avait rien d'attristant. Seulement la mer en paraissait plus immense, le ciel plus haut, et cette sieste sans fin mettait tout autour d'elle, parmi la nature troublante, accablante à force de vie, le sentiment de l'éternel repos...

LES DEUX AUBERGES[1]

C'était en revenant de Nîmes, une après-midi de juillet. Il faisait une chaleur accablante. A perte de vue, la route blanche, embrasée, poudroyait entre les jardins d'oliviers et de petits chênes, sous un grand soleil d'argent mat qui remplissait tout le ciel. Pas une tache d'ombre, pas un souffle de vent. Rien que la vibration de l'air chaud et le cri strident des cigales, musique folle, assourdissante, à temps pressés, qui semble la sonorité même de cette immense vibration lumineuse... Je marchais en plein désert depuis deux heures, quand tout à coup, devant moi, un groupe de maisons blanches se dégagea de la poussière de la route. C'était ce qu'on appelle le relais de Saint-Vincent : cinq ou six *mas*, de longues granges à toiture rouge, un abreuvoir sans eau dans un bouquet de figuiers maigres, et, tout au bout du pays, deux grandes auberges qui se regardent face à face de chaque côté du chemin.

Le voisinage de ces auberges avait quelque chose de saisissant. D'un côté, un grand bâtiment neuf, plein de vie, d'animation, toutes les portes ouvertes, la diligence arrêtée devant, les chevaux fumants qu'on

dételait, les voyageurs descendus buvant à la hâte sur la
route dans l'ombre courte des murs ; la cour encombrée
de mulets, de charrettes ; des rouliers [2] couchés sous les
hangars en attendant *la fraîche* [3]. A l'intérieur, des cris,
des jurons, des coups de poing sur les tables, le choc
des verres, le fracas des billards, les bouchons de
limonade qui sautaient, et, dominant tout ce tumulte,
une voix joyeuse, éclatante, qui chantait à faire
trembler les vitres :

> *La belle Margoton*
> *Tant matin s'est levée,*
> *A pris son broc d'argent,*
> *A l'eau s'en est allée...* [4]

... L'auberge d'en face, au contraire, était silencieuse et comme abandonnée. De l'herbe sous le
portail, des volets cassés, sur la porte un rameau de
petit houx tout rouillé qui pendait comme un vieux
panache, les marches du seuil calées avec des pierres de
la route... Tout cela si pauvre, si pitoyable, que c'était
une charité vraiment de s'arrêter là pour boire un coup.

En entrant, je trouvai une longue salle déserte et
morne, que le jour éblouissant de trois grandes fenêtres
sans rideaux fait plus morne et plus déserte encore.
Quelques tables boiteuses où traînaient des verres
ternis par la poussière, un billard crevé qui tendait ses
quatre blouses comme des sébiles, un divan jaune, un
vieux comptoir, dormaient là dans une chaleur malsaine et lourde. Et des mouches ! des mouches ! jamais
je n'en avais tant vu : sur le plafond, collées aux vitres,
dans les verres, par grappes... Quand j'ouvris la porte,

ce fut un bourdonnement, un frémissement d'ailes comme si j'entrais dans une ruche.

Au fond de la salle, dans l'embrasure d'une croisée, il y avait une femme debout contre la vitre, très occupée à regarder dehors. Je l'appelai deux fois :

— Hé ! l'hôtesse !

Elle se retourna lentement, et me laissa voir une pauvre figure de paysanne, ridée, crevassée, couleur de terre, encadrée dans de longues barbes[5] de dentelle rousse comme en portent les vieilles de chez nous. Pourtant ce n'était pas une vieille femme ; mais les larmes l'avaient toute fanée.

— Qu'est-ce que vous voulez ? me demanda-t-elle en essuyant ses yeux.

— M'asseoir un moment et boire quelque chose...

Elle me regarda très étonnée, sans bouger de sa place, comme si elle ne comprenait pas.

— Ce n'est donc pas une auberge ici ?

La femme soupira :

— Si... c'est une auberge, si vous voulez... Mais pourquoi n'allez-vous pas en face comme les autres ? C'est bien plus gai...

— C'est trop gai pour moi... J'aime mieux rester chez vous.

Et, sans attendre sa réponse, je m'installai devant une table.

Quand elle fut bien sûre que je parlais sérieusement, l'hôtesse se mit à aller et venir d'un air très affairé, ouvrant des tiroirs, remuant des bouteilles, essuyant des verres, dérangeant les mouches... On sentait que ce voyageur à servir était tout un événement. Par moments la malheureuse s'arrêtait, et se prenait la tête comme si elle désespérait d'en venir à bout.

Puis elle passait dans la pièce du fond ; je l'entendais

remuer de grosses clefs, tourmenter des serrures, fouiller dans la huche au pain, souffler, épousseter, laver des assiettes. De temps en temps, un gros soupir, un sanglot mal étouffé...

Après un quart d'heure de ce manège, j'eus devant moi une assiettée de *passerilles* (raisins secs), un vieux pain de Beaucaire aussi dur que du grès, et une bouteille de piquette.

— Vous êtes servi, dit l'étrange créature, et elle retourna bien vite prendre sa place devant la fenêtre.

Tout en buvant, j'essayai de la faire causer.

— Il ne vous vient pas souvent du monde, n'est-ce pas, ma pauvre femme ?

— Oh ! non, monsieur, jamais personne... Quand nous étions seuls dans le pays, c'était différent : nous avions le relais, des repas de chasse pendant le temps des macreuses [6], des voitures toute l'année... Mais depuis que les voisins sont venus s'établir, nous avons tout perdu... Le monde aime mieux aller en face. Chez nous, on trouve que c'est trop triste. Le fait est que la maison n'est pas bien agréable. Je ne suis pas belle, j'ai les fièvres, mes deux petites sont mortes... Là-bas, au contraire, on rit tout le temps. C'est une Arlésienne qui tient l'auberge, une belle femme avec des dentelles et trois tours de chaîne d'or au cou. Le conducteur, qui est son amant, lui amène la diligence. Avec ça un tas d'enjôleuses pour chambrières... Aussi, il lui en vient de la pratique ! Elle a toute la jeunesse de Bezouce, de Redessan, de Jonquières [7]. Les rouliers font un détour pour passer par chez elle... Moi, je reste ici tout le jour, sans personne, à me consumer.

Elle disait cela d'une voix distraite, indifférente, le

front toujours appuyé contre la vitre. Il y avait évidemment dans l'auberge d'en face quelque chose qui la préoccupait...

Tout à coup, de l'autre côté de la route, il se fit un grand mouvement. La diligence s'ébranlait dans la poussière. On entendait des coups de fouet, les fanfares du postillon, les filles accourues sur la porte qui criaient :

— Adiousias !... adiousias !... et par là-dessus la formidable voix de tantôt reprenant de plus belle :

> *A pris son broc d'argent,*
> *A l'eau s'en est allée ;*
> *De là n'a vu venir*
> *Trois chevaliers d'armée...*

... A cette voix l'hôtesse frissonna de tout son corps, et, se tournant vers moi :

— Entendez-vous ? me dit-elle tout bas, c'est mon mari... N'est-ce pas qu'il chante bien ?

Je la regardai, stupéfait.

— Comment ? votre mari !... Il va donc là-bas, lui aussi ?

Alors elle, d'un air navré, mais avec une grande douceur :

— Qu'est-ce que vous voulez, monsieur ? Les hommes sont comme ça, ils n'aiment pas voir pleurer ; et moi je pleure toujours depuis la mort des petites... Puis, c'est si triste cette grande baraque où il n'y a jamais personne... Alors, quand il s'ennuie trop, mon pauvre José va boire en face, et comme il a une belle voix, l'Arlésienne le fait chanter. Chut !... le voilà qui recommence.

Et, tremblante, les mains en avant, avec de grosses

larmes qui la faisaient encore plus laide, elle était là
comme en extase devant la fenêtre à écouter son José
chanter pour l'Arlésienne :

> *Le premier lui a dit :*
> « *Bonjour, belle mignonne !* »

A MILIANA[1]

Notes de voyage

Cette fois, je vous emmène passer la journée dans une jolie petite ville d'Algérie, à deux ou trois cents lieues du moulin... Cela nous changera un peu des tambourins et des cigales...

... Il va pleuvoir, le ciel est gris, les crêtes du mont Zaccar[2] s'enveloppent de brume. Dimanche triste... Dans ma petite chambre d'hôtel, la fenêtre ouverte sur les remparts arabes, j'essaye de me distraire en allumant des cigarettes... On a mis à ma disposition toute la bibliothèque de l'hôtel; entre une histoire très détaillée de l'enregistrement et quelques romans de Paul de Kock[3] je découvre un volume dépareillé de Montaigne... Ouvert le livre au hasard, relu l'admirable lettre sur la mort de La Boétie... Me voilà plus rêveur et plus sombre que jamais... Quelques gouttes de pluie tombent déjà. Chaque goutte, en tombant sur le rebord de la croisée, fait une large étoile dans la poussière entassée là depuis les pluies de l'an dernier... Mon livre me glisse des mains, et je passe de longs instants à regarder cette étoile mélancolique...

Deux heures sonnent à l'horloge de la ville, — un ancien *marabout* dont j'aperçois d'ici les grêles murail-

les blanches... Pauvre diable de marabout ! Qui lui
aurait dit cela, il y a trente ans, qu'un jour il porterait
au milieu de la poitrine un gros cadran municipal, et
que, tous les dimanches, sur le coup de deux heures, il
donnerait aux églises de Miliana le signal de sonner les
vêpres ?... Ding ! dong ! voilà les cloches parties !...
Nous en avons pour longtemps... Décidément, cette
chambre est triste. Les grosses araignées du matin,
qu'on appelle pensées philosophiques, ont tissé leurs
toiles dans tous les coins... Allons dehors.

J'arrive sur la grande place. La musique du 3ᵉ de
ligne [4], qu'un peu de pluie n'épouvante pas, vient de se
ranger autour de son chef. A une des fenêtres de la
division, le général paraît, entouré de ses demoiselles ;
sur la place le sous-préfet se promène de long en large
au bras du juge de paix. Une demi-douzaine de petits
Arabes à moitié nus, jouent aux billes dans un coin
avec des cris féroces. Là-bas, un vieux juif en guenilles
vient chercher un rayon de soleil qu'il avait laissé hier à
cet endroit et qu'il s'étonne de ne plus trouver...
« Une, deux, trois, partez ! » La musique entonne une
ancienne mazurka de Talexy [5], que les orgues de
Barbarie jouaient l'hiver dernier sous mes fenêtres.
Cette mazurka m'ennuyait autrefois ; aujourd'hui elle
m'émeut jusqu'aux larmes.

Oh ! comme ils sont heureux les musiciens du 3ᵉ !
L'œil fixé sur les doubles croches, ivres de rythme et de
tapage, ils ne songent à rien qu'à compter leurs
mesures. Leur âme, toute leur âme tient dans ce carré
de papier large comme la main, — qui tremble au
bout de l'instrument entre deux dents de cuivre.
« Une, deux, trois, partez ! » Tout est là pour ces
braves gens ; jamais les airs nationaux qu'ils jouent ne

leur ont donné le mal du pays... Hélas ! moi qui ne suis pas de la musique, cette musique me fait peine, et je m'éloigne...

Où pourrais-je bien la passer, cette grise après-midi de dimanche ? Bon ! la boutique de Sid'Omar est ouverte... Entrons chez Sid'Omar.

Quoiqu'il ait une boutique, Sid'Omar n'est point un boutiquier. C'est un prince du sang, le fils d'un ancien dey d'Alger [6] qui mourut étranglé par les janissaires [7]... A la mort de son père, Sid'Omar se réfugia dans Miliana avec sa mère qu'il adorait, et vécut là quelques années comme un grand seigneur philosophe parmi ses lévriers, ses faucons, ses chevaux et ses femmes, dans de jolis palais très frais, pleins d'orangers et de fontaines. Vinrent les Français. Sid'Omar, d'abord notre ennemi et l'allié d'Abd-el-Kader [8], finit par se brouiller avec l'émir et fit sa soumission. L'émir, pour se venger, entra dans Miliana en l'absence de Sid' Omar, pilla ses palais, rasa ses orangers, emmena ses chevaux et ses femmes, et fit écraser la gorge de sa mère sous le couvercle d'un grand coffre... La colère de Sid'Omar fut terrible : sur l'heure même il se mit au service de la France, et nous n'eûmes pas de meilleur ni de plus féroce soldat que lui tant que dura notre guerre contre l'émir. La guerre finie, Sid'Omar revint à Miliana ; mais encore aujourd'hui, quand on parle d'Abd-el-Kader devant lui, il devient pâle et ses yeux s'allument.

Sid'Omar a soixante ans. En dépit de l'âge et de la petite vérole, son visage est resté beau : de grands cils, un regard de femme, un sourire charmant, l'air d'un prince. Ruiné par la guerre, il ne lui reste de son ancienne opulence qu'une ferme dans la plaine du

Chélif[9] et une maison à Miliana, où il vit bourgeoisement avec ses trois fils élevés sous ses yeux. Les chefs indigènes l'ont en grande vénération. Quand une discussion s'élève, on le prend volontiers pour arbitre, et son jugement fait loi presque toujours. Il sort peu : on le trouve toutes les après-midi dans une boutique attenant à sa maison et qui ouvre sur la rue. Le mobilier de cette pièce n'est pas riche : — des murs blancs peints à la chaux, un banc de bois circulaire, des coussins, de longues pipes, deux braseros... C'est là que Sid'Omar donne audience et rend la justice. Un Salomon en boutique[10].

Aujourd'hui dimanche, l'assistance est nombreuse. Une douzaine de chefs sont accroupis, dans leurs burnous, tout autour de la salle. Chacun d'eux a près de lui une grande pipe, et une petite tasse de café dans un fin coquetier de filigrane. J'entre, personne ne bouge... De sa place, Sid'Omar envoie à ma rencontre son plus charmant sourire et m'invite de la main à m'asseoir près de lui, sur un grand coussin de soie jaune ; puis, un doigt sur les lèvres, il me fait signe d'écouter.

Voici le cas : — Le caïd[11] des Beni-Zougzougs[12] ayant eu quelque contestation avec un juif de Miliana au sujet d'un lopin de terre, les deux parties sont convenues de porter le différend devant Sid'Omar et de s'en remettre à son jugement. Rendez-vous est pris pour le jour même, les témoins sont convoqués ; tout à coup voilà mon juif qui se ravise, et vient, seul, sans témoins, déclarer qu'il aime mieux s'en rapporter au juge de paix des Français qu'à Sid'Omar... L'affaire en est là à mon arrivée.

Le juif — vieux, barbe terreuse, veste marron, bas

bleus, casquette en velours — lève le nez au ciel, roule
des yeux suppliants, baise les babouches de Sid'Omar,
penche la tête, s'agenouille, joint les mains... Je ne
comprends pas l'arabe, mais à la pantomime du juif,
au mot : *Zouge de paix, zouge de paix,* qui revient à
chaque instant, je devine tout ce beau discours :

— Nous ne doutons pas de Sid'Omar, Sid'Omar est
sage, Sid'Omar est juste... Toutefois le zouge de paix
fera bien mieux notre affaire.

L'auditoire, indigné, demeure impassible comme un
Arabe qu'il est... Allongé sur son coussin, l'œil noyé,
le bouquin [13] d'ambre aux lèvres, Sid'Omar — dieu de
l'ironie — sourit en écoutant. Soudain, au milieu de sa
plus belle période, le juif est interrompu par un
énergique *caramba !* qui l'arrête net ; en même temps
un colon espagnol, venu là comme témoin du caïd,
quitte sa place et, s'approchant d'Iscariote, lui verse
sur la tête un plein panier d'imprécations de toutes
langues, de toutes couleurs, — entre autres certain
vocable français trop gros monsieur pour qu'on le
répète ici... Le fils de Sid'Omar, qui comprend le
français, rougit d'entendre un mot pareil en présence
de son père et sort de la salle. — Retenir ce trait de
l'éducation arabe. — L'auditoire est toujours impassible, Sid'Omar toujours souriant. Le juif s'est relevé et
gagne la porte à reculons, tremblant de peur, mais
gazouillant de plus belle son éternel *zouge de paix, zouge
de paix...* Il sort. L'Espagnol, furieux, se précipite
derrière lui, le rejoint dans la rue et par deux fois
— vli ! vlan ! — le frappe en plein visage... Iscariote
tombe à genoux, les bras en croix... L'Espagnol, un
peu honteux, rentre dans la boutique... Dès qu'il est
rentré, — le juif se relève et promène un regard
sournois sur la foule bariolée qui l'entoure. Il y a là des

gens de tout cuir, — Maltais, Mahonais [14], nègres, Arabes, tous unis dans la haine du juif et joyeux d'en voir maltraiter un... Iscariote hésite un instant, puis, prenant un Arabe par le pan de son burnous :

— Tu l'as vu, Achmed, tu l'as vu... tu étais là... Le chrétien m'a frappé... Tu seras témoin... bien... bien... tu seras témoin.

L'Arabe dégage son burnous et repousse le juif... Il ne sait rien, il n'a rien vu : juste au moment, il tournait la tête...

— Mais toi, Kaddour, tu l'as vu... tu as vu le chrétien me battre..., crie le malheureux Iscariote à un gros nègre en train d'éplucher une figue de Barbarie...

Le nègre crache en signe de mépris et s'éloigne, il n'a rien vu... Il n'a rien vu non plus, ce petit Maltais dont les yeux de charbon luisent méchamment derrière sa barrette ; elle n'a rien vu, cette Mahonaise au teint de brique qui se sauve en riant, son panier de grenades sur la tête...

Le juif a beau crier, prier, se démener... pas de témoin ! personne n'a rien vu... Par bonheur deux de ses coreligionnaires passent dans la rue à ce moment, l'oreille basse, rasant les murailles. Le juif les avise :

— Vite, vite, mes frères ! Vite à l'homme d'affaires ! Vite au *zouge de paix* !... Vous l'avez vu, vous autres... vous avez vu qu'on a battu le vieux !

S'ils l'ont vu !... Je crois bien.

... Grand émoi dans la boutique de Sid'Omar... Le cafetier remplit les tasses, rallume les pipes. On cause, on rit à belles dents. C'est si amusant de voir rosser un juif !... Au milieu du brouhaha et de la fumée, je gagne la porte doucement ; j'ai envie d'aller rôder un peu du côté d'Israël pour savoir comment les coreligionnaires d'Iscariote ont pris l'affront fait à leur frère...

— Viens dîner ce soir, *moussiou*, me crie le bon Sid'Omar...

J'accepte, je remercie. Me voilà dehors.

Au quartier juif, tout le monde est sur pied. L'affaire fait déjà grand bruit. Personne aux échoppes. Brodeurs, tailleurs, bourreliers, — tout Israël est dans la rue... Les hommes — en casquette de velours, en bas de laine bleue — gesticulant bruyamment, par groupes... Les femmes, pâles, bouffies, raides comme des idoles de bois dans leurs robes plates à plastron d'or, le visage entouré de bandelettes noires, vont d'un groupe à l'autre en miaulant... Au moment où j'arrive, un grand mouvement se fait dans la foule. On s'empresse, on se précipite... Appuyé sur ses témoins, le juif — héros de l'aventure — passe entre deux haies de casquettes, sous une pluie d'exhortations :

— Venge-toi, frère, venge-nous, venge le peuple juif. Ne crains rien ; tu as la loi pour toi.

Un affreux nain, puant la poix et le vieux cuir, s'approche de moi d'un air piteux, avec de gros soupirs :

— Tu vois ! me dit-il. Les pauvres juifs, comme on nous traite ! C'est un vieillard ! regarde. Ils l'ont presque tué.

De vrai, le pauvre Iscariote a l'air plus mort que vif. Il passe devant moi, — l'œil éteint, le visage défait ; ne marchant pas, se traînant... Une forte indemnité est seule capable de le guérir ; aussi ne le mène-t-on pas chez le médecin, mais chez l'agent d'affaires.

Il y a beaucoup d'agents d'affaires en Algérie, presque autant que de sauterelles. Le métier est bon, paraît-il. Dans tous les cas, il a cet avantage qu'on y peut entrer de plain-pied, sans examens, ni cautionnement, ni stage. Comme à Paris nous nous faisons hommes de lettres, on se fait agent d'affaires en Algérie. Il suffit pour cela de savoir un peu de français, d'espagnol, d'arabe, d'avoir toujours un code dans ses fontes, et sur toute chose le tempérament du métier.

Les fonctions de l'agent sont très variées : tout à tour avocat, avoué, courtier, expert, interprète, teneur de livres, commissionnaire, écrivain public, c'est le maître Jacques de la colonie. Seulement Harpagon n'en avait qu'un, de maître Jacques [15], et la colonie en a plus qu'il ne lui en faut. Rien qu'à Miliana, on les compte par douzaines. En général, pour éviter les frais de bureau, ces messieurs reçoivent leurs clients au café de la grand-place et donnent leurs consultations — les donnent-ils ? — entre l'absinthe et le champoreau.

C'est vers le café de la grand-place que le digne Iscariote s'achemine, flanqué de ses deux témoins. Ne les suivons pas.

En sortant du quartier juif, je passe devant la maison du bureau arabe [16]. Du dehors, avec son chapeau d'ardoises et le drapeau français qui flotte dessus, on la prendrait pour une mairie de village. Je connais l'interprète, entrons fumer une cigarette avec lui. De cigarette en cigarette, je finirai bien par le tuer, ce dimanche sans soleil !

La cour qui précède le bureau est encombrée d'Arabes en guenilles. Ils sont là une cinquantaine à faire antichambre, accroupis, le long du mur, dans leurs burnous. Cette antichambre bédouine exhale — quoique en plein air — une forte odeur de cuir humain. Passons vite... Dans le bureau, je trouve

l'interprète aux prises avec deux grands braillards
entièrement nus sous de longues couvertures crasseu-
ses, et racontant d'une mimique enragée je ne sais
quelle histoire de chapelet volé. Je m'assieds sur une
natte dans un coin, et je regarde... Un joli costume, ce
costume d'interprète ; et comme l'interprète de
Miliana le porte bien ! Ils ont l'air taillés l'un pour
l'autre. Le costume est bleu de ciel avec des brande-
bourgs noirs et des boutons d'or qui reluisent. L'interprète est blond, rose, tout frisé ; un joli hussard bleu
plein d'humour et de fantaisie ; un peu bavard, — il
parle tant de langues ! un peu sceptique, il a connu
Renan à l'école orientaliste [17] ! — grand amateur de
sport, à l'aise au bivouac arabe comme aux soirées de la
sous-préfète, mazurkant mieux que personne, et faisant le couscous comme pas un. Parisien, pour tout
dire, voilà mon homme et ne vous étonnez pas que les
dames en raffolent... Comme dandysme, il n'a qu'un
rival : le sergent du bureau arabe. Celui-ci — avec sa
tunique de drap fin et ses guêtres à boutons de nacre
— fait le désespoir et l'envie de toute la garnison.
Détaché au bureau arabe, il est dispensé des corvées, et
toujours se montre par les rues, ganté de blanc, frisé de
frais, avec de grands registres sous le bras. On l'admire
et on le redoute. C'est une autorité.

Décidément, cette histoire de chapelet volé menace
d'être fort longue. Bonsoir ! je n'attends pas la fin.

En m'en allant je trouve l'antichambre en émoi. La
foule se presse autour d'un indigène de haute taille,
pâle, fier, drapé dans un burnous noir. Cet homme, il
y a huit jours, s'est battu dans le Zaccar avec une
panthère. La panthère est morte ; mais l'homme a eu la
moitié du bras mangée. Soir et matin il vient se faire
panser au bureau arabe, et chaque fois on l'arrête dans

la cour pour lui entendre raconter son histoire. Il parle
lentement, d'une belle voix gutturale. De temps en
temps, il écarte son burnous et montre, attaché contre
sa poitrine, son bras gauche entouré de linges sanglants.

A peine suis-je dans la rue, voilà un violent orage
qui éclate. Pluie, tonnerre, éclairs, sirocco... Vite,
abritons-nous. J'enfile une porte au hasard, et je
tombe au milieu d'une nichée de bohémiens, empilés
sous les arceaux d'une cour moresque. Cette cour tient
à la mosquée de Miliana ; c'est le refuge habituel de la
pouillerie musulmane, on l'appelle la *cour des pauvres*.

De grands lévriers maigres, tout couverts de ver-
mine, viennent rôder autour de moi d'un air méchant.
Adossé contre un des piliers de la galerie, je tâche de
faire bonne contenance, et, sans parler à personne, je
regarde la pluie qui ricoche sur les dalles coloriées de la
cour. Les bohémiens sont à terre, couchés par tas. Près
de moi, une jeune femme, presque belle, la gorge et
les jambes découvertes, de gros bracelets de fer aux
poignets et aux chevilles, chante un air bizarre à trois
notes mélancoliques et nasillardes. En chantant, elle
allaite un petit enfant tout nu en bronze rouge, et, du
bras resté libre, elle pile de l'orge dans un mortier de
pierre. La pluie, chassée par un vent cruel, inonde
parfois les jambes de la nourrice et le corps de son
nourrisson. La bohémienne n'y prend point garde et
continue à chanter, sous la rafale, en pilant l'orge et
donnant le sein.

L'orage diminue. Profitant d'une embellie, je me
hâte de quitter cette cour des Miracles et je me dirige
vers le dîner de Sid'Omar ; il est temps... En traversant
la grand-place, j'ai encore rencontré mon vieux juif de

tantôt. Il s'appuie sur son agent d'affaires ; ses témoins marchent joyeusement derrière lui ; une bande de vilains petits juifs gambade à l'entour... Tous les visages rayonnent. L'agent se charge de l'affaire : il demandera au tribunal deux mille francs d'indemnité.

Chez Sid'Omar, dîner somptueux. — La salle à manger ouvre sur une élégante cour moresque, où chantent deux ou trois fontaines... Excellent repas turc, recommandé au baron Brisse[18]. Entre autres plats, je remarque un poulet aux amandes, un couscous à la vanille, une tortue à la viande, — un peu lourde mais du plus haut goût, — et des biscuits au miel qu'on appelle *bouchées du cadi*... Comme vin, rien que du champagne. Malgré la loi musulmane Sid'Omar en boit un peu, — quand les serviteurs ont le dos tourné... Après dîner, nous passons dans la chambre de notre hôte, où l'on nous apporte des confitures, des pipes et du café... L'ameublement de cette chambre est des plus simples : un divan, quelques nattes ; dans le fond, un grand lit très haut sur lequel flânent de petits coussins rouges brodés d'or... A la muraille est accrochée une vieille peinture turque représentant les exploits d'un certain amiral Hamadi. Il paraît qu'en Turquie les peintres n'emploient qu'une couleur par tableau : ce tableau-ci est voué au vert. La mer, le ciel, les navires, l'amiral Hamadi lui-même, tout est vert, et de quel vert !...

L'usage arabe veut qu'on se retire de bonne heure. Le café pris, les pipes fumées, je souhaite la bonne nuit à mon hôte et je le laisse avec ses femmes.

Où finirai-je ma soirée ? Il est trop tôt pour me coucher, les clairons des spahis n'ont pas encore sonné la retraite. D'ailleurs, les coussinets d'or de Sid'Omar dansent autour de moi des farandoles fantastiques qui m'empêcheraient de dormir... Me voici devant le théâtre, entrons un moment.

Le théâtre de Miliana est un ancien magasin de fourrages, tant bien que mal déguisé en salle de spectacle. De gros quinquets, qu'on remplit d'huile pendant l'entracte, font l'office de lustres. Le parterre est debout, l'orchestre sur des bancs. Les galeries sont très fières parce qu'elles ont des chaises de paille... Tout autour de la salle, un long couloir, obscur, sans parquet... On se croirait dans la rue, rien n'y manque... La pièce est déjà commencée quand j'arrive. A ma grande surprise, les acteurs ne sont pas mauvais, je parle des hommes ; ils ont de l'entrain, de la vie... Ce sont presque tous des amateurs, des soldats du 3e ; le régiment en est fier et vient les applaudir tous les soirs.

Quant aux femmes, hélas !... c'est encore et toujours cet éternel féminin des petits théâtres de province, prétentieux, exagéré et faux... Il y en a deux pourtant qui m'intéressent parmi ces dames, deux juives de Miliana, toutes jeunes, qui débutent au théâtre... Les parents sont dans la salle et paraissent enchantés. Ils ont la conviction que leurs filles vont gagner des milliers de douros [19] à ce commerce-là. La légende de Rachel [20], israélite, millionnaire et comédienne, est déjà répandue chez les juifs d'Orient.

Rien de comique et d'attendrissant comme ces deux petites juives sur les planches... Elles se tiennent timidement dans un coin de la scène, poudrées, fardées, décolletées et toutes raides. Elles ont froid, elles ont honte. De temps en temps elles baragouinent une phrase sans la comprendre, et, pendant qu'elles parlent, leurs grands yeux hébraïques regardent dans la salle avec stupeur.

Je sors du théâtre... Au milieu de l'ombre qui m'environne, j'entends des cris dans un coin de la place... Quelques Maltais sans doute en train de s'expliquer à coups de couteau...

Je reviens à l'hôtel, lentement, le long des remparts. D'adorables senteurs d'orangers et de thuyas montent de la plaine. L'air est doux, le ciel presque pur... Là-bas, au bout du chemin, se dresse un vieux fantôme de muraille, débris de quelque ancien temple. Ce mur est sacré : tous les jours les femmes arabes viennent y suspendre des *ex-voto*, fragments de haïks [21] et de foutas [22], longues tresses de cheveux roux liés par des fils d'argent, pans de burnous... Tout cela va flottant sous un mince rayon de lune, au souffle tiède de la nuit...

LES SAUTERELLES [1]

Encore un souvenir d'Algérie, et puis nous reviendrons au moulin...

La nuit de mon arrivée dans cette ferme du Sahel, je ne pouvais pas dormir. Le pays nouveau, l'agitation du voyage, les aboiements des chacals, puis une chaleur énervante, oppressante, un étouffement complet, comme si les mailles de la moustiquaire n'avaient pas laissé passer un souffle d'air... Quand j'ouvris ma fenêtre, au petit jour, une brume d'été lourde, lentement remuée, frangée aux bords de noir et de rose, flottait dans l'air comme un nuage de poudre sur un champ de bataille. Pas une feuille ne bougeait, et dans ces beaux jardins que j'avais sous les yeux, les vignes espacées sur les pentes au grand soleil qui fait les vins sucrés, les fruits d'Europe abrités dans un coin d'ombre, les petits orangers, les mandariniers en longues files microscopiques, tout gardait le même aspect morne, cette immobilité des feuilles attendant l'orage. Les bananiers eux-mêmes, ces grands roseaux vert tendre, toujours agités par quelque souffle qui emmêle leur fine chevelure si légère, se dressaient silencieux et droits, en panaches réguliers.

Je restai un moment à regarder cette plantation merveilleuse, où tous les arbres du monde se trouvaient réunis, donnant chacun dans leur saison leurs fleurs et leurs fruits dépaysés. Entre les champs de blé et les massifs de chênes-lièges, un cours d'eau luisait, rafraîchissant à voir par cette matinée étouffante ; et tout en admirant le luxe et l'ordre de ces choses, cette belle ferme avec ses arcades moresques, ses terrasses toutes blanches d'aube, les écuries et les hangars groupés autour, je songeais qu'il y a vingt ans, quand ces braves gens étaient venus s'installer dans ce vallon du Sahel, ils n'avaient trouvé qu'une méchante baraque de cantonnier, une terre inculte hérissée de palmiers nains et de lentisques. Tout à créer, tout à construire. A chaque instant des révoltes d'Arabes. Il fallait laisser la charrue pour faire le coup de feu. Ensuite les maladies, les ophtalmies, les fièvres, les récoltes manquées, les tâtonnements de l'inexpérience, la lutte avec une administration bornée, toujours flottante. Que d'efforts ! Que de fatigues ! Quelle surveillance incessante !

Encore maintenant, malgré les mauvais temps finis et la fortune si chèrement gagnée, tous deux, l'homme et la femme, étaient les premiers levés à la ferme. A cette heure matinale je les entendais aller et venir dans les grandes cuisines du rez-de-chaussée, surveillant le café des travailleurs. Bientôt une cloche sonna, et au bout d'un moment les ouvriers défilèrent sur la route. Des vignerons de Bourgogne ; des laboureurs kabyles en guenilles, coiffés d'une chéchia [2] rouge ; des terrassiers mahonais, les jambes nues ; des Maltais ; des Lucquois ; tout un peuple disparate, difficile à conduire. A chacun d'eux le fermier, devant la porte, distribuait sa tâche de la journée d'une voix brève, un peu rude.

Quand il eut fini, le brave homme leva la tête, scruta le ciel d'un air inquiet ; puis m'apercevant à la fenêtre :

— Mauvais temps pour la culture, me dit-il... voilà le sirocco.

En effet, à mesure que le soleil se levait, des bouffées d'air, brûlantes, suffocantes, nous arrivaient du sud comme de la porte d'un four ouverte et refermée. On ne savait où se mettre, que devenir. Toute la matinée se passa ainsi. Nous prîmes du café sur les nattes de la galerie, sans avoir le courage de parler ni de bouger. Les chiens allongés, cherchant la fraîcheur des dalles, s'étendaient dans des poses accablées. Le déjeuner nous remit un peu, un déjeuner plantureux et singulier où il y avait des carpes, des truites, du sanglier, du hérisson, le beurre de Staouëli[3], les vins de Crescia[4], des goyaves, des bananes, tout un dépaysement de mets qui ressemblait bien à la nature si complexe dont nous étions entourés... On allait se lever de table. Tout à coup, à la porte-fenêtre fermée pour nous garantir de la chaleur du jardin en fournaise, de grands cris retentirent :

— Les criquets ! les criquets !

Mon hôte devint tout pâle comme un homme à qui on annonce un désastre, et nous sortîmes précipitamment. Pendant dix minutes, ce fut dans l'habitation, si calme tout à l'heure, un bruit de pas précipités, de voix indistinctes, perdues dans l'agitation d'un réveil. De l'ombre des vestibules où ils s'étaient endormis, les serviteurs s'élancèrent dehors en faisant résonner avec des bâtons, des fourches, des fléaux, tous les ustensiles de métal qui leur tombaient sous la main, des chaudrons de cuivre, des bassines, des casseroles. Les bergers soufflaient dans leurs trompes de pâturage.

D'autres avaient des conques marines, des cors de
chasse. Cela faisait un vacarme effrayant, discordant,
que dominaient d'une note suraiguë les « You ! you !
you ! » des femmes arabes accourues d'un douar[5]
voisin. Souvent, paraît-il, il suffit d'un grand bruit,
d'un frémissement sonore de l'air, pour éloigner les
sauterelles, les empêcher de descendre.

Mais où étaient-elles donc, ces terribles bêtes ? Dans
le ciel vibrant de chaleur, je ne voyais rien qu'un nuage
venant à l'horizon, cuivré, compact, comme un nuage
de grêle, avec le bruit d'un vent d'orage dans les mille
rameaux d'une forêt. C'étaient les sauterelles. Soute-
nues entre elles par leurs ailes sèches étendues, elles
volaient en masse, et malgré nos cris, nos efforts, le
nuage avançait toujours, projetant dans la plaine
une ombre immense. Bientôt il arriva au-dessus de
nos têtes ; sur les bords on vit pendant une seconde
un effrangement, une déchirure. Comme les premiers grains d'une giboulée, quelques-unes se déta-
chèrent, distinctes, roussâtres ; ensuite toute la
nuée creva, et cette grêle d'insectes tomba drue et
bruyante. A perte de vue les champs étaient couverts
de criquets, de criquets énormes, gros comme le
doigt.

Alors le massacre commença. Hideux murmure
d'écrasement, de paille broyée... Avec les herses, les
pioches, les charrues, on remuait ce sol mouvant ; et
plus on en tuait, plus il y en avait. Elles grouillaient
par couches, leurs hautes pattes enchevêtrées ; celles du
dessus faisant des bonds de détresse, sautant au nez des
chevaux attelés pour cet étrange labour. Les chiens de
la ferme, ceux du douar, lancés à travers champs, se
ruaient sur elles, les broyaient avec fureur. A ce
moment, deux compagnies de turcos[6], clairons en

tête, arrivèrent au secours des malheureux colons, et la tuerie changea d'aspect.

Au lieu d'écraser les sauterelles, les soldats les flambaient en répandant de longues tracées de poudre.

Fatigué de tuer, écœuré par l'odeur infecte, je rentrai. A l'intérieur de la ferme, il y en avait presque autant que dehors. Elles étaient entrées par les ouvertures des portes, des fenêtres, la baie des cheminées. Au bord des boiseries, dans les rideaux déjà tout mangés, elles se traînaient, tombaient, volaient, grimpaient aux murs blancs avec une ombre gigantesque qui doublait leur laideur. Et toujours cette odeur épouvantable. A dîner, il fallut se passer d'eau. Les citernes, les bassins, les puits, les viviers, tout était infecté. Le soir, dans ma chambre, où l'on en avait pourtant tué des quantités, j'entendis encore des grouillements sous les meubles, et ce craquement d'élytres semblable au pétillement des gousses qui éclatent à la grande chaleur. Cette nuit-là non plus je ne pus pas dormir. D'ailleurs autour de la ferme tout restait éveillé. Des flammes couraient au ras du sol d'un bout à l'autre de la plaine. Les turcos en tuaient toujours.

Le lendemain, quand j'ouvris ma fenêtre comme la veille, les sauterelles étaient parties ; mais quelle ruine elles avaient laissée derrière elles ! Plus une fleur, plus un brin d'herbe, tout était noir, rongé, calciné. Les bananiers, les abricotiers, les pêchers, les mandariniers, se reconnaissaient seulement à l'allure de leurs branches dépouillées, sans le charme, le flottant de la feuille qui est la vie de l'arbre. On nettoyait les pièces d'eau, les citernes. Partout des laboureurs creusaient la

terre pour tuer les œufs laissés par les insectes. Chaque
motte était retournée, brisée soigneusement. Et le
cœur se serrait de voir les mille racines blanches,
pleines de sève, qui apparaissaient dans ces écroule-
ments de terre fertile...

L'ÉLIXIR DU RÉVÉREND PÈRE
GAUCHER [1]

— Buvez ceci, mon voisin ; vous m'en direz des nouvelles.

Et, goutte à goutte, avec le soin minutieux d'un lapidaire comptant des perles, le curé de Graveson me versa deux doigts d'une liqueur verte, dorée, chaude, étincelante, exquise... J'en eus l'estomac tout ensoleillé.

— C'est l'élixir du Père Gaucher, la joie et la santé de notre Provence, me fit le brave homme d'un air triomphant ; on le fabrique au couvent des Prémontrés [2], à deux lieues de votre moulin... N'est-ce pas que cela vaut bien toutes les chartreuses du monde ?... Et si vous saviez comme elle est amusante, l'histoire de cet élixir ! Ecoutez plutôt...

Alors, tout naïvement, sans y entendre malice, dans cette salle à manger de presbytère, si candide et si calme avec son Chemin de la croix en petits tableaux et ses jolis rideaux clairs empesés comme des surplis, l'abbé me commença une historiette légèrement sceptique et irrévérencieuse, à la façon d'un conte d'Erasme ou de d'Assoucy [3] :

— Il y a vingt ans, les Prémontrés, ou plutôt les Pères blancs, comme les appellent nos Provençaux, étaient tombés dans une grande misère. Si vous aviez vu leur maison de ce temps-là, elle vous aurait fait peine.

Le grand mur, la tour Pacôme, s'en allaient en morceaux. Tout autour du cloître rempli d'herbes, les colonnettes se fendaient, les saints de pierre croulaient dans leurs niches. Pas un vitrail debout, pas une porte qui tînt. Dans les préaux, dans les chapelles, le vent du Rhône soufflait comme en Camargue, éteignant les cierges, cassant le plomb des vitrages, chassant l'eau des bénitiers. Mais le plus triste de tout, c'était le clocher du couvent, silencieux comme un pigeonnier vide ; et les Pères, faute d'argent pour s'acheter une cloche, obligés de sonner matines avec des cliquettes de bois d'amandier !...

Pauvres Pères blancs ! Je les vois encore, à la procession de la Fête-Dieu, défilant tristement dans leurs capes rapiécées, pâles, maigres, nourris de *citres* [4] et de pastèques, et derrière eux monseigneur l'abbé, qui venait la tête basse, tout honteux de montrer au soleil sa crosse dédorée et sa mitre de laine blanche mangée des vers. Les dames de la confrérie en pleuraient de pitié dans les rangs, et les gros porte-bannière ricanaient entre eux tout bas en se montrant les pauvres moines :

— Les étourneaux vont maigres quand ils vont en troupe.

Le fait est que les infortunés Pères blancs en étaient arrivés eux-mêmes à se demander s'ils ne feraient pas mieux de prendre leur vol à travers le monde et de chercher pâture chacun de son côté.

Or, un jour que cette grave question se débattait

dans le chapitre, on vint annoncer au prieur que le frère Gaucher demandait à être entendu au conseil... Vous saurez pour votre gouverne que ce frère Gaucher était le bouvier du couvent ; c'est-à-dire qu'il passait ses journées à rouler d'arcade en arcade dans le cloître, en poussant devant lui deux vaches étiques qui cherchaient l'herbe aux fentes des pavés. Nourri jusqu'à douze ans par une vieille folle du pays des Baux, qu'on appelait tante Bégon, recueilli depuis chez les moines, le malheureux bouvier n'avait jamais pu rien apprendre qu'à conduire ses bêtes et à réciter son *Pater noster ;* encore le disait-il en provençal, car il avait la cervelle dure et l'esprit comme une dague de plomb. Fervent chrétien du reste, quoique un peu visionnaire, à l'aise sous le cilice et se donnant la discipline[5] avec une conviction robuste, et des bras !...

Quand on le vit entrer dans la salle du chapitre, simple et balourd, saluant l'assemblée la jambe en arrière, prieur, chanoines, argentier, tout le monde se mit à rire. C'était toujours l'effet que produisait, quand elle arrivait quelque part, cette bonne face grisonnante avec sa barbe de chèvre et ses yeux un peu fous ; aussi le frère Gaucher ne s'en émut pas.

— Mes révérends, fit-il d'un ton bonasse en tortillant son chapelet de noyaux d'olives, on a bien raison de dire que ce sont les tonneaux vides qui chantent le mieux. Figurez-vous qu'à force de creuser ma pauvre tête déjà si creuse, je crois que j'ai trouvé le moyen de nous tirer tous de peine.

« Voici comment. Vous savez bien tante Bégon, cette brave femme qui me gardait quand j'étais petit. (Dieu ait son âme, la vieille coquine ! elle chantait de bien vilaines chansons après boire.) Je vous dirai donc, mes révérends pères, que tante Bégon, de son vivant, se connaissait aux herbes de montagnes autant et mieux qu'un vieux merle de Corse. Voire, elle avait composé sur la fin de ses jours un élixir incomparable en mélangeant cinq ou six espèces de simples que nous allions cueillir ensemble dans les Alpilles. Il y a belles années de cela ; mais je pense qu'avec l'aide de saint Augustin et la permission de notre père abbé, je pourrais — en cherchant bien — retrouver la composition de ce mystérieux élixir. Nous n'aurions plus alors qu'à le mettre en bouteilles, et à le vendre un peu cher, ce qui permettrait à la communauté de s'enrichir doucettement, comme ont fait nos frères de la Trappe et de la Grande... [6] »

Il n'eut pas le temps de finir. Le prieur s'était levé pour lui sauter au cou. Les chanoines lui prenaient les mains. L'argentier, encore plus ému que tous les autres, lui baisait avec respect le bord effrangé de sa cuculle [7]... Puis chacun revint à sa chaire pour délibérer ; et, séance tenante, le chapitre décida qu'on confierait les vaches au frère Thrasybule, pour que le frère Gaucher pût se donner tout entier à la confection de son élixir.

Comment le bon frère parvint-il à retrouver la recette de tante Bégon ? au prix de quels efforts ? au prix de quelles veilles ? L'histoire ne le dit pas. Seulement, ce qui est sûr, c'est qu'au bout de six mois, l'élixir des Pères blancs était déjà très populaire. Dans tout le Comtat, dans tout le pays d'Arles, pas un *mas*, pas une grange qui n'eût au fond de sa *dépense* [8], entre les bouteilles de vin cuit et les jarres d'olives à la picholine [9], un petit flacon de terre brune cacheté aux armes de Provence, avec un moine en extase sur une étiquette d'argent. Grâce à la vogue de son élixir, la maison des Prémontrés s'enrichit très rapidement. On releva la tour Pacôme. Le prieur eut une mitre neuve, l'église de jolis vitraux ouvragés ; et, dans la fine dentelle du clocher, toute une compagnie de cloches et de clochettes vint s'abattre, un beau matin de Pâques, tintant et carillonnant à la grande volée.

Quant au frère Gaucher, ce pauvre frère lai [10] dont les rusticités égayaient tant le chapitre, il n'en fut plus question dans le couvent. On ne connut plus désormais que le Révérend Père Gaucher, homme de tête et de grand savoir, qui vivait complètement isolé des occupations si menues et si multiples du cloître, et s'enfermait tout le jour dans sa distillerie, pendant que trente moines battaient la montagne pour lui chercher des herbes odorantes... Cette distillerie, où personne, pas même le prieur, n'avait le droit de pénétrer, était une ancienne chapelle abandonnée, tout au bout du jardin des chanoines. La simplicité des bons pères en avait fait quelque chose de mystérieux et de formidable ; et si, par aventure, un moinillon hardi et curieux, s'accrochant aux vignes grimpantes, arrivait jusqu'à la rosace du portail, il en dégringolait bien vite, effaré d'avoir vu le Père Gaucher, avec sa barbe de nécromant [11], penché sur ses fourneaux, le pèse-liqueur à la main ; puis, tout autour, des cornues de grès rose, des alambics gigantesques, des serpentins de cristal, tout un encombrement bizarre qui flamboyait ensorcelé dans la lueur rouge des vitraux...

Au jour tombant, quand sonnait le dernier Angélus, la porte de ce lieu de mystère s'ouvrait discrètement, et le révérend se rendait à l'église pour l'office du soir. Il fallait voir quel accueil quand il traversait le monastère ! Les frères faisaient la haie sur son passage. On disait :

— Chut !... il a le secret !...

L'argentier le suivait et lui parlait la tête basse... Au milieu de ces adulations, le père s'en allait en s'épongeant le front, son tricorne aux larges bords posé en arrière comme une auréole, regardant autour de lui d'un air de complaisance les grandes cours plantées d'orangers, les toits bleus où tournaient des girouettes neuves, et, dans le cloître éclatant de blancheur, — entre les colonnettes élégantes et fleuries, — les chanoines habillés de frais qui défilaient deux par deux avec des mines reposées.

— C'est à moi qu'ils doivent tout cela ! se disait le révérend en lui-même ; et chaque fois cette pensée lui faisait monter des bouffées d'orgueil.

Le pauvre homme en fut bien puni. Vous allez voir...

Figurez-vous qu'un soir, pendant l'office, il arriva à l'église dans une agitation extraordinaire : rouge, essoufflé, le capuchon de travers, et si troublé qu'en prenant de l'eau bénite il y trempa ses manches jusqu'au coude. On crut d'abord que c'était l'émotion d'arriver en retard ; mais quand on le vit faire de grandes révérences à l'orgue et aux tribunes au lieu de saluer le maître-autel, traverser l'église en coup de vent, errer dans le chœur pendant cinq minutes pour chercher sa stalle, puis une fois assis, s'incliner de droite et de gauche en souriant d'un air béat, un murmure d'étonnement courut dans les trois nefs. On chuchotait de bréviaire à bréviaire :

— Qu'a donc notre Père Gaucher ?... Qu'a donc notre Père Gaucher ?

Par deux fois le prieur, impatienté, fit tomber sa crosse sur les dalles pour commander le silence... Là-bas, au fond du chœur, les psaumes allaient toujours ; mais les répons manquaient d'entrain...

Tout à coup, au beau milieu de l'*Ave verum*, voilà mon Père Gaucher qui se renverse dans sa stalle et entonne d'une voix éclatante :

> *Dans Paris, il y a un Père blanc,*
> *Patatin, patatan, tarabin, taraban...*

Consternation générale. Tout le monde se lève. On crie :

— Emportez-le... il est possédé !

Les chanoines se signent. La crosse de monseigneur se démène... Mais le Père Gaucher ne voit rien, n'écoute rien ; et deux moines vigoureux sont obligés de l'entraîner par la petite porte du chœur, se débattant comme un exorcisé et continuant de plus belle ses *patatin* et ses *taraban*.

Le lendemain, au petit jour, le malheureux était à genoux dans l'oratoire du prieur, et faisait sa *coulpe* avec un ruisseau de larmes :

— C'est l'élixir, Monseigneur, c'est l'élixir qui m'a surpris, disait-il en se frappant la poitrine. Et de le voir si marri, si repentant, le bon prieur en était tout ému lui-même.

— Allons, allons, Père Gaucher, calmez-vous, tout cela séchera comme la rosée au soleil... Après tout, le scandale n'a pas été aussi grand que vous pensez. Il y a bien eu la chanson qui était un peu... hum ! hum !... Enfin il faut espérer que les novices ne l'auront pas entendue... A présent, voyons, dites-moi bien comment la chose vous est arrivée... C'est en essayant l'élixir, n'est-ce pas ? Vous aurez eu la main trop

lourde... Oui, oui, je comprends... C'est comme le
frère Schwartz [12], l'inventeur de la poudre : vous avez
été victime de votre invention... Et dites-moi, mon
brave ami, est-il bien nécessaire que vous l'essayiez sur
vous-même, ce terrible élixir ?

— Malheureusement, oui, Monseigneur... l'éprou-
vette me donne bien la force et le degré de l'alcool ;
mais pour le fini, le velouté, je ne me fie guère qu'à ma
langue...

— Ah ! très bien... Mais écoutez encore un peu que
je vous dise... Quand vous goûtez ainsi l'élixir par
nécessité, est-ce que cela vous semble bon ? Y prenez-
vous du plaisir ?...

— Hélas ! oui, Monseigneur, fit le malheureux
Père en devenant tout rouge... Voilà deux soirs que je
lui trouve un bouquet, un arôme !... C'est pour sûr le
démon qui m'a joué ce vilain tour... Aussi je suis bien
décidé désormais à ne plus me servir que de l'éprou-
vette. Tant pis si la liqueur n'est pas assez fine, si elle
ne fait pas assez la perle [13]...

— Gardez-vous-en bien, interrompit le prieur avec
vivacité. Il ne faut pas s'exposer à mécontenter la
clientèle... Tout ce que vous avez à faire maintenant
que vous voilà prévenu, c'est de vous tenir sur vos
gardes... Voyons, qu'est-ce qu'il vous faut pour vous
rendre compte ?... Quinze ou vingt gouttes, n'est-ce
pas ? mettons vingt gouttes... Le diable sera bien fin
s'il vous attrape avec vingt gouttes... D'ailleurs, pour
prévenir tout accident, je vous dispense dorénavant de
venir à l'église. Vous direz l'office du soir dans la
distillerie... Et maintenant, allez en paix, mon Révérend, et surtout... comptez bien vos gouttes...

Hélas ! le pauvre Révérend eut beau compter ses
gouttes... le démon le tenait, et ne le lâcha plus.

C'est la distillerie qui entendit de singuliers offices !

Le jour, encore, tout allait bien. Le Père était assez
calme : il préparait ses réchauds, ses alambics, triait
soigneusement ses herbes, toutes herbes de Provence,
fines, grises, dentelées, brûlées de parfums et de
soleil... Mais, le soir, quand les simples étaient infusés
et que l'élixir tiédissait dans de grandes bassines de
cuivre rouge, le martyre du pauvre homme commençait.

— ... Dix-sept... dix-huit... dix-neuf... vingt !...
Les gouttes tombaient du chalumeau [14] dans le
gobelet de vermeil. Ces vingt-là, le père les avalait
d'un trait, presque sans plaisir. Il n'y avait que la vingt
et unième qui lui faisait envie. Oh ! cette vingt et
unième goutte !... Alors, pour échapper à la tentation,
il allait s'agenouiller tout au bout du laboratoire et
s'abîmait dans ses patenôtres. Mais de la liqueur encore
chaude il montait une petite fumée toute chargée
d'aromates, qui venait rôder autour de lui et, bon gré
mal gré, le ramenait vers les bassines... La liqueur était
d'un beau vert doré... Penché dessus, les narines
ouvertes, le père la remuait tout doucement avec son
chalumeau, et dans les petites paillettes étincelantes
que roulait le flot d'émeraude, il lui semblait voir les
yeux de tante Bégon qui riaient et pétillaient en le
regardant...

— Allons ! encore une goutte !
Et de goutte en goutte, l'infortuné finissait par
avoir son gobelet plein jusqu'au bord. Alors, à bout de
forces, il se laissait tomber dans un grand fauteuil, et,
le corps abandonné, la paupière à demi close, il
dégustait son péché par petits coups, en se disant tout
bas avec un remords délicieux :

— Ah ! je me damne... je me damne...

Le plus terrible, c'est qu'au fond de cet élixir diabolique, il retrouvait, par je ne sais quel sortilège, toutes les vilaines chansons de tante Bégon : *Ce sont trois petites commères, qui parlent de faire un banquet...,* ou : *Bergerette de maître André s'en va-t-au bois seulette...* et toujours la fameuse des Pères blancs : *Patatin patatan.*

Pensez quelle confusion le lendemain, quand ses voisins de cellule lui faisaient d'un air malin :

— Eh ! eh ! Père Gaucher, vous aviez des cigales en tête, hier soir en vous couchant.

Alors c'étaient des larmes, des désespoirs, et le jeûne, et le cilice, et la discipline. Mais rien ne pouvait contre le démon de l'élixir ; et tous les soirs, à la même heure, la possession recommençait.

Pendant ce temps, les commandes pleuvaient à l'abbaye que c'était une bénédiction. Il en venait de Nîmes, d'Aix, d'Avignon, de Marseille... De jour en jour le couvent prenait un petit air de manufacture. Il y avait des frères emballeurs, des frères étiqueteurs, d'autres pour les écritures, d'autres pour le camionnage ; le service de Dieu y perdait bien par-ci par-là quelques coups de cloches ; mais les pauvres gens du pays n'y perdaient rien, je vous en réponds...

Et donc, un beau dimanche matin, pendant que l'argentier lisait en plein chapitre son inventaire de fin d'année et que les bons chanoines l'écoutaient les yeux brillants et le sourire aux lèvres, voilà le Père Gaucher qui se précipite au milieu de la conférence en criant :

— C'est fini... Je n'en fais plus... Rendez-moi mes vaches.

— Qu'est-ce qu'il y a donc, Père Gaucher ?

demanda le prieur, qui se doutait bien un peu de ce qu'il y avait.

— Ce qu'il y a, Monseigneur ?... Il y a que je suis en train de me préparer une belle éternité de flammes et de coups de fourche... Il y a que je bois, que je bois comme un misérable...

— Mais je vous avais dit de compter vos gouttes.

— Ah ! bien oui, compter mes gouttes ! c'est par gobelets qu'il faudrait compter maintenant... Oui, mes Révérends, j'en suis là. Trois fioles par soirée... Vous comprenez bien que cela ne peut pas durer... Aussi, faites faire l'élixir par qui vous voudrez... Que le feu de Dieu me brûle si je m'en mêle encore !

C'est le chapitre qui ne riait plus.

— Mais, malheureux, vous nous ruinez ! criait l'argentier en agitant son grand livre.

— Préférez-vous que je me damne ?

Pour lors, le prieur se leva.

— Mes Révérends, dit-il en étendant sa belle main blanche où luisait l'anneau pastoral, il y a moyen de tout arranger... C'est le soir, n'est-ce pas, mon cher fils, que le démon vous tente ?...

— Oui, monsieur le prieur, régulièrement tous les soirs... Aussi, maintenant, quand je vois arriver la nuit, j'en ai, sauf votre respect, les sueurs qui me prennent, comme l'âne de Capitou [15] quand il voyait venir le bât.

— Eh bien ! rassurez-vous... Dorénavant, tous les soirs, à l'office, nous réciterons à votre intention l'oraison de saint Augustin, à laquelle l'indulgence plénière est attachée... Avec cela, quoi qu'il arrive, vous êtes à couvert... C'est l'absolution pendant le péché.

— Oh bien ! alors, merci, monsieur le prieur !

Et, sans en demander davantage, le Père Gaucher retourna à ses alambics, aussi léger qu'une alouette.

Effectivement, à partir de ce moment-là, tous les soirs, à la fin des complies [16], l'officiant ne manquait jamais de dire :

— Prions pour notre pauvre Père Gaucher, qui sacrifie son âme aux intérêts de la communauté... *Oremus Domine...*

Et pendant que sur toutes ces capuches blanches, prosternées dans l'ombre des nefs, l'oraison courait en frémissant comme une petite bise sur la neige, là-bas, tout au bout du couvent, derrière le vitrage enflammé de la distillerie, on entendait le Père Gaucher qui chantait à tue-tête :

> *Dans Paris il y a un Père blanc,*
> *Patatin, patatan, taraban, tarabin ;*
> *Dans Paris il y a un Père blanc,*
> *Qui fait danser des moinettes,*
> *Trin, trin, trin, dans un jardin ;*
> *Qui fait danser des...*

... Ici le bon curé s'arrêta plein d'épouvante :

— Miséricorde ! si mes paroissiens m'entendaient !

EN CAMARGUE[1]

I

LE DÉPART

Grande rumeur au château[2]. Le messager vient d'apporter un mot du garde, moitié en français, moitié en provençal, annonçant qu'il y a eu déjà deux ou trois beaux passages de *Galéjons*, de *Charlottines*, et que les *oiseaux de prime*[3] non plus ne manquaient pas.

« Vous êtes des nôtres ! » m'ont écrit mes aimables voisins ; et ce matin, au petit jour de cinq heures, leur grand break, chargé de fusils, de chiens, de victuailles, est venu me prendre au bas de la côte. Nous voilà roulant sur la route d'Arles, un peu sèche, un peu dépouillée, par ce matin de décembre où la verdure pâle des oliviers est à peine visible, et la verdure crue des chênes-kermès[4] un peu trop hivernale et factice. Les étables se remuent. Il y a des réveils avant le jour qui allument la vitre des fermes ; et dans les découpures de pierre de l'abbaye de Montmajour[5], des orfraies encore engourdies de sommeil battent de l'aile parmi les ruines. Pourtant nous croisons déjà le long des

fossés de vieilles paysannes qui vont au marché au trot
de leurs bourriquets. Elles viennent de la Ville-des-
Baux. Six grandes lieues pour s'asseoir une heure sur
les marches de Saint-Trophyme[6] et vendre des petits
paquets de simples ramassés dans la montagne !...

Maintenant voici les remparts d'Arles ; des remparts
bas et crénelés, comme on en voit sur les anciennes
estampes où des guerriers armés de lances apparaissent
en haut de talus moins grands qu'eux. Nous traversons
au galop cette merveilleuse petite ville, une des plus
pittoresques de France, avec ses balcons sculptés,
arrondis, s'avançant comme des moucharabieh[7] jusqu'au milieu des rues étroites, avec ses vieilles maisons
noires aux petites portes, moresques, ogivales et
basses, qui vous reportent au temps de Guillaume
Court-Nez[8] et des Sarrasins. A cette heure, il n'y a
encore personne dehors. Le quai du Rhône seul est
animé. Le bateau à vapeur qui fait le service de la
Camargue chauffe au bas des marches, prêt à partir.
Des *ménagers* en veste de cadis roux, des filles de La
Roquette[9] qui vont se louer pour des travaux des
fermes, montent sur le pont avec nous, causant et riant
entre eux. Sous les longues mantes brunes rabattues à
cause de l'air vif du matin, la haute coiffure arlésienne
fait la tête élégante et petite avec un joli grain
d'effronterie, une envie de se dresser pour lancer le rire
ou la malice plus loin... La cloche sonne ; nous
partons. Avec la triple vitesse du Rhône, de l'hélice,
du mistral, les deux rivages se déroulent. D'un côté
c'est la Crau, une plaine aride, pierreuse. De l'autre, la
Camargue, plus verte, qui prolonge jusqu'à la mer son
herbe courte et ses marais pleins de roseaux.

De temps en temps le bateau s'arrête près d'un
ponton, à gauche ou à droite, à Empire ou à

Royaume [10], comme on disait au Moyen Age, du temps du Royaume d'Arles, et, comme les vieux mariniers du Rhône disent encore aujourd'hui. A chaque ponton, une ferme blanche, un bouquet d'arbres. Les travailleurs descendent chargés d'outils, les femmes leur panier au bras, droites sur la passerelle. Vers Empire ou vers Royaume peu à peu le bateau se vide, et quand il arrive au ponton du Mas-de-Giraud où nous descendons, il n'y a presque plus personne à bord.

Le Mas-de-Giraud est une vieille ferme des seigneurs de Barbentane, où nous entrons pour attendre le garde qui doit venir nous chercher. Dans la haute cuisine, tous les hommes de la ferme, laboureurs, vignerons, bergers, bergerots, sont attablés, graves, silencieux, mangeant lentement, et servis par les femmes qui ne mangeront qu'après. Bientôt le garde paraît avec la carriole. Vrai type à la Fenimore [11], trappeur de terre et d'eau, garde-pêche et garde-chasse, les gens du pays l'appellent *lou Roudeïroù* (le rôdeur), parce qu'on le voit toujours, dans les brumes d'aube ou de jour tombant, caché pour l'affût parmi les roseaux, ou bien immobile dans son petit bateau, occupé à surveiller ses nasses sur les *clairs* (les étangs) et les *roubines* (canaux d'irrigation). C'est peut-être ce métier d'éternel guetteur qui le rend aussi silencieux, aussi concentré. Pourtant, pendant que la petite carriole chargée de fusils et de paniers marche devant nous, il nous donne des nouvelles de la chasse, le nombre des passages, les quartiers où les oiseaux voyageurs se sont abattus. Tout en causant, on s'enfonce dans le pays.

Les terres cultivées dépassées, nous voici en pleine Camargue sauvage. A perte de vue, parmi les pâturages, des marais, des roubines, luisent dans les salicornes [12]. Des bouquets de tamaris et de roseaux font des îlots comme sur une mer calme. Pas d'arbres hauts. L'aspect uni, immense, de la plaine, n'est pas troublé. De loin en loin, des parcs de bestiaux étendent leurs toits bas presque au ras de terre. Des troupeaux dispersés, couchés dans les herbes salines, ou cheminant serrés autour de la cape rousse du berger, n'interrompent pas la grande ligne uniforme, amoindris qu'ils sont par cet espace infini d'horizons bleus et de ciel ouvert. Comme de la mer unie malgré ses vagues, il se dégage de cette plaine un sentiment de solitude, d'immensité, accru encore par le mistral qui souffle sans relâche, sans obstacle, et qui, de son haleine puissante, semble aplanir, agrandir le paysage. Tout se courbe devant lui. Les moindres arbustes gardent l'empreinte de son passage, en restent tordus, couchés vers le sud dans l'attitude d'une fuite perpétuelle...

II

LA CABANE

Un toit de roseaux, des murs de roseaux desséchés et jaunes, c'est la cabane. Ainsi s'appelle notre rendez-vous de chasse. Type de la maison camarguaise, la cabane se compose d'une unique pièce, haute, vaste, sans fenêtre, et prenant jour par une porte vitrée qu'on ferme le soir avec des volets pleins. Tout le long des grands murs crépis, blanchis à la chaux, des râteliers attendent les fusils, les carniers, les bottes de marais. Au fond, cinq ou six berceaux sont rangés autour d'un vrai mât planté au sol et montant jusqu'au toit auquel

il sert d'appui. La nuit, quand le mistral souffle et que
la maison craque de partout, avec la mer lointaine et le
vent qui la rapproche, porte son bruit, le continue en
l'enflant, on se croirait couché dans la chambre d'un
bateau.

Mais c'est l'après-midi surtout que la cabane est
charmante. Par nos belles journées d'hiver méridional,
j'aime rester tout seul près de la haute cheminée où
fument quelques pieds de tamaris. Sous les coups du
mistral ou de la tramontane, la porte saute, les roseaux
crient, et toutes ces secousses sont un bien petit écho
du grand ébranlement de la nature autour de moi. Le
soleil d'hiver fouetté par l'énorme courant s'éparpille,
joint ses rayons, les disperse. De grandes ombres
courent sous un ciel bleu admirable. La lumière arrive
par saccades, les bruits aussi ; et les sonnailles des
troupeaux entendues tout à coup, puis oubliées,
perdues dans le vent, reviennent chanter sous la porte
ébranlée avec le charme d'un refrain... L'heure
exquise, c'est le crépuscule, un peu avant que les
chasseurs n'arrivent. Alors le vent s'est calmé. Je sors
un moment. En paix le grand soleil rouge descend,
enflammé, sans chaleur. La nuit tombe, vous frôle en
passant de son aile noire tout humide. Là-bas, au ras
du sol, la lumière d'un coup de feu passe avec l'éclat
d'une étoile rouge avivée par l'ombre environnante.
Dans ce qui reste de jour, la vie se hâte. Un long
triangle de canards vole très bas, comme s'ils voulaient
prendre terre, mais tout à coup la cabane, où le *caleil* [13]
est allumé, les éloigne : celui qui tient la tête de la
colonne dresse le cou, remonte, et tous les autres
derrière lui s'emportent plus haut avec des cris
sauvages.

Bientôt un piétinement immense se rapproche,

pareil à un bruit de pluie. Des milliers de moutons, rappelés par les bergers, harcelés par les chiens, dont on entend le galop confus et l'haleine haletante, se pressent vers les parcs, peureux et indisciplinés. Je suis envahi, frôlé, confondu dans ce tourbillon de laines frisées, de bêlements ; une houle véritable où les bergers semblent portés avec leur ombre par des flots bondissants... Derrière les troupeaux, voici des pas connus, des voix joyeuses. La cabane est pleine, animée, bruyante. Les sarments flambent. On rit d'autant plus qu'on est plus las. C'est un étourdissement d'heureuse fatigue, les fusils dans un coin, les grandes bottes jetées pêle-mêle, les carniers vides, et à côté les plumages roux, dorés, verts, argentés, tout tachés de sang. La table est mise ; et dans la fumée d'une bonne soupe d'anguilles, le silence se fait, le grand silence des appétits robustes, interrompu seulement par les grognements féroces des chiens qui lapent leur écuelle à tâtons devant la porte...

La veillée sera courte. Déjà près du feu, clignotant lui aussi, il ne reste plus que le garde et moi. Nous causons, c'est-à-dire nous nous jetons de temps en temps l'un à l'autre des demi-mots à la façon des paysans, de ces interjections presque indiennes, courtes et vite éteintes comme les dernières étincelles des sarments consumés. Enfin le garde se lève, allume sa lanterne, et j'écoute son pas lourd qui se perd dans la nuit...

III

A L'ESPÈRE (A L'AFFÛT)

L'*espère* ! quel joli nom pour désigner l'affût, l'attente du chasseur embusqué, et ces heures indécises où
tout attend, *espère*, hésite entre le jour et la nuit.
L'affût du matin un peu avant le lever du soleil, l'affût
du soir au crépuscule. C'est le dernier que je préfère,
surtout dans ces pays marécageux où l'eau des *clairs*
garde si longtemps la lumière...

Quelquefois on tient l'affût dans le *negochin* (le
nayechien) [14], un tout petit bateau sans quille, étroit,
roulant au moindre mouvement. Abrité par des
roseaux, le chasseur guette les canards du fond de sa
barque, que dépassent seulement la visière d'une
casquette, le canon du fusil et la tête du chien flairant
le vent, happant les moustiques, ou bien de ses grosses
pattes étendues penchant tout le bateau d'un côté et le
remplissant d'eau. Cet affût-là est trop compliqué
pour mon inexpérience. Aussi, le plus souvent, je vais
à l'*espère* à pied, barbotant en plein marécage avec
d'énormes bottes taillées dans toute la longueur du
cuir. Je marche lentement, prudemment, de peur de
m'envaser. J'écarte les roseaux pleins d'odeurs saumâ-
tres et de sauts de grenouilles...

Enfin, voici un îlot de tamaris, un coin de terre
sèche où je m'installe. Le garde, pour me faire
honneur, a laissé son chien avec moi ; un énorme chien
des Pyrénées à grande toison blanche, chasseur et
pêcheur de premier ordre, et dont la présence ne laisse
pas que de m'intimider un peu. Quand une poule d'eau
passe à ma portée, il a une certaine façon ironique de

me regarder en rejetant en arrière, d'un coup de tête à l'artiste [15], deux longues oreilles flasques qui lui pendent dans les yeux ; puis des poses à l'arrêt, des frétillements de queue, toute une mimique d'impatience pour me dire :

— Tire... tire donc !

Je tire, je manque. Alors, allongé de tout son corps, il bâille et s'étire d'un air las, découragé, et insolent...

Eh bien ! oui, j'en conviens, je suis un mauvais chasseur. L'affût, pour moi, c'est l'heure qui tombe, la lumière diminuée, réfugiée dans l'eau, les étangs qui luisent, polissant jusqu'au ton de l'argent fin la teinte grise du ciel assombri. J'aime cette odeur d'eau, ce frôlement mystérieux des insectes dans les roseaux, ce petit murmure des longues feuilles qui frissonnent. De temps en temps, une note triste passe et roule dans le ciel comme un ronflement de conque marine. C'est le butor [16] qui plonge au fond de l'eau son bec immense d'oiseau-pêcheur et souffle... rrrououou ! Des vols de grues filent sur ma tête. J'entends le froissement des plumes, l'ébouriffement du duvet dans l'air vif, et jusqu'au craquement de la petite armature surmenée. Puis, plus rien. C'est la nuit, la nuit profonde, avec un peu de jour resté sur l'eau...

Tout à coup j'éprouve un tressaillement, une espèce de gêne nerveuse, comme si j'avais quelqu'un derrière moi. Je me retourne, et j'aperçois le compagnon des belles nuits, la lune, une large lune toute ronde, qui se lève doucement, avec un mouvement d'ascension d'abord très sensible, et se ralentissant à mesure qu'elle s'éloigne de l'horizon.

Déjà un premier rayon est distinct près de moi, puis un autre un peu plus loin... Maintenant tout le marécage est allumé. La moindre touffe d'herbe a son ombre. L'affût est fini, les oiseaux nous voient : il faut rentrer. On marche au milieu d'une inondation de lumière bleue, légère, poussiéreuse ; et chacun de nos pas dans les *clairs,* dans les *roubines,* y remue des tas d'étoiles tombées et des rayons de lune qui traversent l'eau jusqu'au fond.

IV

LE ROUGE ET LE BLANC

Tout près de chez nous, à une portée de fusil de la cabane, il y en a une autre qui lui ressemble, mais plus rustique. C'est là que notre garde habite avec sa femme et ses deux aînés : la fille, qui soigne le repas des hommes, raccommode les filets de pêche ; le garçon, qui aide son père à relever les nasses, à surveiller les *martilières* (vannes) des étangs. Les deux plus jeunes sont à Arles, chez la grand-mère ; et ils y resteront jusqu'à ce qu'ils aient appris à lire et qu'ils aient fait leur *bon jour* (première communion), car ici on est trop loin de l'église et de l'école, et puis l'air de la Camargue ne vaudrait rien pour ces petits. Le fait est que, l'été venu, quand les marais sont à sec et que la vase blanche des *roubines* se crevasse à la grande chaleur, l'île n'est vraiment pas habitable.

J'ai vu cela une fois au mois d'août, en venant tirer les hallebrands [17], et je n'oublierai jamais l'aspect triste et féroce de ce paysage embrasé. De place en place, les étangs fumaient au soleil comme d'immenses cuves, gardant tout au fond un reste de vie qui s'agitait, un grouillement de salamandres, d'araignées, de mouches d'eau cherchant des coins humides. Il y avait là un air de peste, une brume de miasmes lourdement flottante qu'épaississaient encore d'innombrables tourbillons de moustiques. Chez le garde, tout le monde grelottait, tout le monde avait la fièvre, et c'était pitié de voir les visages jaunes, tirés, les yeux cerclés, trop grands, de ces malheureux condamnés à se traîner, pendant trois mois, sous ce plein soleil inexorable qui brûle les fiévreux sans les réchauffer... Triste et pénible vie que celle de garde-chasse en Camargue ! Encore celui-là a sa femme et ses enfants près de lui ; mais à deux lieues plus loin, dans le marécage, demeure un gardien de chevaux qui, lui, vit absolument seul d'un bout de l'année à l'autre et mène une véritable existence de Robinson [18]. Dans sa cabane de roseaux, qu'il a construite lui-même, pas un ustensile qui ne soit son ouvrage, depuis le hamac d'osier tressé, les trois pierres noires assemblées en foyer, les pieds de tamaris [19] taillés en escabeaux, jusqu'à la serrure et la clé de bois blanc fermant cette singulière habitation.

L'homme est au moins aussi étrange que son logis. C'est une espèce de philosophe silencieux comme les solitaires, abritant sa méfiance de paysan sous d'épais sourcils en broussailles. Quand il n'est pas dans le pâturage, on le trouve assis devant sa porte, déchiffrant lentement, avec une application enfantine et touchante, une de ces petites brochures roses, bleues ou jaunes, qui entourent les fioles pharmaceutiques dont il se sert pour ses chevaux. Le pauvre diable n'a pas d'autre distraction que la lecture, ni d'autres livres que ceux-là. Quoique voisins de cabane, notre garde et lui ne se voient pas. Ils évitent même de se rencontrer. Un jour que je demandais au *roudeïroù* la raison de cette antipathie, il me répondit d'un air grave :

— C'est à cause des opinions... Il est rouge, et moi je suis blanc [20].

Ainsi, même dans ce désert dont la solitude aurait dû les rapprocher, ces deux sauvages, aussi ignorants, aussi naïfs l'un que l'autre, ces deux bouviers de Théocrite, qui vont à la ville à peine une fois par an et à qui les petits cafés d'Arles, avec leurs dorures et leurs glaces, donnent l'éblouissement du palais des Ptolémées [21], ont trouvé moyen de se haïr au nom de leurs convictions politiques [22] !

V

LE VACCARÈS

Ce qu'il y a de beau en Camargue, c'est le Vaccarès. Souvent, abandonnant la chasse, je viens m'asseoir au bord de ce lac salé, une petite mer qui semble un morceau de la grande, enfermé dans les terres et devenu familier par sa captivité même. Au lieu de ce dessèchement, de cette aridité qui attristent d'ordinaire les côtes, le Vaccarès, sur son rivage un peu haut, tout vert d'herbe fine, veloutée, étale une flore originale et charmante : des centaurées [23], des trèfles d'eau, des gentianes, et ces jolies *saladelles* [24], bleues en hiver, rouges en été, qui transforment leur couleur au changement d'atmosphère, et dans une floraison ininterrompue marquent les saisons de leurs tons divers.

Vers cinq heures du soir, à l'heure où le soleil décline, ces trois lieues d'eau sans une barque, sans une voile pour limiter, transformer leur étendue, ont un aspect admirable. Ce n'est plus le charme intime des *clairs*, des *roubines*, apparaissant de distance en distance entre les plis d'un terrain marneux sous lequel on sent l'eau filtrer partout, prête à se montrer à la moindre dépression du sol. Ici, l'impression est grande, large.

De loin, ce rayonnement de vagues attire des troupes de macreuses, des hérons, des butors, des flamants au ventre blanc, aux ailes roses, s'alignant pour pêcher tout le long du rivage, de façon à disposer leurs teintes diverses en une longue bande égale ; et puis des ibis, de vrais ibis d'Egypte, bien chez eux dans ce soleil splendide et ce paysage muet. De ma place, en effet, je n'entends rien que l'eau qui clapote, et la voix du gardien qui rappelle ses chevaux dispersés sur le bord. Ils ont tous des noms retentissants : « Cifer !... (Lucifer). L'Estello !... L'Estournello !... [25] » Chaque bête, en s'entendant nommer, accourt, la crinière au vent, et vient manger l'avoine dans la main du gardien...

Plus loin, toujours la même rive, se trouve une grande *manado* (troupeau) de bœufs paissant en liberté comme les chevaux. De temps en temps, j'aperçois au-dessus d'un bouquet de tamaris l'arête de leurs dos courbés, et leurs petites cornes en croissant qui se dressent. La plupart de ces bœufs de Camargue sont élevés pour courir dans les *ferrades*, les fêtes de villages ; et quelques-uns ont des noms déjà célèbres par tous les cirques de Provence et de Languedoc. C'est ainsi que la *manado* voisine compte entre autres un terrible combattant appelé *le Romain*, qui a décousu je ne sais combien d'hommes et de chevaux aux courses d'Arles, de Nîmes, de Tarascon. Aussi ses compagnons l'ont-ils pris pour chef ; car dans ces étranges troupeaux les bêtes se gouvernent elles-mêmes, groupées autour d'un vieux taureau qu'elles adoptent comme conducteur. Quand un ouragan tombe sur la Camargue, terrible dans cette grande plaine où rien ne le détourne, ne l'arrête, il faut voir la *manado* se serrer derrière son chef, toutes les têtes baissées tournant du côté du vent ces larges fronts où la force du bœuf se condense. Nos bergers provençaux appellent cette manœuvre : *vira la bano au giscle* — tourner la corne au vent. Et malheur aux troupeaux qui ne s'y conforment pas ! Aveuglée par la pluie, entraînée par l'ouragan, la *manado* en déroute tourne sur elle-même, s'effare, se disperse, et les bœufs éperdus, courant devant eux pour échapper à la tempête, se précipitent dans le Rhône, dans le Vaccarès ou dans la mer.

NOSTALGIES DE CASERNE[1]

Ce matin, aux premières clartés de l'aube, un formidable roulement de tambour me réveille en sursaut... Ran plan plan ! Ran plan plan !...

Un tambour dans mes pins à pareille heure !... Voilà qui est singulier, par exemple.

Vite, vite, je me jette à bas de mon lit et je cours ouvrir la porte.

Personne ! Le bruit s'est tu... Du milieu des lambrusques mouillées, deux ou trois courlis s'envolent en secouant leurs ailes... Un peu de brise chante dans les arbres... Vers l'orient, sur la crête fine des Alpilles, s'entasse une poussière d'or d'où le soleil sort lentement... Un premier rayon frise déjà le toit du moulin. Au même moment, le tambour, invisible, se met à battre aux champs sous le couvert... Ran... plan... plan, plan, plan.

Le diable soit de la peau d'âne ! Je l'avais oubliée. Mais enfin, quel est donc le sauvage qui vient saluer l'aurore au fond des bois avec un tambour ?... J'ai beau regarder, je ne vois rien... rien que les touffes de lavande, et les pins qui dégringolent jusqu'en bas sur la route... Il y a peut-être par-là dans le fourré quelque

lutin caché en train de se moquer de moi... C'est
Ariel[2], sans doute, ou maître Puck[3]. Le drôle se sera
dit, en passant devant mon moulin :

— Ce Parisien est trop tranquille là-dedans, allons
lui donner l'aubade.

Sur quoi, il aura pris un gros tambour, et... ran plan
plan !... ran plan plan !... Te tairas-tu, gredin de
Puck ! tu vas réveiller mes cigales.

Ce n'était pas Puck.

C'était Gouguet François, dit Pistolet, tambour au
31e de ligne, et pour le moment en congé de semestre.
Pistolet s'ennuie au pays, il a des nostalgies, ce
tambour, et — quand on veut bien lui prêter
l'instrument de la commune — il s'en va, mélancolique, battre la caisse dans les bois, en rêvant de la
caserne du Prince-Eugène[4].

C'est sur ma petite colline verte qu'il est venu rêver
aujourd'hui... Il est là, debout contre un pin, son
tambour entre ses jambes et s'en donnant à cœur joie...
Des vols de perdreaux effarouchés partent à ses pieds
sans qu'il s'en aperçoive. La férigoule[5] embaume
autour de lui, il ne la sent pas.

Il ne voit pas non plus les fines toiles d'araignée qui
tremblent au soleil entre les branches, ni les aiguilles
de pin qui sautillent sur son tambour. Tout entier à
son rêve et à sa musique, il regarde amoureusement
voler ses baguettes, et sa grosse face niaise s'épanouit
de plaisir à chaque roulement.

Ran plan plan ! Ran plan plan !...

« Qu'elle est belle, la grande caserne, avec sa cour
aux larges dalles, ses rangées de fenêtres bien alignées,
son peuple en bonnet de police, et ses arcades basses
pleines du bruit des gamelles !... »

Ran plan plan ! Ran plan plan !...

« Oh ! l'escalier sonore, les corridors peints à la chaux, la chambrée odorante, les ceinturons qu'on astique, la planche au pain, les pots de cirage, les couchettes de fer à couverture grise, les fusils qui reluisent au râtelier ! »

Ran plan plan ! Ran plan plan !...

« Oh ! les bonnes journées du corps de garde, les cartes qui poissent aux doigts, la dame de pique hideuse avec des agréments à la plume, le vieux Pigault-Lebrun [6] dépareillé qui traîne sur le lit de camp !... »

Ran plan plan ! Ran plan plan !

« Oh ! les longues nuits de faction à la porte des ministères, la vieille guérite où la pluie entre, les pieds qui ont froid !... les voitures de gala qui vous éclaboussent en passant !... Oh ! la corvée supplémentaire, les jours de bloc [7], le baquet puant, l'oreiller de planche, la diane [8] froide par les matins pluvieux, la retraite dans les brouillards à l'heure où le gaz s'allume, l'appel du soir où l'on arrive essoufflé ! »

Ran plan plan ! Ran plan plan !

« Oh ! le bois de Vincennes, les gros gants de coton blanc, les promenades sur les fortifications... Oh ! la barrière de l'Ecole [9], les filles à soldats, le piston du Salon de Mars, l'absinthe dans les bouisbouis, les confidences entre deux hoquets, les briquets [10] qu'on dégaine, la romance sentimentale chantée une main sur le cœur !... »

Rêve, rêve, pauvre homme ! ce n'est pas moi qui t'en empêcherai... ; tape hardiment sur ta caisse, tape à tour de bras. Je n'ai pas le droit de te trouver ridicule.

Si tu as la nostalgie de ta caserne, est-ce que, moi, je n'ai pas la nostalgie de la mienne ?

Mon Paris me poursuit jusqu'ici comme le tien. Tu joues du tambour sous les pins, toi ! Moi, j'y fais de la copie... Ah ! les bons Provençaux que nous faisons ! Là-bas, dans les casernes de Paris, nous regrettions nos Alpilles bleues et l'odeur sauvage des lavandes ; maintenant, ici, en pleine Provence, la caserne nous manque, et tout ce qui la rappelle nous est cher !...

Huit heures sonnent au village. Pistolet, sans lâcher ses baguettes, s'est mis en route pour rentrer... On l'entend descendre sous le bois, jouant toujours... Et moi, couché dans l'herbe, malade de nostalgie, je crois voir, au bruit du tambour qui s'éloigne, tout mon Paris défiler entre les pins...

Ah ! Paris !... Paris !... Toujours Paris !

DOSSIER

CHRONOLOGIE

1828 Vincent Daudet, futur père d'Alphonse, s'installe à Nîmes, où il dirige avec son frère une fabrique de soieries.

1829 Vincent Daudet épouse Adeline Reynaud.

1832 Naissance d'Henri Daudet, qui mourra en 1856.

1837 Naissance d'Ernest Daudet, avec qui Alphonse sera toujours très lié, et qui lui survivra vingt-quatre ans.

1840 *13 mai :* naissance d'Alphonse Daudet.

1844-1846 : Alphonse Daudet est à plusieurs reprises mis en pension à Bezouce, dans la région de Nîmes, chez Jean Trinquié ; de ces séjours chez son « père nourricier » datent les premiers contacts d'Alphonse Daudet avec la langue et les contes provençaux.

1845-1849 : Alphonse Daudet est élève, à Nîmes, chez les Frères des Ecoles chrétiennes, puis à la pension Canivet.

1848 *Eté :* faillite de Vincent Daudet, dont les affaires périclitaient depuis plusieurs années, et qui doit vendre sa fabrique.

1849 *Printemps :* la famille Daudet part s'installer à Lyon, où elle vivra dans des conditions précaires. Vincent Daudet, définitivement ruiné, se placera en 1857 comme courtier en vins.

1849-1857 : Alphonse Daudet étudie à la manécanterie de l'église Saint-Pierre des Terreaux, puis au lycée Ampère. Elève brillant, il manifeste cependant peu d'intérêt pour les cours, qu'il délaisse fréquemment, dans les années 1854-1856, pour canoter sur la Saône, et se divertir avec des amis. Il commence à écrire et à publier des poèmes.

1857 *1ᵉʳ mai :* la ruine de sa famille le contraignant à gagner sa vie, Alphonse Daudet, alors en terminale, entre comme répétiteur au collège d'Alès, dont il sera renvoyé en octobre pour des raisons obscures. Il fera le récit romancé de son expérience de « pion » dans *Le Petit Chose.*

　1ᵉʳ novembre : Alphonse Daudet arrive à Paris ; il est hébergé par son frère Ernest, alors journaliste, à l'Hôtel du Sénat, rue de Tournon, où logent de nombreux Méridionaux.

1858　Alphonse Daudet se mêle à la bohème artistique et littéraire qui fréquente la brasserie de la rue des Martyrs. Il y rencontre sans doute aussi Marie Rieu, avec qui il vivra un amour sensuel et orageux jusqu'en 1866, et qui lui inspirera son roman *Sapho.*

　Parallèlement, Alphonse Daudet fréquente les salons mondains, où il séduit par sa beauté et ses talents de causeur. Il publie *Les Amoureuses,* recueil de poèmes favorablement accueilli par la critique mais qui se vend mal.

1859　Daudet rencontre en avril Frédéric Mistral, venu à Paris y présenter *Mireille.* Il publie en juin *Audiberte,* son premier roman méridional, et entre en novembre au *Figaro.*

1860　Daudet est engagé en juillet comme attaché au cabinet du duc de Morny, président du Corps législatif et comme tel second personnage de l'Etat. Cet emploi lucratif mais peu accaparant lui laissera, jusqu'à la mort du duc en 1865, une grande liberté.

1861　Daudet se met en ménage avec Marie Rieu. Il collabore à *La Revue fantaisiste* et écrit, avec Ernest Lépine, *La Dernière Idole,* drame en un acte.

1861-1862　*(hiver) :* atteint d'une maladie vénérienne, Daudet part se soigner dans le Midi, sur les conseils de son médecin. Il se rend quelques jours à Maillane chez Frédéric Mistral, par qui il entre en rapport avec les animateurs du Félibrige. Il rencontre à Nîmes son cousin Reynaud avec lequel il s'embarque pour l'Algérie le 19 décembre. Ils seront de retour à Marseille le 25 février. Cette expérience algérienne est à l'origine de *Tartarin de Tarascon* et de nombreux autres récits et souvenirs, dont deux *Lettres de mon moulin.*

1862　Pendant le séjour de Daudet en Algérie, *La Dernière Idole* obtient un franc succès. De retour à Paris, Daudet change de domicile et se sépare provisoirement de Marie Rieu. En décembre il part, pour se soigner, en Corse, où il fait un court séjour au phare des îles Sanguinaires. Il tirera de ce voyage des récits parus entre autres dans les *Lettres de mon moulin* et les *Contes du lundi.*

1863　*Fin mars,* retour de Corse. « Chapatin, le tueur de lions » (première ébauche de *Tartarin de Tarascon*) paraît dans *Le Figaro.*

　En décembre, Daudet part pour le Midi et séjourne chez Mistral.

1864　Daudet poursuit son séjour dans le Midi à Fontvieille, de fin janvier à début avril ; il est hébergé au château de Montauban, chez ses cousins Ambroy. C'est de ce séjour, dont Daudet gardera un souvenir enchanté, et qui lui permit de retrouver Mistral et les Félibres, qu'on peut dater la première idée des *Lettres de mon moulin.*

En collaboration avec Lépine, Daudet écrit le canevas de *L'Honneur du moulin*, pièce inédite qui préfigure « Le Secret de maître Cornille ». Création, en octobre, de son opéra-comique *Les Absents*, qui obtient peu de succès.

En décembre, Daudet repart pour Fontvieille, où il restera jusqu'à la fin du mois de janvier.

1865 Après la mort du duc de Morny, le 10 mars, Daudet doit quitter son emploi, ce qui le met dans une situation précaire, et le ramène à une existence bohème. Il fait la connaissance de Paul Arène, alors répétiteur au lycée de Vanves, avec lequel il collaborera pour les premières *Lettres de mon moulin*. Tous deux s'installent, en compagnie d'amis retrouvés (entre autres Jean du Boys et Charles Bataille qu'il avait connus à la brasserie de la rue des Martyrs) dans une villa de Clamart. En avril, *L'Œillet blanc* a été créé à la Comédie-Française. En juillet, Daudet fait un voyage en Alsace avec Alfred Delvau. Les *Lettres sur Paris* et *Lettres du village* commencent à paraître le 12 novembre. Le 15 décembre, Daudet rencontre à une représentation théâtrale sa future femme, Julia Allard, qui devint rapidement, selon son fils Léon, la « collaboratrice morale, intellectuelle et littéraire » de Daudet. Elle-même écrivit une dizaine d'ouvrages.

1866 De janvier à mai, Daudet séjourne à Jonquières, près de Beaucaire, où il ébauche *Le Petit Chose*. Rentré à Paris, il achève, en compagnie de Paul Arène, la rédaction des premières *Lettres de mon moulin*, dont une première série de douze paraît dans *L'Evénement*, du 18 août au 4 novembre. Fin novembre, *Le Petit Chose* commence à paraître, en feuilleton, dans *Le Moniteur du soir*. Le 9 décembre paraît *Le Parnassiculet contemporain*, auquel Daudet a collaboré, et qui est une réponse ironique au *Parnasse contemporain* paru le 27 octobre.

1867 Alphonse Daudet épouse Julia Allard. Ils partent en voyage de noces dans le Midi de la France, et s'installent au retour rue Pavée à Paris. Leur fils Léon naît le 16 novembre.

Le Frère aîné, drame en un acte de Daudet et Lépine, est joué par le Vaudeville.

1868 Parution en volume du *Petit Chose*. Daudet achète à Champrosay une propriété où, dans les dernières années de sa vie, il recevra le Tout. Paris mondain et littéraire.

Une deuxième série des *Lettres de mon moulin* est publiée par *Le Figaro*, du 16 octobre au 17 novembre.

1869 *Le Sacrifice*, comédie en trois actes, est créé au Vaudeville, sans grand succès.

Le Figaro publie la troisième série des *Lettres de mon moulin*, du 22 août au 2 octobre.

En décembre, les *Lettres de mon moulin* paraissent en volume chez Hetzel. Des lettres précédemment parues trois ont été supprimées, tandis que Daudet a ajouté à l'ensemble trois textes nouveaux.

1870   Parution dans *Le Figaro,* du 7 février au 19 mars, de : *Le Don Quichotte provençal ou les Aventures prodigieuses de l'illustre Barbarin de Tarascon,* texte qui sera repris, au nom du personnage près, dans *Tartarin de Tarascon.*

Pendant la guerre, Daudet s'engage dans la Garde nationale ; il assurera son service principalement au fort de Montrouge, et recueillera l'essentiel de ses souvenirs dans les *Contes du lundi,* les *Lettres à un absent,* et *La Fédor.*

Le 15 août, il est fait chevalier de la Légion d'honneur par l'impératrice Eugénie.

1871   De février à juin, les *Lettres à un absent* paraissent dans *Le Soir.* Le 25 avril, Daudet quitte Paris pour Fontvieille. En juillet les *Contes du lundi* commencent à paraître dans *Le Soir,* qui, pour cette publication, sera relayé en 1872 par *L'Evénement* et en 1873 par *Le Bien public.*

1872   Création de *Lise Tavernier,* qui obtient peu de succès. Publication de *Tartarin de Tarascon,* qui passe inaperçu. Le 1er octobre, création au Vaudeville de *L'Arlésienne,* pièce en trois actes tirée d'une des *Lettres de mon moulin* et pour laquelle Bizet a composé la musique d'entracte et des chœurs : c'est un échec.

1873   Parution en volume des *Contes du lundi.*

1874   Daudet commence une série de romans réalistes et parisiens : *Jack, mœurs parisiennes,* qui paraîtra en 1876, et *Fromont jeune et Risler aîné,* qui est publié en feuilleton dans *Le Bien public* du 25 mars au 19 juin, et qui obtient un grand succès. De ce livre date la renommée de Daudet dans le grand public, et la redécouverte de ses œuvres antérieures, dont les *Lettres de mon moulin.* La même année, Daudet publie *Les Femmes d'artistes,* et *Robert Helmont.*

1875   Mort de Vincent Daudet, le père de l'écrivain.

1876   Parution de *Jack, mœurs parisiennes,* qui est très favorablement accueilli. Daudet se lie d'une amitié durable avec les naturalistes, Flaubert, et surtout E. de Goncourt.

1877   Publication en feuilleton, dans *Le Temps,* du *Nabab,* dans lequel Daudet brosse un portrait sans complaisance du duc de Morny.

1878   Naissance du second fils de Daudet, Lucien. Daudet ressent les premières atteintes de la maladie qui l'emportera vingt ans plus tard.

1879   Parution des *Rois en exil.* Parution, chez Lemerre, de l'édition définitive des *Lettres de mon moulin,* qui comprend six textes supplémentaires tirés de *Robert Helmont* et des *Contes du lundi.*

1881   Parution de *Numa Roumestan,* le roman le plus authentiquement méridional de Daudet sur le plan linguistique.

1882   Mort d'Adeline Reynaud, la mère de l'écrivain.

1883   Parution de *L'Evangéliste,* roman parisien, en feuilleton puis en volume.

1884 Publication de *Sapho*, évocation romancée — et critique — de sa liaison avec Marie Rieu. Publication chez Charpentier, dans le cadre des *Œuvres complètes*, d'une édition des *Lettres de mon moulin* précédée de l'« Histoire de ce livre ».

Daudet, dont l'état de santé donnait des inquiétudes depuis quelques années, se découvre atteint d'une maladie incurable de la moelle épinière, qui le fera cruellement souffrir jusqu'à sa mort ; il en relatera les progrès et en analysera les effets dans ses carnets publiés après sa mort sous le titre *La Doulou* (la douleur).

1885 Reprise de *L'Arlésienne*, et parution de *Tartarin sur les Alpes*.

1886 Naissance d'Edmée Daudet.

1888 Daudet publie deux livres de souvenirs : *Trente ans de Paris*, et *Souvenirs d'un homme de lettres*. Parution de *L'Immortel, mœurs parisiennes*.

1889 Création de *La Lutte pour la vie*, pièce en cinq actes.

1890 Création de *L'Obstacle*, pièce en quatre actes. Parution du troisième et dernier volume du cycle de Tartarin, *Port-Tarascon*.

1891 Mariage de son fils Léon avec la petite-fille de Victor Hugo, Jeanne Hugo.

1892 Création de *La Menteuse*, pièce écrite en collaboration avec Léon Hennique. Parution de *Rose et Ninette, mœurs du jour*.

1894 Daudet publie un recueil de souvenirs de théâtre, *Entre les frises et la rampe*, et *La Petite Paroisse*, roman. Son état de santé continue à s'aggraver.

1895-1896 : Daudet fait des voyages, à Londres et en Italie. Il publie *Le Trésor d'Arlatan* et deux recueils de contes et nouvelles : *La Fédor*, et *Trois souvenirs*.

1897 Daudet meurt à son domicile, le 16 décembre, alors que *Soutien de famille* avait commencé à paraître dans *L'Illustration*.

Après la mort de Daudet seront publiés : *Le Sous-préfet aux champs*, pièce en un acte (1898), *Notes sur la vie* (1899), *Premier voyage, premier mensonge* (1900), *La Comtesse Irma* (1905), *Pages inédites de critique dramatique* (1923), *La Doulou : Extraits des carnets inédits* (1930), et des *Lettres familiales d'Alphonse Daudet*, publiées par Lucien Daudet (1944).

NOTICE

I. LE PROBLÈME DE LA GENÈSE DES *LETTRES DE MON MOULIN*

Mis à part quelques fragments et ébauches publiés dans l'édition « Ne varietur » des *Œuvres complètes* de Daudet (Librairie de France, 1929-1931), on ne connaît pas le manuscrit des *Lettres de mon moulin*. Il fut volé du vivant de Daudet (Jules Renard y fait allusion dans son *Journal*) puis, semble-t-il, retrouvé. Jacques-Henry Bornecque rapporte que Lucien Daudet, second fils de l'auteur, lui « promit des années durant d'aller [le] quérir dans le coffre où il [lui] disait qu'il était à l'abri », mais sans jamais mettre sa promesse à exécution. A supposer que ce manuscrit existe encore réellement, nul chercheur n'a pu le consulter, de sorte qu'il est impossible de répondre de façon précise à deux questions essentielles concernant surtout les dix-neuf *lettres* parues d'abord dans la presse :

a) Quand Daudet conçut-il pour la première fois son projet, et à quelle date commença-t-il à le mettre en œuvre ? On admet généralement que c'est lors de son séjour à Fontvieille, en 1864, chez ses cousins Ambroy, que l'idée des *Lettres* germa dans son esprit, et peut-être commença à prendre forme. Quant à leur rédaction, sans doute ébauchée lors du séjour à Jonquières au début de 1866, Daudet la paracheva la même année, à Paris, en compagnie de Paul Arène, avant que les premières *lettres* paraissent dans *L'Evénement* à partir du 16 octobre.

b) Quelle fut, dans ces premières *lettres*, la part prise par Paul Arène ? Dans son ouvrage, *Alphonse Daudet, Frédéric Mistral, la Provence et le Félibrige* (Nîmes, 1980), Mme Marie-Thérèse Jouveau a étudié en détail cette question, en confrontant les résultats de différentes études menées sur ce sujet par Georges Beaume, Juliette Bonfils, et Charles Rostaing, qui se sont tous fondés sur des critères de ton et de style. C'est à la conclusion de Rostaing, dont l'analyse a été la plus approfondie, que l'on peut se ranger, comme le fait Marie-Thérèse Jouveau, considérant que la collaboration entre Daudet et Arène se répartit ainsi :

— sept *lettres* auraient été écrites en commun : « Avant-Propos », « Installation », « L'Arlésienne », « Nostalgies de caserne », « La Chèvre de M. Séguin », « L'Homme à la cervelle d'or », « Les Deux Auberges » ;

— cinq *lettres* témoigneraient d'une intervention beaucoup plus limitée d'Arène : « La Mort du Dauphin », « La Diligence de Beaucaire », « L'Agonie de la Sémillante », « Le Phare des Sanguinaires », et « L'Elixir du Révérend Père Gaucher » ;

— toutes les autres *lettres* seraient de Daudet seul.

On se reportera à l'ouvrage de Marie-Thérèse Jouveau pour une étude détaillée de cette question, et pour un aperçu de la polémique qu'elle a suscitée (voir aussi, sur ce dernier point, les « Documents », ci-après p. 262).

II. PUBLICATION ET ÉDITIONS DES *LETTRES DE MON MOULIN*

1) La première série des Lettres, *parues dans* L'Evénement :

18 août 1866 : « DE MON MOULIN (Première lettre.) A monsieur H. de Villemessant. »
Cette lettre ne sera pas reprise dans l'édition en volume.

23 août 1866 : « DE MON MOULIN (Deuxième lettre.) Il était un petit navire... »
Cette lettre ne sera pas reprise dans l'édition en volume, mais prendra place, en 1895, dans *La Fédor*, sous le titre « Le Brise-Caillou ».

31 août 1866 : « DE MON MOULIN (Troisième lettre.) A mademoiselle Navarette, rue du Helder. »
Cette lettre, modifiée, deviendra « L'Arlésienne ».

7 septembre 1866 : « DE MON MOULIN (Quatrième lettre.) Nostalgies de Caserne... »

14 septembre 1866 : « DE MON MOULIN (Cinquième lettre.) A Monsieur Pierre Gringoire, poète lyrique, à Paris. »
Le titre de cette lettre deviendra : « La Chèvre de M. Seguin ».

21 septembre 1866 : « DE MON MOULIN (Sixième lettre.) Le livre de l'hiver prochain. »
Le titre de cette lettre deviendra : « Le Poète Mistral ».

29 septembre 1866 : « DE MON MOULIN (Septième lettre.) A la dame qui demande des histoires gaies. »
Le titre de cette lettre deviendra : « La Légende de l'homme à la cervelle d'or ».

7 octobre 1866 : « DE MON MOULIN (Huitième lettre.) L'agonie de la Sémillante. »

13 octobre 1866 : « DE MON MOULIN (Neuvième lettre.) A. M. H. de Villemessant [...] Le sous-préfet aux champs [...] Le petit Dauphin est malade. »

Ces deux récits, dont le second sera titré « La Mort du Dauphin », seront réunis, dans un ordre inversé, sous le titre générique « Ballades en prose ».

20 octobre 1866 : « DE MON MOULIN (Dixième lettre.) Le Secret de maître Cornille. »

28 octobre 1866 : « DE MON MOULIN (Onzième lettre.) L'Almanach provençal [...] Le Sermon de M. Martin, curé de Cucugnan. »

Le titre de cette lettre deviendra : « Le Curé de Cucugnan ».

4 novembre 1866 : « DE MON MOULIN (Douzième lettre.) A George Sand, directeur du théâtre de Nohant [...] La Vie et la Mort du Papillon. »

Ce récit, non repris en volume, sera intégré dans le chapitre du *Petit Chose* intitulé « Une lecture au passage du Saumon », et repris en 1873 dans l'édition augmentée des *Amoureuses,* sous le titre : « Les Aventures d'un papillon et d'une bête à bon Dieu ».

Les cinq premières de ces lettres parurent sous le pseudonyme « Marie-Gaston » (prénom double emprunté à l'un des personnages des *Mémoires de deux jeunes mariées* de Balzac, qui réapparaît dans *La Grenadière*). La sixième comportait la double mention « Alphonse Daudet (Marie-Gaston) ». Toutes les autres parurent sous la signature seule d'Alphonse Daudet.

2) La deuxième série des Lettres, *parues dans* Le Figaro *(avec lequel s'était fondu* L'Evénement, *qui avait cessé de paraître le 15 novembre 1866) :*

16 octobre 1868 : « DE MON MOULIN, I. La Diligence de Beaucaire. »

Les deux parties de cette lettre seront séparées dans le volume, la première devenant « Installation », la seconde reprenant le titre initial de l'ensemble, « La Diligence de Beaucaire ».

23 octobre 1868 : « DE MON MOULIN, II. Les Vieux. »

30 octobre 1868 : « DE MON MOULIN, III. La Mule du pape. »

17 novembre 1868 : « DE MON MOULIN, IV. Le Portefeuille de Bixiou. »

3) La troisième série des Lettres, *parues dans* Le Figaro :

22 août 1869 : « LETTRES DE MON MOULIN. Le Phare des Sanguinaires. »

25 août 1869 : « LETTRES DE MON MOULIN. Les Deux Auberges. »

2 octobre 1869 : « LETTRES DE MON MOULIN. L'Elixir du Révérend
Père Gaucher. »

4) *Les éditions en volume des* Lettres de mon moulin :

La première édition parut en novembre 1869, chez Hetzel, sous le titre :
*Lettres/de mon moulin/Impressions/et/souvenirs/par/Alphonse Daudet/Auteur
du « Petit Chose ».* Des *lettres* précédemment publiées Daudet avait retiré
les première, deuxième, et douzième, mais il avait ajouté deux textes :
l' « Avant-Propos », et « A Miliana » (tiré pour l'essentiel de « La Petite
Ville », deuxième des *Promenades en Afrique,* parue le 1er février 1864
dans *La Revue nouvelle*). Daudet avait de plus revu le texte des *lettres*
précédemment publiées dans la presse, en accentuant leur caractère
méridional, et en les amputant de quelques allusions trop circonstancielles.
L'édition définitive des *Lettres de mon moulin* parut chez Lemerre, en
1879. Aux *lettres* publiées dans les éditions précédentes, Daudet avait
joint six textes supplémentaires, tous déjà publiés : « Les Etoiles »,
« Les Douaniers », « Les Oranges », « Les Sauterelles », « En Camargue »
(précédemment repris dans *Robert Helmont,* en 1874, après avoir paru en
1873 dans *Le Bien public*), et « Les Trois Messes basses » (précédemment
paru en 1875 dans l'édition augmentée des *Contes du lundi*).

5) *Editions des Œuvres complètes de Daudet :*

— Paris, E. Dentu et G. Charpentier, 1881-1887, 8 vol. Les *Lettres de
mon moulin* se trouvent au tome V, précédées de l' « Histoire de ce livre »
(qui avait d'abord paru dans *La Nouvelle Revue* du 1er juillet 1883, et qui
sera reprise dans *Trente ans de Paris,* en 1888).
— Paris, A. Houssiaux, 1899-1901, 18 vol. ; édition précédée d'un
essai de biographie littéraire par Henry Céard. Les *Lettres de mon moulin,*
dans l'édition de 1869, se trouvent au tome XI.
— Paris, Librairie de France, 1929-1931, 20 vol. ; édition dite « Ne
varietur », préface d'Henri Béraud. Les textes de la parution successive en
feuilleton et de l'édition de 1869 des *Lettres de mon moulin* se trouvent au
tome III. Les textes rajoutés dans l'édition définitive de 1879 se trouvent
aux tomes IV et V.

On pourra consulter l'édition récente des *Lettres de mon moulin* procurée
par Jacques-Henry Bornecque (Alphonse Daudet, *Les Lettres de mon moulin ;*
texte présenté et annoté par Jacques-Henry Bornecque, illustrations d'Yves
Brayer, Imprimerie Nationale, Paris, 1983), qui contient en notes des
esquisses et ébauches de certaines *Lettres de mon moulin,* contenues dans un
carnet de travail de Daudet que Jacques-Henry Bornecque a pu consulter.

BIBLIOGRAPHIE

I. OUVRAGES (ÉTUDES ET TÉMOIGNAGES)
SUR ALPHONSE DAUDET

Batisto BONNET, *Un Paysan du midi. Le « baïle » Alphonse Daudet*, trad. par Joseph Loubet, Flammarion, s.d. (1911).

Jacques-Henry BORNECQUE, *Les Années d'apprentissage d'Alphonse Daudet*, Nizet, 1951.

Jacques-Henry BORNECQUE, *Histoire d'une amitié : correspondance inédite entre Alphonse Daudet et Frédéric Mistral* (1860-1897) présentée et annotée par Jacques-Henry Bornecque, Julliard, 1979.

Honoré COUDIÈRE, *Fontvieille, les moulins et le musée Alphonse Daudet*, Cavaillon, imprimerie Mistral, 1961.

Ernest DAUDET, *Mon frère et moi, souvenirs d'enfance et de jeunesse*, Plon, 1882.

Léon DAUDET, *Alphonse Daudet*, E. Fasquelle, 1898.

Léon DAUDET, *Quand vivait mon père. Souvenirs inédits sur Alphonse Daudet*, Grasset, 1940.

Lucien DAUDET, *Vie d'Alphonse Daudet*, Gallimard, 1941.

Lucien DAUDET, *Lettres familiales d'Alphonse Daudet*, Plon, 1944.

Alfred DELVAU, *Du Pont des Arts au Pont de Kehl*, A. Faure, 1866.

Yvonne MARTINET, *Alphonse Daudet. Sa vie et son œuvre*, Gap, impr. Louis-Jean, 1940.

Frédéric MISTRAL, *Mémoires et récits*, traduction du provençal, présentés par Jacques-Henry Bornecque, Julliard, 1979.

Jacques ROURÉ, *Alphonse Daudet*, Julliard, 1982.

Murray SACHS, *The Career of Alphonse Daudet. A critical study*, Cambridge (Massachusetts), Harvard University Press, 1965.

II. ÉTUDES DE L'ŒUVRE D'ALPHONSE DAUDET,
ET SINGULIÈREMENT DES *LETTRES DE MON MOULIN*

Jules BARBEY D'AUREVILLY, *Le Roman contemporain*, A. Lemerre, 1902.

Georges BEAUME, *Les Lettres de mon moulin d'Alphonse Daudet*, Edgar Malfère, 1929.

Colette BOTTIN-FOURCHOTTE, « Un exemple de déracinement ethnique : Alphonse Daudet dans les *Lettres de mon moulin* », *Interférences* n° 5, 1977.

Hubert DHUMEZ, Avant-Propos de *La Veine d'Argile* de Paul Arène, Plon, 1928.

Geoffrey E. HARE, *Alphonse Daudet. A critical bibliography*, Grant & Cutler Ltd, 1978.

Marie-Thérèse JOUVEAU, *Alphonse Daudet, Frédéric Mistral, la Provence et le Félibrige*, Nîmes, imprimerie Béné, 1980.

Alexandre KRUGLIKOFF, *Alphonse Daudet et la Provence*, Thèse Lettres, Paris, 1936.

Louis MICHEL, *Le Langage méridional dans l'œuvre d'Alphonse Daudet*, Editions d'Artrey, 1961.

André MOULIS, « Sur les deux " écritures " des *Lettres de mon moulin* », *Mémoires de l'Académie des sciences, inscriptions et belles-lettres de Toulouse*, vol. 140, 1978.

Murray SACHS, « Manuscript evidence concerning *Les Lettres de mon moulin* », *Publications of the Modern Language Association of America*, vol. 74, 1959.

Jules VALLÈS, « Alphonse Daudet », *La Rue*, 21 décembre 1879.

Emile ZOLA, *Les Romanciers naturalistes*, Charpentier, 1881.

III. ÉTUDES CONSACRÉES A CERTAINES
DES *LETTRES DE MON MOULIN*

Hans BÄCKVALL, « Un personnage balzacien reparaissant dans un récit d'Alphonse Daudet » (Bixiou), *Studia neophilologica*, 1973.

Roger BELLION, « Un mythe mais un personnage : *Le Sous-préfet aux champs* d'Alphonse Daudet », *Administration* n° 68, 1970.

Norbert CALMELS, *Histoire d'un conte. L'Elixir du Révérend Père Gaucher*, Tipografia Maripoli. Grottoferrata di Roma, 1965.

Hans Ulrich GUMBRECHT, « Le Secret de Maître Cornille », *Die französische Novelle*, 1976.

Jean LESAFFRE, « Notes de lecture » (sur le sermon du curé de Cucugnan, Alphonse Daudet et Mistral), *La France latine*, juillet-septembre 1970.

Jean LESAFFRE, « Notes de lecture » (les origines du *Curé de Cucugnan*, l'identité de « L'Arlésienne »), *La France latine*, juillet-septembre 1972.

Alphonse ROCHE, « La part du provençal dans *Le Curé de Cucugnan* », *The French Review* n° 14, 1941.

DOCUMENTS

I. HISTOIRE DES *LETTRES DE MON MOULIN*

Ce texte parut d'abord dans La Nouvelle Revue *du 1ᵉʳ juillet 1883, avant d'être joint aux* Lettres de mon moulin *dans leur réédition de 1884 (Œuvres complètes d'Alphonse Daudet, éd. E. Dentu et G. Charpentier, tome V). Il fut repris en 1888 dans* Trente ans de Paris, à travers ma vie et mes livres, *et republié dans* L'Illustré Soleil du dimanche *du 29 juillet 1894.*

Sur la route d'Arles aux carrières de Fontvieille, passé le mont de Corde et l'abbaye de Montmajour, se dresse vers la droite, en amont d'un grand bourg poudreux et blanc comme un chantier de pierres, une montagnette chargée de pins, d'un vert désaltérant dans le paysage brûlé. Des ailes de moulin tournaient dans le haut ; en bas s'accote une grande maison blanche, le domaine de Montauban, originale et vieille demeure qui commence en château, large perron, terrasse italienne à pilastres, et se termine en murailles de *mas* campagnard, avec les perchoirs pour les paons, la vigne au-dessus de la porte, le puits dont un figuier enguirlande les ferrures, les hangars où reluisent les herses et les araires, le parc aux brebis devant un champ de grêles amandiers qui fleurissent en bouquets roses vite effeuillés au vent de mars. Ce sont les seules fleurs de Montauban. Ni pelouses, ni parterres, rien qui rappelle le jardin, la propriété enclose ; seulement des massifs de pins dans le gris des roches, un parc naturel et sauvage, aux allées en fouillis, toutes glissantes d'aiguilles sèches. A l'intérieur, même disparate de manoir et de ferme, des galeries dallées et fraîches, meublées de canapés et de fauteuils Louis XVI, cannés et contournés, si commodes aux siestes estivales ; larges escaliers, corridors pompeux où le vent s'engouffre et siffle sous les portes des chambres, agite leurs lampas à grandes raies de l'ancien temps. Puis, deux marches franchies, voici la salle rustique au sol battu, gondolé, que grattent les poules venues pour ramasser les miettes du déjeuner de la ferme, aux murs crépis soutenant des crédences en noyer, la *panière* et le pétrin ciselés naïvement.

Une vieille famille provençale habitait là, il y a vingt ans, non moins originale et charmante que son logis. La mère, bourgeoise de campagne, très âgée mais droite encore sous ses bonnets de veuve qu'elle n'avait jamais quittés, menant seule ce domaine considérable d'oliviers, de blés, de vignes, de mûriers ; près d'elle, ses quatre fils, quatre vieux garçons qu'on désignait par les professions qu'ils avaient exercées ou exerçaient encore, le Maire, le Consul, le Notaire, l'Avocat. Leur père mort, leur sœur mariée, ils s'étaient serrés tous quatre autour de la vieille femme, lui faisant le sacrifice de leurs ambitions et de leurs goûts, unis dans l'exclusif amour de celle qu'ils appelaient leur « chère maman » avec une intonation respectueuse et attendrie.

Braves gens, maison bénie !... Que de fois, l'hiver, je suis venu là me reprendre à la nature, me guérir de Paris et de ses fièvres, aux saines émanations de nos petites collines provençales. J'arrivais sans prévenir, sûr de l'accueil, annoncé par la fanfare des paons, des chiens de chasse, Miracle, Miraclet, Tambour, qui gambadaient autour de la voiture, pendant que s'agitait la coiffe arlésienne de la servante effarée, courant avertir ses maîtres, et que la « chère maman » me serrait sur son petit châle à carreaux gris, comme si j'avais été un de ses garçons. Cinq minutes de tumulte, puis les embrassades finies, ma malle dans ma chambre, toute la maison redevenait silencieuse et calme. Moi je sifflais le vieux Miracle, — un épagneul trouvé à la mer, sur une épave, par des pêcheurs de Faraman, — et je montais à mon moulin.

Une ruine, ce moulin ; un débris croulant de pierre, de fer et de vieilles planches, qu'on n'avait pas mis au vent depuis des années et qui gisait, les membres rompus, inutile comme un poète, tandis que tout autour sur la côte la meunerie prospérait et virait à toutes ailes. D'étranges affinités existent de nous aux choses. Dès le premier jour, ce déclassé m'avait été cher ; je l'aimais pour sa détresse, son chemin perdu sous les herbes, ces petites herbes de montagne grisâtres et parfumées avec lesquelles le père Gaucher composait son élixir, pour sa plate-forme effritée où il faisait bon s'acagnarder à l'abri du vent, pendant qu'un lapin détalait ou qu'une longue couleuvre aux détours froissants et sournois venait chasser les mulots dont la masure fourmillait. Avec son craquement de vieille bâtisse secouée par la tramontane, le bruit d'agrès de ses ailes en loques, le moulin remuait dans ma pauvre tête inquiète et voyageuse des souvenirs de courses en mer, de haltes dans des phares, des îles lointaines ; et la houle frémissante tout autour complétait cette illusion. Je ne sais d'où m'est venu ce goût de désert et de sauvagerie, en moi depuis l'enfance, et qui semble aller si peu à l'exubérance de ma nature, à moins qu'il ne soit en même temps le besoin physique de réparer dans un jeûne de paroles, dans une abstinence de cris et de gestes, l'effroyable dépense que fait le méridional de tout son être. En tout cas, je dois beaucoup à ces retraites spirituelles ; et nulle ne me fut plus salutaire que ce vieux moulin de Provence. J'eus même un moment l'envie de l'acheter ; et l'on pourrait trouver chez le notaire de Fontvieille un acte de vente resté à l'état de projet, mais dont je me suis servi pour faire l'avant-propos de mon livre.

Mon moulin ne m'appartint jamais. Ce qui ne m'empêchait pas d'y passer de longues journées de rêves, de souvenirs, jusqu'à l'heure où le soleil hivernal descendait entre les petites collines rases dont il remplissait les creux comme d'un métal en fusion, d'une coulée d'or toute fumante. Alors, à l'appel d'une conque marine, la trompe de M. Seguin sonnant sa chèvre, je rentrais pour le repas du soir autour de la table hospitalière et fantaisiste de Montauban, servie selon les goûts et les habitudes de chacun : le vin de Constance du Consul à côté de l'*eau bouillie* ou de l'assiette de châtaignes blanches dont la vieille mère faisait son dîner frugal. Le café pris, les pipes allumées, les quatre garçons descendus au village, je restais seul à faire causer l'excellente femme, caractère énergique et bon, intelligence subtile, mémoire pleine d'histoires qu'elle racontait avec tant de simplicité et d'éloquence : des choses de son enfance, humanité disparue, mœurs évanouies, la cueillette du vermillon sur les feuilles des chênes-kermès, 1815, l'invasion, le grand cri d'allégement de toutes les mères à la chute du premier empire, les danses, les feux de joie allumés sur les places, et le bel officier cosaque en habit vert qui l'avait fait sauter comme une chèvre, farandoler toute une nuit sur le pont de Beaucaire. Puis son mariage, la mort de son mari, de sa fille aînée, que des pressentiments, un brusque coup au cœur lui révélaient à plusieurs lieues de distance, des deuils, des naissances, une translation de cendres chères quand on ferma le cimetière vieux. C'était comme si j'avais feuilleté un de ces anciens livres de raison, à tranches fatiguées, où s'inscrivait autrefois l'histoire morale des familles, mêlée aux détails vulgaires de l'existence courante, et les comptes des bonnes années de vin et d'huile à côté de véritables miracles de sacrifice et de résignation. Dans cette bourgeoise à demi rustique, je sentais une âme bien féminine, délicate, intuitive, une grâce malicieuse et ignorante de petite fille. Fatiguée de parler, elle s'enfonçait dans son grand fauteuil, loin de la lampe ; l'ombre d'une nuit tombante fermait ses paupières creuses, envahissait son vieux visage aux grandes lignes, ridé, crevassé, raviné par le soc et la herse ; et muette, immobile, j'aurais pu croire qu'elle dormait, sans le cliquetis de son chapelet que ses doigts égrenaient au fond de sa poche. Alors je m'en allais doucement finir ma soirée à la cuisine.

Sous l'auvent d'une cheminée gigantesque où la lampe de cuivre pendait accrochée, une nombreuse compagnie se serrait devant un feu clair de pieds d'oliviers, dont la flamme irrégulière éclairait bizarrement les coiffes pointues et les vestes de cadis jaune. A la place d'honneur, sur la pierre du foyer, le berger accroupi, le menton ras, le cuir tanné, son *cachimbau* (pipe courte) au coin de la bouche finement dessinée, parlait à peine, ayant pris l'habitude du silence contemplatif dans ses longs mois de transhumance sur les Alpes dauphinoises, en face des étoiles qu'il connaissait toutes, depuis *Jean de Milan* jusqu'au *Char des âmes*. Entre deux bouffées de pipe, il jetait en son patois sonore des sentences, des paraboles inachevées, de mystérieux proverbes dont j'ai retenu quelques-uns.

« *La chanson de Paris, la plus grande pitié du monde... L'homme par la parole*

*et le bœuf par la corne... Besogne de singe, peu et mal... Lune pâle, l'eau dévale...
Lune rouge, le vent bouge... Lune blanche, journée franche.* » Et tous les soirs le
même centon avec lequel il levait la séance : « *Au plus la vieille allait, au
plus elle apprenait, et pour ce, mourir ne voulait.* »

Près de lui, le garde Mitifio dit Pistolet, aux yeux farceurs, à la barbiche
blanche, amusait la veillée d'un tas de contes, de légendes, que ravivait
chaque fois sa pointe railleuse et gamine, bien provençale. Quelquefois, au
milieu des rires soulevés par une histoire de Pistolet, le berger disait très
grave : « Si pour avoir la barbe blanche on était réputé sage, les chèvres le
devraient être. » Il y avait encore le vieux Siblet, le cocher Dominique, et
un petit bossu surnommé *lou Roudéiroù* (le Rôdeur), une sorte de farfadet,
d'espion de village, regards aigus perçant la nuit et les murailles, âme
coléreuse, dévorée de haines religieuses et politiques.

Il fallait l'entendre raconter et imiter le vieux Jean Coste, un rouge de
93, mort depuis peu et jusqu'au bout fidèle à ses croyances. Le voyage de
Jean Coste, vingt lieues à pied pour aller voir guillotiner le curé et les deux
secondaires (vicaires) de son village. « C'est que, mes enfants, quand je les
vis passer leurs têtes à la lunette — et ça ne leur allait pas de passer leurs
têtes à la lunette — eh ! nom d'un Dieu, tout de même, j'eus du plaisir...
tabén aguéré dé plesi... » Jean Coste, tout grelottant, chauffant sa vieille
carcasse à quelque mur embrasé de lumière et disant aux garçons autour de
lui : « Jeunes gens, avez-vous lu Volney ?... *Jouven auès legi Voulney ?* Celui-
là prouve mathématiquement qu'il n'y a pas d'autre Dieu que le soleil !...
Gès dé Diou, doum dé Liou ! rèn qué lou souleù ! » Et ses jugements sur les
hommes de la Révolution : « Marat, bonhomme... Saint-Just, bonhomme... Danton aussi, bonhomme... Mais, sur la fin, il s'était gâté, il
était tombé dans le modérantisme...*dins lou mouderantismo !* » Et l'agonie de
Jean Coste dressé en spectre sur son lit et parlant français une fois dans sa
vie pour jeter au visage du prêtre : « Retire-toi, corbeau... la charogne il
n'est pas encore morte... » Si terriblement le petit bossu accentuait ce
dernier cri que les femmes poussaient des « Aïe !... bonne mère !... » et
que les chiens endormis s'éveillaient, grondant en sursaut vers la porte
battue par la plainte du vent de nuit, jusqu'à ce qu'une voix féminine,
aiguë et fraîche, entonnât pour dissiper la fâcheuse impression quelque
Noël de Saboly : « *J'ai vu dans l'air — un ange tout vert — qui avait de
grand's ailes — dessus ses épaules...* » ou bien l'arrivée des mages à Bethléem :
« *Voici le roi Maure — avec ses yeux tout trévirés ; — l'enfant Jésus pleure, — le
roi n'ose plus entrer...* » un air naïf et vif de galoubet que je notais avec toutes
les images, expressions, traditions locales ramassées dans la cendre de ce
vieux foyer.

Souvent aussi ma fantaisie rayonnait en petits voyages autour du moulin.
C'était une partie de chasse ou de pêche en Camargue, vers l'étang du
Vaccarès, parmi les bœufs et les chevaux sauvages librement lâchés dans ce
coin de pampas. Un autre jour, j'allais rejoindre mes amis les poètes
provençaux, les Félibres. A cette époque, le Félibrige n'était pas encore
érigé en institution académique. Nous étions aux premiers jours de l'*Eglise*,
aux heures ferventes et naïves, sans schismes ni rivalités. A cinq ou six bons

compagnons, rires d'enfants, dans des barbes d'apôtres, on avait rendez-vous tantôt à Maillane, dans le petit village de Frédéric Mistral, dont me séparait la dentelle rocheuse des Alpilles ; tantôt à Arles, sur le forum, au milieu d'un grouillement de bouviers et de pâtres venus pour se louer aux gens des *Mas*. On allait aux Aliscamps écouter, couchés dans l'herbe parmi les sarcophages de pierre grise, quelque beau drame de Théodore Aubanel, tandis que l'air vibrait de cigales et que sonnaient ironiquement derrière un rideau d'arbres pâles les coups de marteau des ateliers du P.-L.-M. Après la lecture, un tour sur la Lice pour voir passer sous ses guimpes blanches et sa coiffe en petit casque la fière et coquette Arlésienne pour qui le pauvre Jan s'est tué par amour. D'autres fois, nos rendez-vous se donnaient à la ville des Baux, cet amas poudreux de ruines, de roches sauvages, de vieux palais écussonnés, s'effritant, branlant au vent comme un nid d'aigle sur la hauteur d'où l'on découvre après des plaines et des plaines, une ligne d'un bleu plus pur, étincelant, qui est la mer. On soupait à l'auberge de Cornille ; et tout le soir, on errait en chantant des vers au milieu des petites ruelles découpées, de murs croulants, de restes d'escaliers, de chapiteaux découronnés, dans une lumière fantômale qui frisait les herbes et les pierres comme d'une neige légère. « Des poètes, *anén !...* » disait maître Cornille... « De ces personnes qui z'aiment à voir les ruines au clair de lune. »

Le Félibrige s'assemblait encore dans les roseaux de l'île de la Barthelasse, en face des remparts d'Avignon et du palais papal, témoin des intrigues, des aventures du petit Védène. Puis, après un déjeuner dans quelque cabaret de marine, on montait chez le poète Anselme Mathieu à Châteauneuf-des-Papes, fameux par ses vignes qui furent longtemps les plus renommées de Provence. Oh ! le vin des papes, le vin doré, royal, impérial, pontifical, nous le buvions, là-haut sur la côte, en chantant des vers de Mistral, des fragments nouveaux des *Iles d'or :* « En Arles, au temps des fades — florissait — la reine Ponsirade — un rosier... » ou encore la belle chansôn de mer : « Le bâtiment vient de Mayorque — avec un chargement d'oranges... » Et l'on pouvait s'y croire à Mayorque, devant ce ciel embrasé, ces pentes de vignobles, étayées de murtins en pierre sèche, parmi les oliviers, les grenadiers, les myrtes. Par les fenêtres ouvertes, les rimes partaient en vibrant comme des abeilles ; et l'on s'envolait derrière elles, des jours entiers, à travers ce joyeux pays du Comtat, courant les *votes* et les ferrades, faisant des haltes dans les bourgs, sous les platanes du Cours et de la Place, et du haut du char à banc qui nous portait, à grand tapage de cris et de gestes, distribuant l'orviétan au peuple assemblé. Notre orviétan, c'étaient des vers provençaux, de beaux vers dans la langue de ces paysans qui comprenaient et acclamaient les strophes de *Mireille*, la *Vénus d'Arles* d'Aubanel, une légende d'Anselme Mathieu ou de Roumanille, et reprenaient en chœur avec nous la chanson du soleil : *Grand soleil de la Provence, — gai compère du mistral, — toi qui siffles la Durance — comme un coup de vin de Crau...* Le tout se terminait par quelque bal improvisé, une farandole, garçons et filles en costume de travail, et les bouchons sautaient sur les petites tab..s, et s'il se trouvait une vieille marmoteuse d'oraisons pour critiquer nos gaietés de libre allure, le beau Mistral, fier comme le roi

David, lui disait du haut de sa grandeur : « Laissez, laissez, la mère... les poètes, tout leur est permis... » Et confidentiellement, clignant de l'œil à la vieille qui s'inclinait, respectueuse, éblouie : « *Es nautré qué fasen li saumé...* C'est nous qui faisons les psaumes... »

Et comme c'était bon, après une de ces escapades lyriques, de revenir au moulin se reposer sur l'herbe de la plate-forme, songer au livre que j'écrirais plus tard avec tout cela, un livre où je mettrais le bourdonnement qui me restait aux oreilles de ces chants, de ces rires clairs, de ces féeriques légendes, un reflet aussi de ce soleil vibrant, le parfum de ces collines brûlées, et que je daterais de ma ruine aux ailes mortes.

Les premières *Lettres de mon moulin* ont paru vers 1866 dans un journal parisien où ces chroniques provençales, signées d'abord d'un double pseudonyme emprunté à Balzac « Marie-Gaston », détonnaient avec un goût d'étrangeté. Gaston, c'était mon camarade Paul Arène, qui, tout jeune, venait de débuter à l'Odéon par un petit acte étincelant d'esprit, de coloris, et vivait tout près de moi, à l'orée du bois de Meudon. Mais quoique ce parfait écrivain n'eût pas encore à son acquis *Jean des Figues*, ni *Paris ingénu,* ni tant de pages délicates et fermes, il avait déjà trop de vrai talent, une personnalité trop réelle pour se contenter longtemps de cet emploi d'aide-meunier. Je restai donc seul à moudre mes petites histoires, au caprice du vent, de l'heure, dans une existence terriblement agitée. Il y eut des intermittences, des cassures ; puis, je me mariai et j'emmenai ma femme en Provence pour lui montrer mon moulin. Rien n'avait changé là-bas, ni le paysage ni l'accueil. La vieille mère nous serra tous deux tendrement contre son petit châle à carreaux, et l'on fit, à la table des garçons, une petite place pour le *novio*. Elle s'assit à mon côté sur la plate-forme du moulin où la tramontane, voyant venir cette Parisienne ennemie du soleil et du vent, s'amusait à la chiffonner, à la rouler, à l'emporter dans un tourbillon comme la jeune Tarentine de Chénier. Et c'est au retour de ce voyage que, repris par ma Provence, je commençai au *Figaro* une nouvelle série des *Lettres de mon moulin, les Vieux, la Mule du pape, l'Elixir du Père Gaucher,* etc., écrits à Champrosay, dans cet atelier d'Eugène Delacroix dont j'ai déjà parlé pour l'histoire de *Jack* et de *Robert Helmont.* Le volume parut chez Hetzel en 1869, se vendit péniblement à deux mille exemplaires, attendant, comme les autres œuvres de mon début, que la vogue des romans leur fît un regain de vente et de publicité. N'importe ! c'est encore là mon livre préféré, non pas au point de vue littéraire, mais parce qu'il me rappelle les plus belles heures de ma jeunesse, rires fous, ivresses sans remords, des visages et des aspects amis que je ne reverrai plus jamais.

Aujourd'hui Montauban est désert. La chère maman est morte, les garçons dispersés, le vin de Châteauneuf rongé jusqu'à la dernière grappe. Où Miracle et Miraclet, Siblet, Mitifio, le Roudéirou ? Si j'allais là-bas, je ne trouverais plus personne. Seulement les pins, me dit-on, ont beaucoup grandi ; et sur leur houle verte scintillante, restauré, rentoilé comme une corvette à flot, mon moulin vire dans le soleil, poète remis au vent, rêveur retourné à la vie.

II. LES *LETTRES* NON REPRISES EN VOLUME

Des Lettres *parues d'abord en feuilleton, trois furent supprimées dès la première édition en volume des* Lettres de mon moulin, *en 1869. Ce sont ces textes que l'on trouvera ci-après.*

1. *La première* lettre. *Elle parut dans* L'Evénement *du 18 août 1866.*

DE MON MOULIN
(Première lettre.)
A M. H. de Villemessant.

Oui, monsieur, Lettres de mon moulin !... mais ce n'est pas un meunier qui vous écrit. Si j'étais meunier, je serais tout blanc de farine et j'aurais mieux à faire qu'à me noircir d'encre.

Je ne suis pas un meunier ; je suis un simple journaliste, propriétaire d'un moulin... « Propriétaire » vous semble ambitieux peut-être, pour un homme de ma profession. Rassurez-vous : il s'agit d'un vieux moulin abandonné, perdu dans le fin fond de la Provence, et que j'ai eu presque pour rien. Ma parole, monsieur, je n'aurais pas pu y mettre davantage.

J'ai donc acheté un moulin ; voici pourquoi :

Il y a quatre mois, au milieu de travaux plus ou moins littéraires, je me suis senti pris subitement de lassitude et de dégoût...

Explique mon mal qui voudra ! Le fait est qu'après m'être endormi un soir le cerveau plein de flamme et le cœur bourré de belles tendresses, je me réveillai le lendemain la tête vide et le cœur froid. Mes amis les plus chers me devinrent tout d'un coup insupportables. Ni livres, ni maîtresses, rien ne me disait plus... tout m'ennuyait, tout m'excédait, même ma gouvernante, — un joli chérubin blond qui n'a pas sa pareille pour les tomates farcies.

Du jour au lendemain le plus doux et le plus inoffensif des journalistes en fut le plus irritable et le plus nerveux. C'étaient des colères enfantines, des agacements sans raison : Azevedo trop laid, Offenbach trop maigre !... Est-ce que je sais, moi ?... Puis je devenais méchant.

Personne n'avait plus de talent. Je faisais « peuh ! » en parlant des autres, et quand je passais devant une glace, j'avais toujours peur de reconnaître sur mes épaules la tête désagréable et grincheuse du critique Babou.

Décidément j'étais malade ; on me conseilla de partir.

Où aller ?

J'avais d'abord songé à me faire gardien de phare quelque part là-bas, entre la Corse et la Sardaigne, sur un grand diable de rocher écarlate où j'ai passé de belles heures dans le temps.

L'endroit a bien son charme ; un ciel d'azur, de l'air salé à pleins poumons et la mer à perte de vue ; mais on n'y est pas assez seul. Le phare a trois gardiens. Des confrères, monsieur !... et je ne voulais plus de confrères.

C'est alors que je me rappelai un vieux moulin, devant lequel je passais toutes les années, quand je m'en allais au mois d'août, chasser les *halbrands* dans les marais de Camargue. C'est le *Moulin-Rompu*. Il n'est pas en bonne odeur dans le pays. Un vieux s'y est pendu autrefois, et, depuis cette époque, les paysans disent qu'il y revient ; mais, en dépit de son mauvais renom, le *Moulin-Rompu* a fort bon air encore, je vous jure, et c'est plaisir de le voir, haut planté sur sa butte, se dresser parmi les pins et les lambrusques, avec sa fenêtre sans volets qui regarde, son toit effondré vers la pointe, et sa grande roue immobile où manque une aile.

Pauvre moulin ! Depuis des temps, il était à vendre !

Depuis des temps, au bord de la grand'route, à l'angle du sentier qui monte vers lui, on voyait, cloué sur un pin, cet écriteau mélancolique, aux trois quarts effacé par la pluie, et s'effaçant chaque année davantage : *Moulin à vendre.*

Voilà quatre mois que l'écriteau n'y est plus.

Comme on est bien dans mon moulin, monsieur !... Pas de bruit... pas de journaux... pas de voitures... Paris à mille lieues...

Parfois, au bas du coteau, sur la route, la voix d'un paysan qui chasse sa bête : un grelot de chèvres dans les romarins, c'est tout.

Comme on est bien dans mon moulin !

La pièce d'en bas, large, fraîche et voûtée, — un vrai réfectoire de couvent, — contient mon lit, une table et trois chaises. Elle est éclairée discrètement par deux meurtrières percées dans les murs blanchis à la chaux... Quand je veux le jour, le grand jour, je n'ai qu'à ouvrir la porte, et du coup une lumière abondante et joyeuse se précipite chez moi comme l'eau par une écluse.

La pièce du haut, je n'y monte jamais. C'est délabré, ouvert au vent et à la pluie ; et puis des plâtras, des tuiles tombées, l'arbre de couche au milieu, sans compter qu'il y a le coin où le vieux s'est pendu... Cette partie de mon domaine, je la laisse aux revenants, aux rats et aux hiboux ; — et Dieu sait quel sabbat ils font toute la nuit sur ma tête.

Comme on est bien dans mon moulin !

Le village est loin ; je suis seul, complètement seul. C'est bien ainsi que je voulais être... Deux fois par jour, un vieux soldat manchot, qu'on appelle *le Pape*, — demandez-lui pourquoi ! — monte m'apporter mes repas. Celui-là est un sceptique de bivouac, à qui mes revenants n'ont pas fait peur.

A part lui, personne n'entre au *Moulin-Rompu* !

Voilà quatre mois que je vivais ainsi, sans un journal et sans un livre ; quatre mois que j'avais passés, étendu sur le dos parmi les touffes de lavande, à me bercer de la chanson des cigales, heureux de vivre et de ne plus penser.

Un coucher de soleil derrière les pins, les jeux de lumière sur les roches, un joli coup de tramontane, c'était assez pour occuper mon âme tout un jour... Pas un regret, pas un souvenir, rien !...

Tout à coup, pas plus tard qu'hier matin, j'ai entendu dans mon cerveau comme un battement d'ailes : une pensée peut-être qui passait. Quelque chose d'endormi avait l'air de se réveiller en moi. O miracle ! Le soir, quand *le Pape* est venu, je lui ai adressé la parole ; le pauvre homme n'en revenait pas. Je l'ai fait asseoir à ma table et trinquer avec moi ; à onze heures de la nuit, nous bavardions encore.

Le Pape parti, je me suis couché, mais avec un peu de fièvre. J'ai eu des rêves, je crois. — Mlle Léonide Leblanc me trouvait plus joli que Capoul et me proposait d'être ma meunière. — C'était bien Parisien, cela !

Ce matin, en m'éveillant, l'envie m'est venue de descendre au village... J'ai vu des enfants dans la rue, cela m'a fait plaisir... Un cabaret était devant moi, j'y suis entré. Juste à ce moment, le piéton jetait deux journaux sur une table ; l'un d'eux était *L'Evénement*. Le croirez-vous, monsieur ? En déchirant sa bande rouge, les mains me tremblaient d'émotion. La feuille était encore humide et sentait bon.

Dieu me pardonne ! J'ai lu le journal d'un bout à l'autre ; puis, en sortant, j'ai acheté du papier, des plumes et de l'encre, et maintenant me voilà, assis devant ma table, la porte du moulin grande ouverte, — heureux comme un enfant de vous écrire cette longue lettre.

Ce que j'en fais, monsieur, ce n'est point pour voir mon nom imprimé, puisque je ne signe pas.

Ce n'est pas non plus que j'aie besoin de cela pour vivre, puisque je suis propriétaire.

Mais alors pourquoi ?

Pourquoi suis-je assis en ce moment devant ma table, la porte du moulin grande ouverte, heureux comme un enfant de vous écrire cette longue lettre, tandis que le soleil s'en va et que j'entends au loin le cri mélancolique des paons perchés sur les toits des fermes ?...

MARIE-GASTON

2. *La deuxième lettre. Elle parut dans* L'Evénement *du 23 août 1866, et fut reprise par Daudet, en 1895, dans* La Fédor, *sous le titre « Le Brise-Caillou (1815). »*

DE MON MOULIN
(Deuxième lettre.)
Il était un petit navire...

Cette nuit je n'ai pas pu dormir. Le mistral était en colère et les éclats de sa grande voix m'ont tenu éveillé jusqu'au matin... Balançant lourdement ses trois ailes mutilées qui sifflaient à la bise comme les agrès d'un navire, tout le moulin craquait. Des tuiles s'envolaient de sa toiture en déroute. De gros coups de vent, ainsi que des paquets de mer, tombaient dru sur la porte et faisaient crier ses gonds. Tout autour, les pins serrés, dont la colline est couverte, s'agitaient et bruissaient dans l'ombre ; — on se serait cru en plein Océan...

Cette nuit, je n'ai pas pu dormir.

J'avais lu, le matin, qu'une petite barque américaine — le *Blue, white and red* — était partie de là-bas, montée seulement de deux hommes, pour essayer de franchir l'Atlantique ; et, toute la nuit, j'ai pensé à cette barque et à ces deux hommes... Je les voyais bondir sur la crête blanche des lames, courant des bordées aveugles, au caprice de l'ouragan. Je me disais : « Peut-être ce même coup de vent, qui passe en ce moment sur ma tête, gronde aussi dans leur mâture et met leurs voiles en lambeaux... »

Je frémissais pour eux en entendant redoubler la tempête, et, dans le fond de mon cœur, je suppliais la grande mer d'avoir pitié de la petite barque...

Cette nuit, je n'ai pas pu dormir.

Or, savez-vous pourquoi le *Blue, white and red,* s'en va follement ainsi de New York à Southampton ?

Pour faire une niche au *Léviathan.* Pas autre chose... John Bull avait le plus gros navire qui eût jamais traversé l'Atlantique, frère Jonathan a voulu avoir le plus petit.

J'en suis fâché pour vous, frère Jonathan ; mais bien longtemps avant votre *Blue, white and red,* en France nous avions eu notre petit *Brise-Cailloux.*

C'était une barque ponantaise, à peu près du même tonnage que la vôtre, — qui, vers 1816, partit de La Rochelle et se rendit en Amérique, montée par trois marins de chez nous.

Voici dans quelles circonstances le *Brise-Cailloux* entreprit cette formidable traversée

Lorsqu'en 1815, l'Empereur Napoléon passa à l'île d'Aix pour aller se livrer aux Anglais, un ancien lieutenant de vaisseau, nommé Vildieu, vint proposer au pauvre grand homme de l'emmener en Amérique à la barbe des croiseurs anglais. Ce lieutenant Vildieu était un bonapartiste enragé, de plus un excellent marin, ayant étudié tout spécialement la direction des petites embarcations en pleine mer... Il répondait de son *Brise-Cailloux* et se faisait fort d'aller avec lui jusqu'au bout du monde.

L'Empereur l'écouta longuement, marchant à grands pas sans rien dire ; — à la fin il s'arrêta, regarda la mer pendant quelques minutes, puis secoua la tête et ce fut tout

Le projet Vildieu n'inspirait pas confiance. L'Océan est si traître !... On aima mieux se fier aux Anglais.

Quelques mois après, le lieutenant Vildieu, qui avait son refus sur le cœur, voulut prouver aux amis de l'Empereur que ce projet de fuite en Amérique n'avait rien d'irréalisable, et sur ce même petit navire, qu'il avait offert à Napoléon, il s'embarqua avec deux aspirants de marine démissionnaires, dont le plus jeune était son fils.

La traversée fut longue et rude.

Le *Brise-Cailloux*, soigneusement aménagé, avait à son bord quelques barils d'eau douce, de pemmican et de biscuit. Pour de la viande fraîche, il n'y fallait pas songer ; une cage à poules aurait tenu la moitié du navire... Jusqu'au dernier jour, les distributions de vivres furent réglées avec la plus grande prudence, et c'est grâce à cela seulement que l'équipage n'eut pas trop à souffrir... Pourtant ce régime de viandes salées finit par devenir fatigant. Les bouches étaient sèches, on avait soif ; mais, qu'on eût soif ou non, deux rations d'eau par jour ; jamais davantage.

Une fois, par une mer tranquille, quelque chose de rond vint flotter le long de la barque.

— Une pomme ! cria joyeusement l'homme de la barre.

Ç'était une pomme ! une belle pomme au milieu de l'Océan.

Sans doute elle était tombée de quelque navire qui avait passé par là, la veille ou l'avant-veille.

On en fit hommage au capitaine ; mais le capitaine était bon prince et voulut que tout l'équipage la partageât avec lui.

Bien qu'un peu gâtée par l'eau de mer, la pomme fut trouvée excellente et ce jour-là il y eut bombance à bord du *Brise-Cailloux*...

Le voyage avait ses bons moments, comme on voit, mais il avait aussi ses heures mauvaises ; — les coups de vent, les nuits sans sommeil et les longues journées brumeuses... Parfois, quand la mer était trop dure, — à la garde de Dieu ! On attachait la barre, on amenait la voile, l'équipage s'enfermait dans l'entrepont, et on laissait faire la tempête. Puis quand la tempête avait fait, nos trois marins remontaient sur le pont ; on s'orientait, et en marche !

Enfin, au bout de six semaines, la côte d'Amérique apparut ; il était temps !

Quelques heures après, le *Brise-Cailloux* entrait au port.

— Ouf ! je suis arrivée ! dit la petite barque, et comme dans la rade il y avait trop de fond pour son ancre, elle alla s'accrocher aux flancs d'une frégate qui se trouvait là.

Le gros navire la regarda faire, étonné.

— D'où venez-vous ? leur cria-t-on.

Nos trois héros se découvrirent, et répondirent fièrement :

— De France !

On ne voulait pas les croire.

C'est M. Vildieu fils, le dernier survivant de l'équipage du *Brise-Cailloux*, qui m'a fait le récit de cette expédition, il y a trois ans, un soir d'hiver. L'aspirant de 1816 était alors un vieux marin de la douane, sur le point de prendre sa retraite, mais encore passionné pour la mer. Il m'emmenait souvent avec lui dans ses tournées d'inspection, et nous avons vu quelques jolis coups de temps ensemble.

Ce soir-là, en fuyant devant la tempête, nous étions venus nous abriter presque en face de Bonifacio, dans une petite crique des côtes de Sardaigne.

La belle nuit ! le bel endroit ! Au loin, quelques feux de charbonniers lucquois s'allumant parmi les roches ; plus près de nous, une équipe de corailleurs napolitains qui raccommodaient leurs engins de pêche en chantant ; puis, les grandes lueurs claires de notre bivouac se reflétant dans l'eau, les matelots accroupis tout autour, la bouillabaisse odorante qui fumait, et, debout, le dos à la flamme, M. Vildieu nous contant l'odyssée du *Brise-Cailloux*.

Brave monsieur Vildieu ! Je le vois encore avec sa belle face ridée, ses moustaches blanches, son sourire sans dents, mais si bon, et ses petits yeux gris tout pétillants de malice héroïque.

C'était le vrai marin ponantais. Il avait fait son premier voyage à sept ans, et depuis toujours en mer ou sur les côtes... A son compte, il s'était trouvé à dix-huit naufrages, et il aimait à le dire ; mais ce qu'il ne disait pas, ce sont les sauvetages sans nombre qu'il avait accomplis.

Une âme de lion, ce Vildieu, avec des instincts de terre-neuve !

Il me parlait quelquefois d'un certain fusil porte-amarres dont il était l'inventeur et qu'il aurait rêvé de voir entre les mains de tous les douaniers de la côte. Depuis longtemps il avait envoyé à Paris l'exposé de ce fameux système, espérant un rapport de l'Académie des sciences, et le pauvre cher homme trouvait que M. Elie de Beaumont était bien long à lui répondre : c'était la seule tristesse de sa vie.

Du reste la plus jolie vieillesse du monde, et dans le danger toujours le mot pour rire. Quand le temps menaçait et que la mer devenait mauvaise, il vous avait une façon réjouie de crier : « Garçons, il y aura du tabac ! » qui me donnait la chair de poule ; puis en pleine bourrasque, — s'il me voyait accroché quelque part sur le pont, regardant le ciel d'un air inquiet et serrant entre mes dents à la briser ma pipe éteinte depuis une heure, il s'approchait de moi pour me dire à l'oreille : « N'ayez pas peur, mon Parisien, vous êtes avec un ponantais... Je finirai par me noyer quelque jour, mais ce sera dans l'Océan ! »

Pauvre M. Vildieu !

Ecoutez maintenant ce que m'écrit le capitaine Josse, de la marine de Bordeaux :

C'était au mois de juin dernier, sur les bords de l'Océan. Ce jour-là, la mer était terrible... Vers le soir, on signale à la côte un caboteur en détresse ; et personne qui ose lui porter secours...

Tout à coup, un petit vieillard alerte — (ah ! s'il avait eu là son porte-amarres !) — saute dans une barque, la détache de ses mains débiles et pousse au large... On ne le vit plus revenir !...

C'est ainsi que vient de mourir, à son dix-neuvième naufrage,

M. Etienne Vildieu, dernier survivant de l'héroïque équipage du *Brise-Cailloux*.

MARIE-GASTON.

3. *La douzième* lettre. *Elle parut dans* L'Evénement *du 4 novembre 1866, et fut intégrée dans le chapitre du* Petit Chose *intitulé « Une lecture au passage du Saumon ». Daudet reprit également ce texte en 1873 dans l'édition augmentée des* Amoureuses, *sous le titre « Les Aventures d'un papillon et d'une bête à bon Dieu ».*

DE MON MOULIN
(Douzième lettre.)
A George Sand, directeur du théâtre de Nohant

Madame,

En ce temps de comédies bourgeoises et de spectacles benoîton, l'heureuse idée vous est venue d'ouvrir, à cinq cent mille lieues des boulevards et de la place de la Bourse, un petit théâtre de fantaisie, où vous avez des fées pour habilleuses, et un lutin berrichon comme régisseur général.

Ce théâtre est, à l'heure où nous sommes, le seul théâtre de France qui puisse tenter un poète, et j'ai depuis longtemps l'ambition de m'y faire jouer. Permettez-moi donc, madame, de vous soumettre ici quelques fragments d'une œuvre dramatique, spécialement écrite pour la scène que vous dirigez.

C'est une pièce en cinq actes, en vers... Les décors seront peu de chose : un bout de pré, deux ou trois fleurettes et un coin de cimetière pour le dernier tableau. Par exemple, il me faudrait de beaux costumes : manteaux de satin bleu, justaucorps écarlates piqués de noir, gilets d'or, vestes d'or, casaquins de velours à reflets d'argent, et puis des dentelles, des panaches, des aigrettes, des ailes, des antennes... car — j'oubliais de vous le dire, madame, — mes personnages sont de petites bêtes des champs, et ma comédie a pour titre :

LA VIE ET LA MORT DU PAPILLON

Le théâtre représente la campagne. Il est six heures du soir ; le soleil s'en va. Au lever du rideau, un Papillon bleu et une jeune Bête à bon Dieu, du sexe mâle, causent à cheval sur un brin de fougère. Ils se sont rencontrés le matin, et ont passé la journée ensemble. Comme il est tard, la Bête à bon Dieu fait mine de se retirer.

LE PAPILLON

Quoi ?... tu t'en vas déjà ?...

LA BÊTE A BON DIEU

Dam ! il faut que je rentre ;
Il est tard, songez donc !

LE PAPILLON

Attends un peu, que diantre !
Il n'est jamais trop tard pour retourner chez soi...
Moi d'abord, je m'ennuie à ma maison, et toi ?
C'est si bête une porte, un mur, une croisée,
Quand au-dehors on a le soleil, la rosée,
Et les coquelicots, et le grand air et tout.
Si les coquelicots ne sont pas de ton goût
Il faut le dire...

LA BÊTE A BON DIEU

Hélas ! monsieur, je les adore.

LE PAPILLON

Eh bien, alors, nigaud, ne t'en va pas encore ;
Reste avec moi. Tu vois, il fait bon ; l'air est doux...

LA BÊTE A BON DIEU

Oui, mais...

LE PAPILLON, *la poussant dans l'herbe*

Hé ! roule-toi dans l'herbe ; elle est à nous.

LA BÊTE A BON DIEU, *se débattant*

Non ! laissez-moi ; parole ! il faut que je m'en aille.

LE PAPILLON

Chut ! entends-tu ?

LA BÊTE A BON DIEU, *effrayée*

Quoi donc ?

LE PAPILLON

Cette petite caille
Qui chante en se grisant dans la vigne à côté...
Hein ? la bonne chanson pour ce beau soir d'été,
Et comme c'est joli de la place où nous sommes...

LA BÊTE A BON DIEU

Sans doute, mais...

LE PAPILLON

Tais-toi.

LA BÊTE A BON DIEU

Quoi donc ?

LE PAPILLON

Voilà des hommes.

(Passent des hommes.)

LA BÊTE A BON DIEU, *bas, après un silence*

L'homme, c'est très méchant, n'est-ce pas ?

LE PAPILLON

Très méchant.

LA BÊTE A BON DIEU

J'ai toujours peur qu'un d'eux m'aplatisse en marchant...
Ils ont de si gros pieds et moi des reins si frêles...
Vous, vous n'êtes pas grand, mais vous avez des ailes.
C'est énorme !

LE PAPILLON

Pardieu ! mon cher, si ces lourdauds
De paysans te font peur, grimpe-moi sur le dos ;
Je suis très fort des reins, moi ; je n'ai pas des ailes
En pelure d'oignon comme les demoiselles,
Et je peux te porter où tu voudras, aussi
Longtemps que tu voudras.

LA BÊTE A BON DIEU

Oh ! non, monsieur, merci.
Je n'oserai jamais...

LE PAPILLON

C'est donc bien difficile
De grimper là ?

LA BÊTE A BON DIEU

Non ! mais...

LE PAPILLON

Grimpe donc, imbécile !

LA BÊTE A BON DIEU

Vous me ramènerez chez moi, bien entendu ;
Car, sans cela...

LE PAPILLON

Sitôt parti, sitôt rendu.

LA BÊTE A BON DIEU, *grimpant sur son camarade*

C'est que le soir, chez nous, nous faisons la prière.
Vous comprenez ?

LE PAPILLON

Sans doute... Un peu plus en arrière,
Là... maintenant silence à bord, je lâche tout.

(*Prrt ! Ils s'envolent ; le dialogue continue en l'air.*)

Mon cher, c'est merveilleux ! tu n'es pas lourd du tout.

LA BÊTE A BON DIEU, *effrayée*

Ah !... monsieur...

LE PAPILLON

Eh ! bien, quoi ?

LA BÊTE A BON DIEU

Je n'y vois plus... la tête
Me tourne ; je voudrais bien descendre...

LE PAPILLON

Es-tu bête !
Si la tête te tourne, il faut fermer les yeux.
Les as-tu fermés ?

LA BÊTE A BON DIEU, *fermant les yeux*

Oui...

LE PAPILLON

Ça va mieux ?

LA BÊTE A BON DIEU, *avec effort*

Un peu mieux.

LE PAPILLON, *riant sous cape*

Décidément, on est mauvais aéronaute
Dans ta famille...

LA BÊTE A BON DIEU

Oh ! oui...

LE PAPILLON

Ce n'est pas votre faute
Si le guide-ballon n'est pas encor trouvé.

LA BÊTE A BON DIEU

Oh ! non...

LE PAPILLON

Ça, monseigneur, vous êtes arrivé.

Il se pose sur un muguet.

LA BÊTE A BON DIEU, *ouvrant les yeux*

Pardon ! mais... ce n'est pas ici que je demeure.

LE PAPILLON

Je sais ; mais comme il est encore de très bonne heure
Je t'ai mené chez un muguet, de mes amis.
On va se rafraîchir le bec ; — c'est bien permis...

LA BÊTE A BON DIEU

Oh ! je n'ai pas le temps...

LE PAPILLON

Bah ! rien qu'une seconde...

LA BÊTE A BON DIEU

Et puis, je ne suis pas reçu, moi, dans le monde !...

LE PAPILLON

Viens donc ! Je te ferai passer pour mon bâtard ;
Tu seras bien reçu, va !...

LA BÊTE A BON DIEU

Puis, c'est qu'il est tard !

LE PAPILLON

Eh ! non ! il n'est pas tard ; écoute la Cigale...

LA BÊTE A BON DIEU, *à voix basse*

Puis... je... n'ai pas d'argent...

LE PAPILLON, *l'entraînant*

Viens ! le Muguet régale.

(Ils entrent chez le Muguet. — La toile tombe.)

Au second acte, quand le rideau se lève, il fait presque nuit... On voit les deux camarades sortir de chez le Muguet... La Bête à bon Dieu est légèrement ivre.

LE PAPILLON, *tendant le dos*

Et maintenant en route !

LA BÊTE A BON DIEU, *grimpant bravement*

En route !

Prrt ! Ils s'envolent... Le dialogue continue en l'air.

LE PAPILLON

Eh ! bien ! comment
Trouves-tu mon muguet ?

LA BÊTE A BON DIEU

Mon cher, il est charmant ;
Il vous livre sa cave et tout, sans vous connaître...

LE PAPILLON, *regardant le ciel*

Oh ! Oh ! Phœbé qui met le nez à la fenêtre ;
Il faut nous dépêcher...

LA BÊTE A BON DIEU

Nous dépêcher, pourquoi ?

LE PAPILLON

Tu n'es donc plus pressé de retourner chez toi ?...

LA BÊTE A BON DIEU

Oh ! pourvu que j'arrive à temps pour la prière...
D'ailleurs, ce n'est pas loin, chez nous... c'est là derrière.

LE PAPILLON

Si tu n'es pas pressé, je ne le suis pas, moi.

LA BÊTE A BON DIEU, *avec effusion*

Quel bon enfant tu fais !... Je ne sais pas pourquoi
Tout le monde n'est pas ton ami sur la terre,
On dit de toi : « C'est un bohème ! un réfractaire !
« Un poète ! un sauteur !... »

LE PAPILLON

Tiens ! tiens ! et qui dit ça ?

LA BÊTE A BON DIEU

Mon Dieu ! le Scarabée...

LE PAPILLON

Ah ! oui, ce gros poussah !
Il m'appelle sauteur, parce qu'il a du ventre.

LA BÊTE A BON DIEU

C'est qu'il n'est pas le seul qui te déteste...

LE PAPILLON

Ah ! diantre !

LA BÊTE A BON DIEU

Ainsi, les escargots ne sont pas tes amis,
Va ! ni les scorpions, pas même les fourmis.

LE PAPILLON

Vraiment.

LA BÊTE A BON DIEU, *confidentielle*

Ne fais jamais la cour à l'araignée ;
Elle te trouve affreux.

LE PAPILLON

On l'a mal renseignée.

LA BÊTE A BON DIEU

Hé !... les chenilles sont un peu de son avis...

LE PAPILLON

Je crois bien !... mais, dis-moi, dans le monde où tu vis,
Car enfin tu n'es pas du monde des chenilles,
Suis-je aussi mal vu ?...

LA BÊTE A BON DIEU

Dam ! c'est selon les familles ;
La jeunesse est pour toi. Les vieux, en général,
Trouvent que tu n'as pas assez de sens moral.

LE PAPILLON, *tristement*

Je vois que je n'ai pas beaucoup de sympathies,
En somme...

LA BÊTE A BON DIEU

Ma foi ! non, mon pauvret. Les orties
T'en veulent. Le crapaud te hait ; jusqu'au grillon,
Quand il parle de toi, qui dit : « Ce P... papillon ! »

LE PAPILLON

Est-ce que tu me hais, toi, comme tous ces drôles ?...

LA BÊTE A BON DIEU

Moi !... Je t'adore ; on est si bien sur tes épaules ;
Et puis tu me conduis toujours chez les muguets,
C'est amusant !... Dis donc, si je te fatiguais,
Nous pourrions faire encore une petite pause
Quelque part... tu n'es pas fatigué, je suppose ?

LE PAPILLON

Je te trouve un peu lourd, ce n'est pas l'embarras.

LA BÊTE A BON DIEU, *montrant des muguets*

Alors, entrons ici, tu te reposeras.

LE PAPILLON

Ah ! merci !... des Muguets, toujours la même chose.

(Bas, d'un ton libertin.)

J'aime bien mieux entrer à côté...

LA BÊTE A BON DIEU, *toute rouge*

Chez la Rose ?...

Oh ! non ! jamais...

LE PAPILLON, *l'entraînant*

Viens donc ! on ne nous verra pas.

(Ils entrent discrètement chez la Rose. — La toile tombe.)

Au troisième acte...

Mais je ne voudrais pas, madame, abuser plus longtemps de vos loisirs.
Vous connaissez maintenant assez de mon drame pour avoir une idée du ton
général dans lequel il est écrit, et je me contenterai de vous raconter le reste
sommairement.

Au troisième acte, quand le rideau se lève, il est nuit tout à fait... Les
deux camarades sortent ensemble de chez la Rose. Ici une scène d'un
comique achevé : Le Papillon voudrait ramener la Bête à bon Dieu chez ses
parents, mais celle-ci s'y refuse... Elle est saoule, fait des cabrioles sur la
mousse et pousse des cris séditieux... Le Papillon est obligé de l'emporter
de force jusque chez elle... On se sépare, sur la porte, en promettant de se
revoir bientôt.

Et alors voilà notre malheureux Papillon qui s'en va tout seul, dans la
nuit... Il est un peu ivre, lui aussi, mais son ivresse est triste. Il se rappelle
les confidences de la Bête à bon Dieu, et se demande amèrement pourquoi
tant de monde le déteste, lui qui n'a de haine pour personne... Ciel sans

lune ! Le vent souffle ; la campagne est toute noire... Le Papillon a peur, il a froid ; mais il se console en songeant qu'au moins son camarade est en sûreté, au fond d'une couchette bien chaude... Cependant, on entrevoit dans l'ombre de gros oiseaux de nuit qui traversent la scène d'un vol silencieux... L'éclair brille... Des bêtes méchantes embusquées sous des pierres ricanent en se montrant le Papillon. — « Nous le tenons ! » disent-elles... Et tandis que l'infortuné va de droite et de gauche plein d'effroi, un charbon au passage le larde d'un grand coup d'épée, un scorpion l'éventre avec ses pinces, une grosse araignée velue lui arrache un pan de son manteau de satin bleu, et pour finir, une chauve-souris lui casse les reins d'un coup d'aile... Le Papillon tombe blessé à mort et tandis qu'il râle sur l'herbe, les orties se réjouissent et les crapauds disent : « C'est bien fait ! »

À l'aube, les fourmis qui vont au travail avec leurs saquettes et leurs gourdes, trouvent le cadavre au bord du chemin ; elles le regardent à peine et s'éloignent sans vouloir l'enterrer. Les fourmis ne travaillent pas pour rien... Heureusement une confrérie de nécrophores vient à passer par là ; ce sont, comme vous savez, de petites bêtes noires qui ont fait vœu d'ensevelir les morts. Pieusement elles s'attellent au papillon défunt et le traînent vers le cimetière. Une foule curieuse se presse sur leur passage, et chacun fait des réflexions à haute voix. Les petits grillons bruns, assis au soleil devant leurs portes, disent gravement : « Il aimait trop les fleurs. » « Il courait trop la nuit ! » ajoutent les escargots, et les scarabées à gros ventre se dandinent dans leurs habits d'or, en grommelant : « Trop bohème ! trop bohème !... » Parmi toute cette foule, pas un mot de regret pour le pauvre mort ; seulement, dans les plaines d'alentour, les grands lis ont fermé et les cigales ne chantent pas.

Le dernier acte se passe dans le cimetière des papillons... Après que les nécrophores ont fait leur œuvre, un hanneton solennel, qui a suivi le convoi, s'approche de la fosse, et se mettant sur le dos, commence l'éloge du défunt... Le discours de Raymond Deslandes devant la tombe d'Henri Mürger. — « Ah ! le joli poète que nous venons de perdre !... Illustre et malheureux Papillon ! Il avait tout pour lui : la grâce, l'élégance, le bien dire... Mais quel bohème, mes enfants ! quel bohème ! » Et voilà notre hanneton, les pattes en l'air, gesticulant avec gravité et s'entortillant dans ses périodes.

Quand l'orateur a fini, tout le monde se retire, et alors, dans le cimetière désert, on voit la jeune Bête à bon Dieu du premier acte sortir de derrière une tombe... Tout en larmes, elle s'agenouille sur la terre fraîche de la fosse et dit une prière touchante pour son pauvre petit camarade qui est là.

Telle est, madame, ma comédie de *la Vie et la Mort du Papillon.* Je n'ai qu'un désir au monde, c'est que cet essai dramatique vous plaise, et que vous prêtiez pour un soir à mes acteurs microscopiques la mignonne scène de votre théâtre de Nohant.

ALPHONSE DAUDET.

III. LA POLÉMIQUE SUR LA COLLABORATION
ALPHONSE DAUDET-PAUL ARÈNE

Pour une connaissance détaillée de cette polémique, de son origine à nos jours, on consultera l'ouvrage très documenté de Marie-Thérèse Jouveau, qui fait clairement le point sur cette question (Alphonse Daudet, Frédéric Mistral, la Provence et le Félibrige, Nîmes, 1980, p. 113 à 150). Nous publions ci-dessous les deux textes principaux qui éclairent ce débat : l'article d'Octave Mirbeau, qui lança la polémique, et la réponse de Paul Arène, qui la réduisit immédiatement à de très modestes proportions.

1. L'article d'Octave Mirbeau, paru dans Les Grimaces *du 8 décembre 1883, et rendant compte de la création des* Rois en exil, *pièce tirée du roman de Daudet publié en 1879.*

COQUELIN, DAUDET ET CIE

Le Vaudeville a joué *Les Rois en Exil* et la pièce est tombée, non avec fracas, comme on l'avait craint d'abord, mais sous l'ennui et le dégoût universels. Il y a bien eu quelques sifflets, mais ces sifflets ne me disent rien, car ils sifflaient les sentiments politiques de la pièce, et non sa littérature. Ces sifflets disaient : « Nous respectons le talent, mais nous sifflons l'idée. » Moi, c'est le talent que je siffle.

Il est inutile de faire l'analyse de ce triste drame, chacun connaissant le triste roman d'où M. Paul Delair, cet impuissant, et M. Coquelin, ce comédien, l'ont tiré. Dans *Les Rois en Exil,* comme dans *Jack,* comme dans *Le Nabab,* comme dans *Numa Roumestan,* M. Alphonse Daudet a gâté de magnifiques sujets d'études contemporaines, pour lesquelles il eût fallu du génie. M. Daudet s'est contenté de mettre à la place du génie, l'illusion d'un talent agréable et superficiel.

Je n'aime point et je n'estime point le caractère de M. Alphonse Daudet, qui a trahi tous ses amis, l'un après l'autre, et mordu successivement la main de ses bienfaiteurs ; j'aime et j'estime encore moins son talent, ce talent pillard et gascon qui s'en va, grappillant un peu partout, à droite, à gauche, à Zola, à Goncourt, à Dickens, aux poètes provençaux ; ce talent qui est fait d'un compromis entre la violence de l'école naturaliste et les fadeurs de l'école de M. Octave Feuillet, ce talent qui ne voit dans la littérature qu'un moyen de gagner beaucoup d'argent, sur le dos des autres.

M. Robert de Bonnières, dans une remarquable et malicieuse étude sur M. Alphonse Daudet, nous a révélé l'étymologie de ce nom : Daudet. Daudet vient de *Davidet* qui, en langue provençale, veut dire : *Petit David :* d'où il résulte que M. Daudet est d'origine juive. Si son nom et le masque de son visage n'expliquaient pas suffisamment cette origine, son genre de talent et la manière qu'il a de s'en servir la proclameraient bien haut.

Je ne considère point, comme un honnête homme, le monsieur qui persiste à faire paraître, sous son nom, un livre qu'on dit n'être point de lui, un livre d'où lui sont venues la réputation d'abord, la fortune ensuite, et cette sorte de gloire au milieu de laquelle il apparaît dans des attitudes ennuyées et méprisantes de demi-dieu. Je veux parler des *Lettres de mon moulin*. On sait aujourd'hui que ce délicieux recueil de contes provençaux est de M. Paul Arène. Et j'ai plaisir à dire carrément et tout haut ce que tout le monde dit tout bas et comme en se cachant, non point pour me donner la satisfaction vaine d'être désagréable à M. Alphonse Daudet, mais pour rendre justice à un écrivain charmant, qui n'a point su, grâce à son insouciance de poète et de rêveur, percer l'obscurité qui enveloppe son nom, tandis que flamboie, aux quatre coins du monde et porté par les cent mille bras de la réclame, le nom illustre de l'auteur des *Rois en Exil*.

Et ce qui prouve mieux encore que les droits payés à M. Paul Arène sur les *Lettres de mon moulin,* que M. Paul Arène en est le véritable auteur, c'est la langue en laquelle ce livre est écrit, une langue claire, pittoresque, pétrie d'azur et de soleil, qu'on retrouve partout, dans les plus menues œuvres de M. Paul Arène, et qu'on chercherait vainement dans celles de M. Alphonse Daudet.

[...]

OCTAVE MIRBEAU.

2. *La réponse de Paul Arène, parue dans* Gil Blas *du 16 décembre 1883.*

POUR UN FAIT PERSONNEL

A Alphonse Daudet.

Oui, mon cher Daudet, « pour un fait personnel », comme à la Chambre !...

Mais qui diantre nous aurait dit, — quand il y a quelque vingt ans, par une saison, s'il t'en souvient, toute pareille, nous courions les bois de Meudon, récitant Mistral et Théocrite, et foulant aux pieds avec une royale insolence, ainsi qu'un tapis de craquantes orfèvreries, les bruyères revêtues de cristal et les gazons raidis sous leur couche de blanche gelée, — qui nous aurait dit qu'un beau jour, devenu illustre, on t'accuserait de plagiat et qu'à moi l'on ferait ce redoutable honneur de m'attribuer la paternité de tes œuvres ?...

Tout arrive pourtant et ceci est arrivé.

De sorte qu'aujourd'hui, en place de l'historiette préparée, je vais parler de moi, ennuyeuse besogne, et de toi en même temps, ce qui, par bonheur, apporte quelque atténuation à mon ennui.

Au fond, je t'en veux, mon cher Daudet.

Je t'en veux de n'avoir pas protesté d'abord, dès la première insinuation, les premiers bruits sournois qui t'en sont revenus, sans attendre la nécessité où se trouve réduit ton vieil ami d'appeler au secours et de crier à la garde.

Te rends-tu compte de ma situation si, par insouciance ou dédain, tu laissais la légende s'accréditer ?

Car elle n'y va pas par quatre chemins, la légende !... C'est moi, paraît-il, moi Paul Arène, qui ai écrit, tranquillement, à mes heures perdues, tout ce que tu as signé de ton nom d'Alphonse Daudet. De braves gens me l'ont soutenu, accueillant mes dénégations d'un sourire qui prouvait combien sur ce point ils étaient mieux renseignés que moi. Oui, tout !... même les *Amoureuses* achetées sur mes économies de collégien Sisteronnais, dans la librairie Bourlès, sise placette de l'Horloge, à une époque où, ne t'ayant jamais vu, il est probable que je ne te connaissais guère ; — tout, même ton roman du *Chaperon rouge*, dont tu me montras la première fois que j'allais chez toi, — et ceci faillit me détourner à jamais de la littérature, — l'édition empilée en un coin de ta chambre ; — tout, même le *Petit Chose* et *Froment jeune*, et les *Rois en exil* et les *Contes du lundi*, et l'*Arlésienne*, un pur chef-d'œuvre, sans compter les *Lettres à un Absent*, dont la dédicace pourtant faillit nous brouiller, tant le contenu du livre était imprévu pour moi, et *Tartarin*, l'immortel *Tartarin* que je répudie spécialement, en comptant d'ici à peu faire un petit voyage en Provence et n'ayant pas la moindre envie de laisser ma peau dans les ruelles de Tarascon !...

À quoi me servira d'avoir tant travaillé pour reconquérir dans le monde littéraire la réputation d'un paresseux ?... Ç'avait été long, mais enfin j'arrivais au but ; et, me consolant par des paradoxes esthétiques de ce qui n'est peut-être qu'une particularité de mon tempérament, répétant après Gautier que souvent les médailles et les bijoux subsistent lorsque les palais ont péri avec leur peuple de statues, je burinais de tout petits sujets avec soin, et je n'en faisais qu'à ma guise, et personne ne me demandait de gros livres.

Patatras !... Voilà que tout s'écroule, voilà le fruit de tant d'efforts perdus ! Et tu vois rédacteurs en chef et éditeurs, Dumont, Lemerre et Charpentier, et les Dumont de Saint-Pétersbourg, et les Lemerre de New York, et les Charpentier de Londres, en train de se battre sur mon palier, autour du cordon de ma sonnette, pour obtenir de moi, au prix de fabuleuses sommes, quelque chose dans le genre de l'*Evangéliste* et du *Nabab*.

C'est pourquoi, Daudet, je t'en supplie, au nom de notre affection déjà vieille et que rien n'a su entamer, viens à mon aide, montre-toi, et crie : « *Me, me adsum*... c'est moi le coupable, c'est moi seul qui fais mes romans, nous vous le jurons par tous les dieux, mais laissez Arène tranquille. »

Tous ces ridicules ragots que tu as certes le droit de mépriser, mais dont il me déplairait fort en me taisant de paraître complice, ont pour point de départ le fait nullement mystérieux que jadis, à ce moment de vie commune rappelé au commencement de l'article, et quand nous essayions d'acclimater les cigales provençales sur les boulevards du Val-Fleury, on nous vit, pour les Lettres de ton moulin quelque temps travailler ensemble.

De ton moulin ! car le moulin t'appartient sans conteste et, si nous en avons rédigé à deux l'acte d'acquisition, c'est bien toi qui l'avais découvert, dressant au grand soleil, sur une colline aux herbes grises, parmi les pins et les chênes verts, son toit croulant et ses ailes démantelées, et c'est bien à toi seul que, par-devant le notaire de Pampérigouste, le sieur Mitifio l'a vendu.

Aussi bien, mon cher Daudet, as-tu dit cela excellemment, et en termes si élogieux que j'ai quelque honte à les citer, dans cette *Histoire de mes Livres* que publie la *Nouvelle Revue* :

« Les premières *Lettres de mon Moulin* ont paru vers 1866 dans un journal parisien, où ces chroniques provençales, signées d'abord d'un double pseudonyme emprunté à Balzac, Marie-Gaston, détonnaient avec un goût d'étrangeté. Gaston, c'était mon cher camarade Paul Arène, qui, tout jeune, venait de débuter à l'Odéon par un petit acte étincelant d'esprit, de coloris, et vivait tout près de moi à l'orée des bois de Meudon. Mais, quoique ce parfait écrivain n'eût encore à son acquis ni *Jean-des-Figues*, ni *Paris ingénu*, ni tant de pages délicates et fermes, il avait déjà trop de vrai talent, une personnalité trop réelle pour se contenter longtemps de cet emploi d'aide-meunier. Je restai donc seul à moudre mes petites histoires... »

Eh oui, je partis comme tu le dis, emmenant mon bourriquet que j'avais laissé à la porte, le bridon noué dans l'anneau du mur, avec sa charge de buis et de lavandes montagnardes. Qu'il en soit resté un peu de parfum dans le logis, c'est à tout prendre bien possible, de même que moi j'ai dû, j'imagine, emporter sur mes habits un peu de ta farine, et garder dans mes façons de concevoir et d'écrire quelque chose de cette passagère et juvénile collaboration.

Mais de là à laisser dire ou croire que les *Lettres de mon Moulin* sont de moi, il y a une légère nuance, et puisque en notre siècle enragé d'exacts documents, il faut mettre les points sur les i et parler par chiffres, établissons, une fois pour toutes et pour n'en plus jamais parler, qu'en effet, sur les vingt-trois nouvelles conservées dans ton édition définitive, la moitié à peu près fut écrite par nous deux, assis à la même table, autour d'une unique écritoire, joyeusement et fraternellement, en essayant chacun sa phrase avant de la coucher sur le papier. Les autres ne me regardent en rien et encore dans celles qui me regardent un peu, ta part reste-t-elle la plus grande, car si j'ai pu y apporter, — du diable si je m'en souviens, — quelques détails de couleur ou de style, toi seul, toujours, en trouvas le jet et les grandes lignes.

Excuse, mon cher Daudet, la longueur de mon épître ; mais il était grand temps de préciser tout cela, car la prévention, même en littérature, amène parfois d'étranges erreurs. Voici ce qu'imprime à notre endroit dans les *Grimaces*, M. Octave Mirbeau, un délicat et curieux styliste qui n'a pas l'air de t'aimer fort mais qui doit s'y connaître en style :

« Ce qui prouve mieux encore que M. Paul Arène est le véritable auteur des Lettres de mon moulin, c'est la langue en laquelle ce livre est écrit, une langue claire, pittoresque, pétrie d'azur et de soleil, qu'on retrouve partout, dans les plus menues œuvres de M. Paul Arène, et qu'on chercherait vainement dans celles de M. Alphonse Daudet. »

Le jugement est des plus flatteurs ; mais hélas ! la main sur la conscience, — et M. Mirbeau n'y contredira point — il me semble bien de l'avoir trouvée, cette langue, dans *En Camargue*, par exemple, dans *Milianah*, les *Sauterelles*, les *Oranges*, les *Trois Messes basses*, l'*Elixir du père Gaucher* et autres *Lettres de mon Moulin*, qui te sont certainement bien personnelles, puisque — il faut que je le confesse — je les ai lues ce matin pour la première fois.

Passe chez moi un de ces jours, car il y a bien longtemps qu'on ne s'est vu, et en attendant : « A l'amitié ! » comme disent les gens de chez nous lorsqu'ils trinquent.

PAUL ARÈNE.

NOTES

Page 27.

1. Cet « avant-propos » fut ajouté par Daudet pour la publication en volume des *Lettres de mon moulin* dès la première édition de 1869. Il s'est inspiré pour le rédiger d'un acte de notaire réel, à lui envoyé par Alphonse Ambroy, frère de Timoléon, auquel Daudet écrivait, en 1868 : « Remerciez, je vous prie, notre Notaire, qui m'a envoyé un grimoire dont je vais faire la préface de mes lettres du Moulin qui vont paraître bientôt. »

Contrairement à ce qu'il donne ici à entendre, Daudet n'a jamais acheté de moulin à Fontvieille ; il le dira clairement dans l'*Histoire des « Lettres de mon moulin »* : « Mon moulin ne m'appartint jamais. » Tout au plus le premier succès des *Lettres* lui donnera-t-il l'idée d'un tel achat : « Ce serait le cas, décidément, d'acheter le moulin du père Tissot [...] L'honneur m'oblige à avoir un moulin » (lettre à Timoléon Ambroy, 1866).

Quant à l'état réel des moulins de Fontvieille au moment où Daudet résidait à Montauban chez les Ambroy, il ne correspondait sans doute pas au délabrement que le conteur se plaît ici à accentuer à l'intention de ses lecteurs parisiens. Daudet avait fait une semblable évocation dans la première *lettre* parue dans la presse, et non reprise en volume, « De mon moulin » (cf. « Documents », p. 247), et il y reviendra dans la première lettre du volume, « Installation », et dans l'*Histoire des « Lettres de mon moulin »* : « Une ruine, ce moulin ; un débris croulant de pierre, de fer et de vieilles planches, qu'on n'avait pas mis au vent depuis des années et qui gisait, les membres rompus, inutile comme un poète, tandis que tout autour sur la côte la meunerie prospérait et criait à toutes ailes. » Il est bien vrai que les minoteries à vapeur commençaient, à l'époque de Daudet, à condamner à une mort lente les moulins à vent (c'est le thème du « Secret de maître Cornille »)) mais on est assuré qu'au moins trois des quatre moulins à vent qui coiffaient les collines de Fontvieille fonctionnaient encore, le moulin Tissot — dont parle Daudet dans sa lettre, citée plus haut, à Timoléon Ambroy — n'ayant cessé de tourner que vers 1905 (cf.

Honoré Coudière, *Fontvieille, les moulins et le musée Alphonse Daudet*, Cavaillon, 1974). Ici comme bien souvent dans son œuvre — comme dans *Le Petit Chose* par exemple — le goût de Daudet pour les exclus, les déshérités, son penchant naturel au misérabilisme, lui font privilégier instinctivement le registre littéraire de l'apitoiement.

2. *Pampérigouste* désigne un pays imaginaire. Le mot, dont l'étymologie est incertaine, est répandu dans le Midi, où il apparaît sous de multiples variantes. Rabelais l'a utilisé en parlant du « viceroy de Papeligosse » (cité par Mistral dans *Le Trésor du Félibrige*). Daudet l'emploie également dans « La Mule du pape », et dans le premier chapitre de *Port-Tarascon*, où il évoque le siège de Saint-Michel-de-Frigolet (l'abbaye où il situe l'action de « L'Elixir du Révérend Père Gaucher »), devenue « abbaye de Pampérigouste ».

3. Daudet a emprunté le nom de Mitifio à l'un des personnages qu'il a connus au château de Montauban, et auquel il est resté sentimentalement le plus attaché : le garde Mitifio dit Pistolet, personnage malicieux qu'il évoque dans l'*Histoire des « Lettres de mon moulin »*, et qu'il fera réapparaître dans la version scénique de *L'Arlésienne*, sous les traits du gardian. Ayant appris la mort de Mitifio, Daudet écrira : « J'ai pleuré comme un enfant » (*Lettres familiales d'Alphonse Daudet*, Plon, 1944, p. 24).

4. *Ménager* : « adaptation du provençal *meinagié*, " fermier ou cultivateur faisant valoir son bien ", formé sur *meinage* " exploitation agricole " (lat. *mansionaticum*) » (Louis Michel, *Le Langage méridional dans l'œuvre d'Alphonse Daudet*, éditions d'Artrey, 1961).

5. *Cigalières* : lieudit de fantaisie, pour lequel Daudet joue de l'ambiguïté entre *Sigalières*, champ de seigle (cf. *Ségala*, terres à seigle, attesté par Littré), et la référence aux *cigales*.

Page 28.

6. *De cours* : ayant cours.

7. Les *pénitents* — membres de confréries laïques s'adonnant régulièrement à des exercices de pénitence — étaient encore nombreux au XIXe siècle dans le Midi de la France, alors qu'ils avaient presque disparu des autres régions françaises depuis la Révolution. La couleur du capuchon de toile qu'ils portaient dans les cérémonies publiques servait à différencier les diverses confréries.

INSTALLATION

Page 29.

1. Mis à part le sentiment général de délabrement du moulin, et quelques détails comme la comparaison avec un « réfectoire de couvent », ce texte diffère totalement de la première *lettre*, « De mon moulin », parue dans *L'Evénement* du 18 août 1866 et non reprise ensuite en volume (cf. « Documents », p. 247). Son contenu n'est pas pour autant nouveau : il

correspond à la première partie de « La Diligence de Beaucaire » telle qu'elle parut dans *Le Figaro* du 16 octobre 1868 (cf. note 1 de la page 33).

La scène qui conclut cette *lettre* (la rentrée des troupeaux) est à rapprocher du deuxième tableau de « En Camargue », d'abord paru en 1873, et pour lequel Daudet semble s'être souvenu de cette première évocation parue cinq ans plus tôt.

2. *Le moulin de Jemmapes* : Daudet confond — volontairement ? — dans cette expression les lieux de deux victoires gagnées en 1792 par Dumouriez : sur les Autrichiens à *Jemmapes,* et sur les Prussiens au *moulin* de Valmy.

3. *L'arbre de couche* d'un moulin à vent est l'axe horizontal, en bois, qui transmet le mouvement des ailes à la meule.

Page 30.

4. *Courlis* : grand échassier au plumage brun mêlé de gris et de blanc, dont le cri est une sorte de sifflement.

Page 31.

5. *Cadis* : étoffe de laine grossière (de Cadix, ville d'Espagne où elle fut primitivement fabriquée).

LA DILIGENCE DE BEAUCAIRE

Page 33.

1. « La Diligence de Beaucaire », parue le 16 octobre 1868 dans *Le Figaro,* inaugura la deuxième série des *Lettres* publiées dans la presse. Le texte groupait alors les deux récits que Daudet a ensuite séparés pour l'édition en volume : « Installation », et cette *lettre*-ci. Entre les deux passages se trouvait ce court paragraphe qui servait de transition :

« N'est-ce pas que j'ai de jolis spectacles sous les croisées de mon moulin ? Et ce ne sont pas toujours des églogues, comme vous pourriez le croire. J'ai du drame aussi quelquefois... Ecoutez plutôt cette petite scène dont j'ai été témoin, l'autre matin :

« C'était le jour de mon arrivée ici [...] »

2. *Patache* : voiture publique dépourvue de suspension, où l'on voyageait à peu de frais.

3. *L'impériale* était la partie supérieure d'une diligence, où pouvaient prendre place des voyageurs.

4. *Vitellius* : empereur romain (15-69 ap. J.-C.). Les portraits antiques et la description qu'en fit Suétone le montrent de taille imposante, avec un visage gras et coloré.

Page 35.

5. *Viédase* : terme provençal populaire, et parfois injurieux, d'origine obscène (*vectis asini,* phallus d'âne), qui signifie « aubergine », « chose de peu de valeur », ou qui sert d'interjection, comme c'est ici le cas.

Page 36.

6. *Un vrai morceau de cardinal* : la formule combine l'expression populaire « Un beau morceau de femme » (qui pouvait avoir la forme elliptique « Un beau morceau ») et la référence à l'oiseau appelé *cardinal*, dont le plumage est rouge foncé et la tête écarlate. Une expression de même nature apparaît dans la *lettre* suivante, « Le Secret de maître Cornille », où Daudet parle de « ce joli passereau de Vivette ».

LE SECRET DE MAÎTRE CORNILLE

Page 39.

1. « Le Secret de maître Cornille » parut d'abord dans *L'Evénement* du 20 octobre 1866, avant de prendre place dans les *Lettres de mon moulin* dès leur première publication en volume, en 1869. Le thème de cette *lettre* n'était pas nouveau dans l'œuvre de Daudet, qui l'avait déjà traité deux fois :

— Dans *L'Honneur du moulin*, comédie en un acte, que Daudet conçut en 1864, mais qui ne fut jamais représentée. Jacques-Henry Bornecque en a retrouvé et publié le canevas (*Les Années d'apprentissage d'Alphonse Daudet*, Nizet, 1951, p. 464 à 467) : le schéma d'ensemble de la future *lettre* y est très clairement préfiguré, Cornille s'y appelant Aubryot, et Vivette, Lélette. D'ailleurs, dans la *lettre*, la dernière réplique de Cornille reprend presque sans changement les deux dernières phrases de la pièce : « Il faut d'abord que je donne à manger à mon pauvre moulin. Il y a six mois et plus qu'il ne s'est rien mis sous la dent. » Dans ce canevas, le dénouement de l'intrigue était cependant plus heureux que dans la *lettre* : le moulin renaissait à la vie, en même temps que le mariage de Lélette, un moment différé, se réalisait. Daudet rédigea-t-il en entier la pièce à partir de ce canevas ? On ne le sait pas. Toujours est-il que le conteur pensa bien à la faire représenter, puisqu'il écrivait aux frères Ambroy, le 16 novembre 1864 : « L'année prochaine on jouera au théâtre lyrique une pièce en un acte dédiée à mes chers amis de Montauban : ça s'intitulera *L'Honneur du moulin* et c'est l'histoire du moulin Tissot. J'espère que vous serez contents : c'est un peu triste mais intéressant. »

— L'année suivante, dans une des *Lettres de Paris* et *Lettres du village*, parue dans *Le Moniteur universel du soir* du 5 décembre 1865, Daudet reprenait le même thème, mais en donnant au récit une fin tragique, le moulin sans travail et le meunier désargenté étant « morts à la peine tous les deux ». On voit donc que dans sa *lettre*, Daudet choisit un épilogue intermédiaire entre les deux récits précédemment publiés, puisque le moulin et le meunier y renaissent avant de mourir. Cette ambiguïté correspond à la tonalité générale des *Lettres* — mais aussi de la sensibilité de Daudet — partagées entre le merveilleux rassurant et un réalisme inquiet et volontiers nostalgique.

Lorsque Daudet envoya en 1869 la première édition des *Lettres de mon moulin* à Frédéric Mistral, c'est ce récit que le poète de Maillane lui dit préférer, dans une lettre de remerciement qu'il lui écrivit le 12 décembre 1869 : « Veux-tu connaître mes préférences ? Maître Cornille et La Mule du Pape. Maître Cornille surtout est une de tes créations les plus vraies, les plus touchantes. Quel est l'artiste, le poète ou l'honnête homme qui, dans ce joli siècle de démocratie progressiste, n'est pas un peu démoli par les minoteries à vapeur ! »

Le Secret de maître Cornille fut adapté, sous ce titre, en un opéra-comique par Edmond Sivieude, sur une musique de Parès. Créé au Grand-Théâtre de Marseille le 20 janvier 1893, il se terminait par ce chœur final :

> *Ohé, du moulin ! meunier, veille au grain !*
> *Lorsque ta meule est en train,*
> *Ne t'endors pas dans ton gîte ;*
> *Si ta meule va trop vite,*
> *Ohé, du moulin ! meunier, veille au grain !*

2. *Autre temps* : autrefois (locution adverbiale que ne donne aucun dictionnaire de la langue française, mais que Daudet a sans doute calquée sur le provençal *autre-tèms*, attestée en ce sens par Mistral dans *Le Trésor du Félibrige*).

Page 40.

3. *Pécaïre* : exclamation méridionale, fréquente dans l'œuvre de Daudet. Dérivée du latin *peccator*, pécheur, elle apparaît parfois sous la forme *péchère* ou *peuchère*, et traduit le plus souvent la pitié, la tendresse, ou l'apitoiement.

4. *Maître* : titre de respect, réservé aux hommes, que l'on donnait aux villageois âgés et honorablement connus, en particulier aux cultivateurs et aux artisans.

Page 41.

5. *Grand* : grand-père (tour elliptique hérité du français archaïque).
6. *Magnans* : nom méridional des vers à soie.
7. *Olivades* : récolte des olives (terme provençal).
8. *Baïles* (et non *vaïles*, valets, que portent par erreur la plupart des éditions des *Lettres de mon moulin*) : régisseurs, chefs des ouvriers. Batisto Bonnet, qui fut un ami très proche de Daudet, lui a appliqué par reconnaissance ce titre méridional dans son ouvrage de souvenirs, *Un paysan du midi*. Le « baïle » Alphonse Daudet (Flammarion, traduction de Joseph Loubet, 1911).
9. *Jeunesses en condition* : jeunes filles placées comme domestiques.
10. *Taillole* : ceinture de laine ou de soie dont les hommes s'entouraient la taille.
11. *Banc d'œuvre* : le « banc des maîtres de l'œuvre », où prenaient place, dans les églises, les membres du « conseil de fabrique » chargés d'administrer les biens de la paroisse, sous le régime du Concordat.

Page 42.

12. *Devant* : avant (archaïsme).

13. *Bonnes vêpres* : bonsoir. Cette expression provençale s'emploie normalement au singulier, comme l'atteste l'usage qu'en fait ailleurs Daudet, dans les *Lettres sur Paris* : « Bon vêpre, maître Jean. »

LA CHÈVRE DE M. SEGUIN

Page 47.

1. « La Chèvre de M. Seguin » parut d'abord dans *L'Evénement* du 14 septembre 1866, avant de prendre place dans les *Lettres de mon moulin* dès leur première édition en volume, en 1869. Le titre se réduisait alors à la seule dédicace à Pierre Gringoire. Une traduction provençale de ce récit, *La Cabro de Moussu Seguin*, parut dans l'*Almanach provençal* de 1869, et fut reprise dans *L'Aïoli* du 17 juin 1891. Un manuscrit en provençal de ce texte, avec quelques corrections de la main de Mistral, est conservé aux archives du palais du Roure, en Avignon.

Quelle est l'origine de ce récit ? Honoré Coudière, dans *Fontvieille, les moulins et le musée Alphonse Daudet* (Cavaillon, 1974), a voulu révéler l' « histoire authentique de la chèvre de M. Seguin » (p. 70 sq.) : celui-ci ne serait autre que le berger Jean Seguin (1835-1912), dont le fils était au service de la famille Ambroy, et que Daudet connaissait de ce fait. La « chèvre de M. Seguin » était-elle l'une des chèvres — capricieuse — de ce berger ? La référence finale à un dicton universellement connu des « ménagers » semble interdire une origine aussi ponctuelle, récente et identifiable. Mistral a d'ailleurs authentifié ce dicton en le citant dans son *Trésor du Félibrige* : « *faire coume la cabro de moussu Sagnié ou de moussu Seguin, que se bategue touto la nive'mé lou loup e qu'au jour lou loup la manjè,* résister longuement et finir par succomber. »

Héroïne d'une légende fort connue dont Paul Arène tira son conte, *La Chèvre d'or,* la chèvre est pour Daudet, comme pour les Provençaux, un animal largement emblématique, sur lequel il est tentant de projeter certaines valeurs psychologiques, comme on le voit dans ce passage du « Phare des Sanguinaires » : « De temps en temps un battement de porte, un bond léger dans l'herbe... c'était une chèvre qui venait brouter à l'abri du vent. En me voyant, elle s'arrêtait interdite, et restait plantée devant moi, l'air vif, la corne haute, me regardant d'un œil enfantin... » La chèvre intervient aussi dans un des proverbes provençaux notés par Daudet dans ses *Carnets,* et cité dans l'*Histoire des* « *Lettres de mon moulin* » : « Si pour avoir la barbe blanche, on était réputé sage, les chèvres le devraient être. » Notons enfin, à la suite de Jacques-Henry Bornecque, que l'un des souvenirs marquants de l'enfance de Daudet, tel qu'il l'a confié à Batisto Bonnet, fait intervenir une chèvre, qu'on lui avait donné à garder, à Nîmes :

« Les ronflées qui s'entassaient en paquets sur les murailles de la fabrique avec leurs efforts d'ailes et leurs coups de boutoir au travers des contrevents, avaient réussi à faire sauter les loquets et maintenant tous les volets, à chaque accès de colère du mistral, s'ouvraient et se fermaient en frappant brutalement les murs. Pin ! Pan ! Pin ! Pan !

« La chèvre inquiète, les oreilles dressées, courait vers moi, elle interrogeait de ses yeux taciturnes la direction du tapage, contemplant anxieusement la fabrique ; puis, le cou tendu, toujours en éveil, peu à peu, elle se reprenait à tortiller sa gueulée d'herbe.

[...]

« J'avais tant ouï parler de bêtes noires, de spectres, de fantômes et de follets, qu'à un moment donné, dans une terrible rafale, alors que tous les volets grinçaient affreusement dans leurs gonds en souffletant les murailles, mes yeux se troublèrent, ma raison chavira et, fou de peur, je partis en courant avec la chèvre bêlant et sautant à mes trousses [...] » (Batisto Bonnet, *Un paysan du midi. Le « baïle » Alphonse Daudet,* trad. par Joseph Loubet, 1911, chapitre XIX, « La Chèvre de la fabrique »).

On comprend mieux dès lors que Daudet ait choisi cet animal, tout chargé de valeur affective, et riche de résonances dans l'inconscient collectif des Provençaux, comme personnage central de son apologue, dont le sens est déjà contenu dans l'apostrophe initiale au poète Gringoire. Ce débat entre la liberté, heureuse mais dangereuse, et la servitude, méprisable mais peut-être nécessaire pour subsister, avait sans doute déjà eu lieu dans l'esprit de Daudet dès ses premières années parisiennes : fréquentant la bonne société mais invinciblement attiré par la bohème, il vivait alors des séductions contrastées de ces deux milieux, où la nature essentiellement paradoxale de sa sensibilité devait trouver à se satisfaire. On trouve d'ailleurs l'écho de ce débat dans deux textes qui anticipent très précisément sur « La Chèvre de M. Seguin » :

— « Le Roman du Chaperon rouge », paru dans *Le Figaro* du 12 décembre 1859. Dans ce récit, le Chaperon rouge, avant de se faire dévorer plaide pour la liberté :

« Telle que vous me voyez, mes pauvres amis, je vais payer dans quelques instants mes plaisirs d'hier et de cette nuit. Un loup est là qui s'impatiente à m'attendre, et pour éviter sa dent cruelle, je ne puis rien faire, hélas ! Il est dans ma destinée de Chaperon-Rouge d'accepter cette mort sans me plaindre ; — imitez mon exemple, chers enfants, et ne regrettez jamais un plaisir, si cher que vous ayez pu le payer : le bonheur n'a pas de prix ; il n'y a que des sots pour le marchander. »

En revanche Polonius, « professeur à l'Université de N. », à qui est laissée la dernière réplique, conclut :

« Voilà le sort des fous et des imprévoyants, du Chaperon-Rouge et des siens. Avis au public. »

— « Le Chien et le loup », version modernisée de la fable de La Fontaine, parue dans *Le Figaro* du 20 mai 1860, reprend cette ambiguïté avec encore plus de force, puisque au lieu de jouer entre deux personnages, celle-ci s'inscrit en chacun d'eux. Le débat entre le journaliste — qui plaide pour une vie réglée — et le poète — qui préfère la liberté — se termine ainsi :

« LE POÈTE, *éclatant comme un tonnerre.*— Comment ! vous allez tous les jours à votre bureau, comme un teneur de livres ou un employé au chemin de fer ! — Que me chantez-vous donc avec votre journalisme ? — Mais à dix heures, je suis encore au lit, moi ; à dix heures, je ne suis même pas couché ! — Et vous venez me parler de me faire journaliste ! — Non ! non ! j'aime mieux ma paresse et mes déjeuners de mûres rouges, et mes débauches de violettes, et mes repas improvisés au coin d'une vigne ; j'aime mieux ma misère. — Oh ! mes bois de Chaville ; mes grands bois, mes courses, mes rêveries, mes longs far-niente ! — Ah ! vous êtes jaloux de ma seule richesse, de mon indépendance, et vous voulez me mettre des fers aux pieds ; — ma liberté vous fait envie, et vous prétendez me l'escroquer !... Ah ! l'enjôleur ! ah ! le brigand ! ah ! le détrousseur ! — Mon chapeau ! mon chapeau ! Monsieur, je vous salue, mais, corbleu ! je ne suis pas votre homme. (*Cela dit, le poète s'enfuit, mais ne court pas encore.*)

« *Ce que ne dit pas Lafontaine* [sic]

« LE POÈTE, *s'arrêtant à quelques pas du restaurant.* — C'est égal, quoi que j'en aie dit, cet homme a peut-être raison ; ses entrecôtes surtout m'ont convaincu. En bonne vérité, la vie que je mène commence à me lasser et ne sied plus à mes cheveux grisonnants ; — il conviendrait de faire une fin, et peut-être que le journalisme... Songeons-y... hum ! hum !... j'ai bien envie. (*Il s'éloigne en ruminant.*)

« LE JOURNALISTE (dans le restaurant). — Ce garçon est fou, par ma foi ! Pourtant ses paroles de tantôt m'ont donné le frisson ; je me voyais dans le parc de Saint-Cloud dormant à la belle lune ; au lieu de cela, il faut se rendre aux bureaux et recommencer cette existence monotone comme le fromage au dessert... Ma foi, non ! je n'irai pas aujourd'hui : le ciel est pur, l'air frais ; je vais me rouler sur l'herbe quelque part. Je ne sais même pas si... Hum ! hum !... Nous verrons. (*Il sort.*) » Et le récit se conclut sur deux lettres, envoyées le même jour au même rédacteur en chef : une lettre de démission du journaliste, qui veut reprendre sa liberté, et une lettre de demande d'emploi du poète, qui veut gagner une sécurité...

Il convient enfin de rattacher à ce débat l'une des *lettres* non reprise dans l'édition en volume, « La Vie et la Mort du Papillon », parue dans *L'Événement* du 4 novembre 1866, c'est-à-dire deux mois après la publication de « La Chèvre de M. Seguin » (cf. « Documents », p. 253).

2. *Pierre Gringoire* (ou Gringore), écrivain français qui vécut de 1475 à 1538. Poète lyrique se rattachant à la tradition des Grands Rhétoriqueurs, il reste connu pour son œuvre dramatique, qui fait de lui le fondateur de la comédie politique en France. Il est l'un des personnages principaux de *Notre-Dame-de-Paris* de Victor Hugo, où il incarne le type du lettré miséreux et insouciant (la formule de la première phrase, « mon pauvre Gringoire », semble avoir été directement inspirée à Daudet par l'exclama-tion « Pauvre Gringoire ! » qui débute le chapitre III de *Notre-Dame-de-Paris*). S'inspirant de Hugo, Théophile Gautier avait à son tour fait de ce

personnage le héros d'une comédie en un acte, *Gringoire*, créée à la Comédie-Française en juin 1866, soit trois mois avant la parution de « La Chèvre de M. Seguin » dans *L'Evénement*.

3. *Ecus à la rose :* écus frappés d'un motif en forme de rosace.

4. *Brébant :* restaurateur parisien, célèbre sous le Second Empire. Dans un de ses *Contes cruels* (« Sombre récit, conteur plus sombre »), Villiers de l'Isle-Adam en parle comme du « restaurateur en vogue chez les gens de plume » : son établissement, installé sur le boulevard Poissonnière, était en effet fréquenté par les artistes et écrivains, dont Sainte-Beuve, Flaubert, Daudet, les Goncourt, Zola, Maupassant.

Page 51.

5. *Buissières :* lieux plantés de buis.

Page 52.

6. *Lambrusque :* vigne sauvage.

LES ÉTOILES

Page 55.

1. Ce récit parut d'abord dans *Le Bien public* du 8 avril 1873, puis dans *Robert Helmont* en 1874, avant d'être intégré aux *Lettres de mon moulin* dans l'édition définitive de 1879. Comme le suggère Daudet en note, cette *lettre* est l'adaptation d'un texte que Frédéric Mistral avait publié dans l'*Almanach provençal* de 1872, sous le titre « Escourregoudo dins li astre » (Excursion dans les étoiles), et qu'il reprit, traduit en français, dans ses *Mémoires et récits* au chapitre intitulé « La Rentrée au mas ». Mistral s'y présente dialoguant avec un berger qui lui montre et lui nomme les étoiles. La comparaison de cette « source » avec la *lettre* qu'en a tirée Daudet est révélatrice de la puissance inventive du conteur, qui n'a pris appui sur l'épisode que pour le déborder de part et d'autre : si la description des étoiles a été conservée, toute la mise en scène des premières pages est neuve, de même que l'image finale de la jeune fille endormie sur l'épaule du berger qui l'aime secrètement : de l'anecdote de Mistral, Daudet a fait une pastorale, dont le thème, proche en son principe de celui de « L'Arlésienne », s'en distingue cependant nettement par sa tonalité féerique.

2. *Labri :* race de chien de berger, généralement de couleur noire, originaire de Labrit (ou Albret) dans les Landes.

3. *Mont-de-l'Ure :* la montagne de Lure, située entre Sisteron et le Ventoux.

Page 57.

4. *La chèvre d'or :* animal fabuleux d'une légende provençale. Avec ses cornes et ses sabots d'or, elle est censée hanter les montagnes, et habiter une

grotte remplie de richesses merveilleuses. Paul Arène a tiré de cette légende
l'un de ses meilleurs récits, *La Chèvre d'or*.

5. *Estérelle* : fée que la légende dit habiter le massif (Estérel) auquel elle
a donné son nom. Mistral en a fait l'héroïne de *Calendal*, dont le chant
quatrième s'intitule justement « La Fée Estérelle ».

L'ARLÉSIENNE

Page 63.

1. « L'Arlésienne » parut d'abord dans *L'Evénement* du 31 août 1866,
avant d'être intégrée aux *Lettres de mon moulin* dès leur première édition en
volume, en 1869. On sait quelle fortune connut cette histoire grâce au
drame en trois actes que Daudet en tira : sans doute achevé dès 1869, mais
créé en 1872 — avec un orchestre dirigé par Bizet lui-même — il eut
d'abord un insuccès total, qui dépita beaucoup Daudet. Ce n'est qu'à sa
reprise, en 1885 à l'Odéon, qu'il gagna une célébrité qui l'a suivi jusqu'à
nos jours.

Le plus remarquable est que cette histoire est de celles où l'imagination
de Daudet est le moins intervenue. Le conteur s'est en effet directement
inspiré d'un drame survenu dans la famille de Mistral, et que celui-ci lui
avait raconté ; la fidélité de Daudet a été telle que le poète de Maillane put
lui écrire, après avoir reçu le volume des *Lettres de mon moulin* : « Je n'ai pas
osé faire lire à mon neveu (Cadet) — encore moins à sa famille — l'histoire
navrante de l'Arlésienne. Tu devais avoir pris des notes, car le fait est
raconté comme si tu l'avais vu » (lettre du 12 décembre 1869).

On jugera de cette fidélité en comparant le récit de Daudet avec celui que
Mistral fit du drame réel, dont le héros tragique n'était autre que François
Mistral, son petit-neveu, âgé de vingt-trois ans et amoureux dépité d'une
jeune fille de Béziers : « En somme, nous eûmes les preuves en main que la
jeune fille n'en était pas à son premier amour, et que les parents étaient
indignes de notre alliance. A cette découverte, mon neveu, qui poussait le
sentiment d'honneur jusqu'au fanatisme, fut le premier à exiger la rupture
[...] L'infortuné avait passé une vingtaine de jours en tête à tête avec la
demoiselle ; jugez comme il dut s'éprendre, lui âgé de 23 ans, lui, resté pur
et naïf comme au sortir du sein de sa mère. Aussi, à son insu, gardait-il
l'épée au cœur, et violemment combattu entre l'amour et l'honneur, il
devenait malade [...] On l'amena au village. C'était un jour de charmante
fête agricole, la saint-Eloi. Toute la famille prit à tâche de l'égayer, de le
distraire [...] Sa mère lui répéta que s'il désirait la personne en question, il
n'avait qu'à dire oui. Il répondit que c'était impossible [...]

« Voyez le sort : à 5 heures et demie du matin, son père est obligé d'aller
en voyage pour affaire pressante, son frère qui avait couché avec lui se lève
pour aller à Saint-Rémi. Le malheureux, resté seul, se lève aussi, traverse la
chambre de sa mère (qui lui dit : « Où vas-tu, si matin ? — Je ne peux plus
dormir, je vais me promener », répliqua-t-il), monte à l'étage le plus haut

de la maison, s'enferme à clef, et se précipite de la fenêtre sur une table de pierre où il se tue. La pauvre mère, mue par un pressentiment terrible, se lève cinq minutes après lui, court au grenier, en chemise, enfonce la porte ; ne trouvant pas son fils, elle descend, éperdue ; et, seule, folle de douleur, nu-pieds, en chemise, elle relève le cadavre de son fils et se baigne dans son sang.

« D'une lieue on entendait les cris de ma belle-sœur » (lettre de Mistral à Gabriel Azaïs, 17 juillet 1862).

Daudet n'a donc pas eu à forcer sa nature — peu portée au genre tragique — pour colorer son récit du caractère fatal de la passion amoureuse. On peut remarquer cependant que son premier roman méridional, *Audiberte*, écrit après sa première rencontre avec Frédéric Mistral, et publié en 1859, jouait déjà sur ce double registre de l'honneur et de l'amour, et préfigurait en ce sens « L'Arlésienne ». Il est aussi à noter que Daudet, qui dans cette *lettre* a transporté son héroïne de Béziers en Arles, contribua encore trois ans plus tard au mythe galant des Arlésiennes, en publiant « Les Deux Auberges » (*Le Figaro*, 25 août 1869) : dans cette *lettre*, c'est en effet une Arlésienne — « une belle femme avec des dentelles et trois tours de chaîne d'or au cou » — qui par sa séduction attire la clientèle et voue au déclin l'auberge dans laquelle s'est arrêté le narrateur.

2. *Micocouliers* : arbres de la famille de l'orme, poussant spontanément en Provence, et dont le bois est utilisé en menuiserie.

Page 64.

3. *La Lice d'Arles* : les promenades situées au pied des vieux remparts d'Arles, à l'emplacement des anciennes « lices » (espace compris entre la palissade extérieure de la cité et ses remparts dans une ville fortifiée au Moyen Age).

Page 66.

4. *Ferrades* : opérations pastorales au cours desquelles on marque les jeunes taureaux d'un fer rouge au chiffre du propriétaire. Elles donnaient lieu à des fêtes et réjouissances populaires, que Daudet a décrites dans un passage de *Pages inédites de critique dramatique*.

5. *Vote* : fête votive, fête patronale. Cf. cette expression notée par Mistral dans *Le Trésor du Félibrige* : « *es nostro voto*, c'est la fête de notre pays ».

6. *Magnanerie* : pièce du mas où l'on élève les vers à soie (*magnans*).

LA MULE DU PAPE

Page 69.

1. « La Mule du pape » parut d'abord dans *Le Figaro* du 30 octobre 1868. Intégré aux *Lettres de mon moulin* dès la première édition de 1869, ce récit parut également par deux fois dans une traduction en provençal, sous

le titre « La Miolo doù Papo » : dans l'*Almanach provençal* de 1870, puis dans *L'Aïoli* du 17 avril 1892.

Dans sa première publication au *Figaro*, cette *lettre* était suivie de la mention fantaisiste, placée entre guillemets : *Extr. de la Bibliothèque des Cigales, M.S. 1082, t. 4, vol. 600.*

Quant au dicton cité au début du récit, il est attesté par Mistral dans *Le Trésor du Félibrige* : « *A coume la muelo dou papo : gardo sèt an un cop de pèd.* » Mistral ajoute : « On dit à Lyon : têtu comme une mule de Provence. » Quant à Pierre Larousse, dans son *Grand Dictionnaire universel du XIXᵉ siècle*, il cite la formule : « *Etre fantasque comme la mule du pape, qui ne mange et ne boit qu'à ses heures,* être extrêmement fantasque ou obstiné dans ses habitudes. » Daudet avait d'autre part noté dans ses *Carnets* ce proverbe : « Garde-toi du devant d'une femme, du derrière d'une mule, et d'un soldat de tout côté. »

Page 70.

2. Les papes, chassés de Rome, résidèrent en Avignon de 1309 à 1378 (Clément V, Jean XXII, Benoît XII, Clément VI, Innocent VI, Urbain V, Grégoire XI). D'autres leur succédèrent jusqu'en 1415 — les « antipapes » — concurremment aux papes de Rome, créant ainsi le Grand Schisme d'Occident.

Page 71.

3. *Boniface :* nom de fantaisie : aucun pape ou antipape d'Avignon ne porte ce nom, qui fut cependant celui de neuf papes romains.

4. *La garance,* dont on tirait une teinture rouge, était cultivée en grand dans les environs d'Arles et d'Avignon.

5. *Viguier :* ce mot désignait au Moyen Age, en Provence et Languedoc, un juge qui officiait au nom des comtes et du roi.

6. *Pape d'Yvetot :* allusion à la célèbre chanson de Béranger, qui parut en 1813 :

> *Il était un roi d'Yvetot,*
> > *Peu connu dans l'histoire*
> *Se levant tard, se couchant tôt,*
> *Dormant fort bien sans gloire,*
> *Et couronné par Jeanneton*
> *D'un simple bonnet de coton,*
> > *Dit-on.*
> *Oh ! oh ! oh ! oh ! ah ! ah ! ah ! ah !*
> *Oh ! oh ! oh ! oh ! ah ! ah ! ah ! ah !*
> > *Quel bon petit roi c'était là !*
> > *La, la.*

Contre les mythologies de l'épopée napoléonienne, Béranger a fait du roi d'Yvetot un souverain bon enfant, mesuré et sage,

> *Qui n'agrandit point ses Etats,*
> *Fut un voisin commode,*
> *Et, modèle des potentats,*
> *Prit le plaisir pour code.*

Page 72.

7. *Bouffettes :* petites houppes de fils ou de rubans employées comme ornements.

Page 76.

8. *Pampérigouste :* voir ci-dessus la note 2 de la page 27.

9. *La reine Jeanne :* Jeanne 1ʳᵉ d'Anjou, née en 1327, et qui régna sur Naples de 1343 à 1382. Elle possédait aussi Avignon, où elle vint se réfugier en 1348, et qu'elle vendit la même année au pape Clément VI pour 80 000 florins. Personnage « célèbre par sa beauté et par sa vie aventureuse », écrivait Mistral dans une note de *Calendal* ; et il ajoutait : « Il est peu de villes en Provence où le peuple ne montre encore *lou palais de la rèino Jano.* »

Page 77.

10. La charge de premier moutardier fut effectivement créée par un des papes d'Avignon, Jean XXII, qui raffolait de la moutarde et qui en voulait dans tous les plats. Une expression en était née, que note Pierre Larousse dans son *Grand Dictionnaire universel du XIXᵉ siècle* : « *Il se croit le premier moutardier du pape,* se dit d'un homme qui a une très haute opinion de lui-même, qui se donne une très grande importance. »

Page 78.

11. *Palme de Dieu :* « paume de Dieu », juron violent.

Page 79.

12. *Marguilliers :* membres du « conseil de fabrique », c'est-à-dire du conseil paroissial chargé d'administrer les biens de la paroisse, sous le régime du Concordat.

13. *Saint-Agrico :* l'église Saint-Agricol à Avignon, fondée en 680, et qui prit le nom de l'évêque qui résida dans cette ville de 660 à 700.

LE PHARE DES SANGUINAIRES

Page 81.

1. « Le Phare des Sanguinaires » parut d'abord dans *Le Figaro* du 22 août 1869, inaugurant ainsi la troisième et dernière série des *Lettres* publiées dans la presse. Ce récit, intégré aux *Lettres de mon moulin* dès leur première édition en 1869, inaugure également dans le volume le cycle corse, qui groupe avec cette lettre les deux suivantes — « L'Agonie de la Sémillante »

et « Les Douaniers » — ainsi que, pour une part, « Les Oranges » (la première *lettre*, « De mon moulin », non reprise en volume, évoquait déjà elle aussi la Corse). Ces récits se rattachent directement au séjour que Daudet fit en Corse, de décembre 1862 à mars 1863, à Ajaccio, Bastia, et dans les îles Sanguinaires — un archipel granitique à l'entrée du golfe d'Ajaccio.

Comme son voyage en Algérie, dont *Tartarin de Tarascon* n'est qu'un écho parmi d'autres dans son œuvre, cette expérience corse aura marqué vivement la sensibilité de Daudet, et les références à ce court séjour sont nombreuses : dans les *Lettres de mon moulin*, mais aussi dans les *Lettres à un absent, Robert Helmont, La Fédor, Le Nabab, La Lutte pour la vie, Rose et Ninette*. Les *Carnets* de Daudet comportent, quant à eux, sur le séjour aux îles Sanguinaires, ce court texte :

« A noter ce cas d'incroyable déveine : un gardien de phare aux Sanguinaires, vieux dans le métier, bon serviteur, à la veille de sa retraite, une nuit, pendant son quart dans la lanterne, sommeille cinq minutes — pas une de plus — arrêtant de sa jambe allongée le mouvement du feu mobile et tournant. Or, juste à cet instant de la même nuit, R..., l'inspecteur des phares, faisant sur un aviso de l'état son inspection annuelle, se trouve en vue des Sanguinaires, s'étonne de trouver un phare fixe, guette, constate, et le lendemain la chaloupe des ponts et chaussées amène dans l'île un gardien de rechange et la notification au pauvre vieux de sa mise à pied. Singulière conjonction dans la .nuit, dans l'espace, de ce regard d'inspecteur et de ce court sommeil de vieillard. — On me racontait cela au phare des Sanguinaires une nuit que, dans la lanterne, j'avais arrêté par inadvertance le mécanisme. »

Ces souvenirs corses nourrissaient aussi parfois la conversation du conteur. On lit en effet dans le *Journal* d'E. de Goncourt, à la date du 1ᵉʳ août 1894 « Ce soir, Daudet reparlait de son séjour pendant cinq semaines, — la fin décembre et le mois de janvier, — dans le phare des Sanguinaires, cinq semaines qu'il avait passées, jour et nuit, tout au spectacle de la mer et de la tempête, sans écrire une ligne, et où il n'avait pour lecture qu'un vieux Plutarque, qui se trouvait là, je ne sais par quel hasard. »

Enfin, l'année même de sa mort, ces souvenirs étaient encore vifs dans la mémoire de Daudet, qui écrivait à sa femme, en juillet 1897 : « Nous avons vécu, sous l'arche de Noé, une pluie battante. Aussi Paris a-t-il boudé. Nous n'avons vu personne. Je ne sais ce que pense Léon de ce paysage trop silencieux, mais je t'avoue que ce mutisme des choses et des êtres autour de nous me mélancolise délicieusement comme en des temps de jeunesse et d'îles Sanguinaires. »

Comme toujours chez Daudet, l'ancrage précis dans une réalité vécue et qui a durablement impressionné la sensibilité n'empêche pas sa transfiguration littéraire : le souvenir n'est qu'une base de départ pour l'imagination. Dans *Les Années d'apprentissage d'Alphonse Daudet* (Nizet, 1951, p. 404 à 407), Jacques-Henry Bornecque a ainsi montré avec précision en quoi le récit des *Lettres de mon moulin* idéalise beaucoup l'expérience que le conteur fit aux îles Sanguinaires, en le comparant à un autre témoignage, postérieur mais plus digne de foi, intitulé « Les Sanguinaires » et publié en 1896 dans *La Fédor*. Dans ce texte au ton beaucoup plus cru, Daudet relate d'abord les conditions peu hospitalières dans lesquelles il arriva au phare : « Au départ, il faisait un temps radieux, mais vers midi, la tramontane se leva et, pendant plus d'un mois, souffla dans la même trompette. Le phare devint inabordable, j'étais bouclé. A plusieurs reprises, la barque des Ponts et Chaussées parut au large de l'île, montrant sa carène blanche sur la mer soulevée. Nous échangions des gestes désespérés, des paroles dispersées par le vent. Tout le mois de décembre et la première semaine de janvier se passèrent ainsi. La réclusion, à la longue, me semblait lourde. » Et lorsqu'il évoque les trois habitants du phare, Daudet peint des caractères tranchés et un climat d'animosité qui sont très loin de l'atmosphère amicale de la *Lettre de mon moulin* : « Trois types très différents, ces gardiens, avec une passion commune : la haine. Ce qu'ils se haïssent tous les trois... J'avais, en arrivant, commencé quelques vers restés inachevés sur la table de ma chambre. Dès le premier soir, le chef me prévient au moment de prendre la relève : " Méfiez-vous de mes camarades, ne laissez rien traîner. " Le lendemain, Bertolo m'en disait autant ; et le vieux Trophime, avec le sourire de Iago, m'engageait à garder sur moi la clef de ma chambre. »

Quoi qu'il en soit des libertés prises par Daudet par rapport à l'expérience qu'il a réellement vécue, il est certain que ce séjour aux îles Sanguinaires l'a surtout marqué par l'épreuve de solitude qu'il lui a permise : il suffit pour en juger de lire l'évocation de « cette espèce de stupeur et d'accablement délicieux que donne la contemplation de la mer [...] On ne pense pas, on ne rêve pas non plus. Tout votre être vous échappe, s'envole, s'éparpille ». A cette réminiscence du Rousseau de la *Cinquième Rêverie* ne manque même pas le rappel final : « Vers cinq heures, le porte-voix des gardiens m'appelait pour dîner... » A cet égard, nul doute que le phare condense, dans la sensibilité de Daudet, toute une constellation d'émotions — solitude, protection, intériorité, mais aussi affrontement symbolique avec les éléments hostiles du monde, et domination orgueilleuse de celui-ci — qui en fait un doublet affectif du moulin. Cette équivalence est fortement suggérée dès le début de cette *lettre* par l'image des « ailes mutilées qui sifflaient à la bise comme les agrès d'un navire » : du navire au phare l'imagination de Daudet fera le rapprochement dès le paragraphe suivant. Significativement, la première *lettre*, non reprise en volume, montrait déjà la possibilité de cette substitution : désirant trouver la solitude, le narrateur dit avoir songé d'abord à se faire « gardien de phare quelque part là-bas, entre la Corse et la Sardaigne », avant de porter son choix sur « un vieux moulin à vent » (cf. « Documents », p. 248). C'est encore un autre doublet affectif du moulin que proposera le deuxième tableau d' « En Camargue » : la cabane, assimilée à la « chambre d'un bateau ».

Il est enfin à noter que le premier paragraphe de cette *lettre* est, à quelques corrections près, le même que celui qui débute le récit intitulé « Il était un petit navire », paru le 23 août 1866 dans *L'Evénement* et non repris en volume (cf. « Documents », p. 250). C'est donc qu'à la date où Daudet publia « Le Phare des Sanguinaires », en août 1869, il avait déjà décidé de ne pas reprendre « Il était un petit navire » dans l'édition en volume, qui parut en décembre de la même année.

2. La Corse fut occupée par la République de Gênes de 1347 à 1768, date à laquelle l'île fut vendue à la France.

Page 83.

3. *Gouailles :* oiseaux de mer (le terme n'est attesté, en ce sens, que par le *Grand Larousse de la langue française,* qui donne un seul exemple, tiré de l'œuvre de Daudet).

Page 84.

4. *Scopa :* jeu de cartes, d'origine italienne.

Page 86.

5. *Lampe Carcel :* lampe mécanique dans laquelle un mouvement d'horlogerie anime une petite pompe qui permet l'ascension régulière de l'huile vers la mèche. Mise au point en 1800, elle prit le nom de son inventeur, Bertrand-Guillaume Carcel, mort en 1812.

Page 87.

6. *Démétrius de Phalère :* homme d'Etat et orateur grec (v. 345-283 avant J.-C.) ; Plutarque l'évoque à plusieurs reprises. Mais peut-être Daudet le confond-il avec Démétrius le Poliorcète (le preneur de villes) (337-283 avant J.-C.), dont la vie est mise en parallèle par Plutarque avec celle d'Antoine.

L'AGONIE DE LA SÉMILLANTE

Page 89.

1. L'Agonie de la Sémillante » parut d'abord le 7 octobre 1866 dans *L'Evénement* avant de prendre place dans les *Lettres de mon moulin* dès leur première édition en volume, en 1869. Le récit rapporte un événement authentique qu'on raconta sans doute à Daudet, comme il l'affirme au début de sa *lettre,* aux îles Lavezzi, à l'entrée du détroit de Bonifacio. C'est là qu'il accosta, en mars 1863, au cours d'un voyage qui avait commencé le 17 février dans une goélette de la douane. Et c'est là que, huit ans plus tôt, le 15 février 1855, la « Sémillante » avait fait naufrage par une tempête si violente qu'il n'y eut aucun rescapé parmi les soldats qu'elle emportait vers la Crimée pour y combattre contre les troupes russes.

Ce naufrage effroyable donna lieu à une enquête et à des rapports, que Jacques-Henry Bornecque a retrouvés et dont il a publié des extraits (*Les Années d'apprentissage d'Alphonse Daudet,* Nizet, 1951, p. 413), qui permettent de mettre une nouvelle fois en évidence la transfiguration imposée aux faits par l'imagination de Daudet ; s'il est exact qu'on retrouva le corps du capitaine dans son uniforme boutonné, il n'y avait aucun « aumônier son étole au cou », et la plupart des cadavres étaient nus : les soldats s'étaient déshabillés pour tenter de survivre dans l'eau. On voit donc dans quel sens, et avec quel désir de dramatisation, Daudet a modifié la scène, pour transformer un événement pathétique en un épisode héroïque. Peut-être cependant cette transfiguration fut-elle inconsciente et non volontaire dans l'esprit de Daudet, car elle apparaissait déjà dans le récit de cet épisode qu'il fit à Alfred Delvau, au cours de leur voyage commun, en juillet 1865, en Alsace et en Allemagne. Dans *Du Pont des Arts au Pont de Kehl*, consacré au récit de ce voyage, Alfred Delvau rapporte : « Daudet me raconte dans tous ses détails l'épouvantable naufrage de la *Sémillante* sur les côtes de Corse. Il me dit comment on a retrouvé, échoués, l'équipage et les passagers, avec les attitudes que chacun avait au moment du sinistre : le capitaine, en grand costume, l'aumônier en chasuble, les soldats en uniforme, et par grappes... C'est un horrible récit ! Avec cela Daudet y met une sauvage éloquence qui m'impressionne vivement. »

On peut rapprocher ce texte de deux autres évocations de naufrage publiées par Daudet : l'une dans « Il était un petit navire », récit paru le 23 août 1866 dans *L'Evénement* et non repris dans le volume des *Lettres de mon moulin* (cf. « Documents », p. 249 ; l'autre (« Le Naufrage ») publiée dans les *Lettres à un absent* parues en 1871, et reprise ensuite dans *Robert Helmont*. Ce dernier texte présente d'ailleurs une similitude frappante — de construction et de vision — avec « L'Agonie de la Sémillante » : comme dans la *lettre,* Daudet rapporte d'abord les faits identifiables (en l'occurrence le naufrage, au large de Bastia, du paquebot la *Louise* qui transportait une troupes de mimes italiens) puis revit par l'imagination le déroulement du drame, où son sens de la théâtralité peut alors jouer au premier degré : « On se figurait la tempête tombant en coup de foudre pendant une représentation à bord, la salle de spectacle envahie par la mer, l'orchestre noyé, pupitres, violons, contrebasses roulant pêle-mêle, Colombine tordant ses bras nus, courant d'un bout de la scène à l'autre, morte d'épouvante et toujours rose sous son fard ; Pierrot, que la terreur n'a pu blêmir, grimpé sur un portant, regardant le flot monter, et dans ses gros yeux arrondis pour la farce, ayant déjà l'horrible vertige de la mort ; Isabelle empêtrée dans ses jupes de cérémonie, tout en larmes et coiffée de fleurs, ridicule par sa grâce même, roulant sur le pont comme un paquet, se cramponnant à tous les bancs, bégayant des prières enfantines ; Scaramou-che, un tonnelet d'eau-de-vie entre ses jambes, riant d'un rire hébété et chantant à tue-tête, pendant qu'Arlequin, frappé de folie, continue à jouer la pièce gravement, se dandine, fait siffler sa batte, et que le vieux Cassandre, emporté par un coup de mer, s'en va là-bas, entre deux vagues, avec son habit de velours marron et sa bouche sans dents toute grande ouverte... »

2. *Lentisques :* arbustes à feuilles persistantes, caractéristiques du maquis méditerranéen.

Page 92.

3. *A sec de toiles* se dit d'un navire qui est poussé par le vent bien qu'il ait serré toutes ses voiles.

Page 93.

4. *Train :* l'arme du train, service chargé des transports et de la circulation dans l'armée de terre.

5. *Tringlos :* soldats du train, en argot militaire.

6. *Marine :* le bord de mer, le port, c'est-à-dire la partie basse des villes du littoral corse, par opposition à la ville haute.

LES DOUANIERS

Page 97.

1. Ce récit parut d'abord dans *Le Bien public* du 11 février 1873, et fut repris dans *Robert Helmont* en 1874, avant d'être intégré aux *Lettres de mon moulin* dans l'édition définitive de 1879. Comme l'indique Daudet au début, ce troisième épisode corse se rattache au périple côtier qu'il fit, au début de 1863, dans une embarcation de la douane, et dont il avait déjà tiré « L'Agonie de la Sémillante ». Les *Carnets* de Daudet contiennent une ébauche très précise de cette *lettre*, qui permet de voir à l'œuvre le travail d'élaboration littéraire du conteur à partir de quelques notes directement inspirées par la réalité :

« Accompagné l'Inspecteur des douanes dans une de ses tournées. Parti d'Ajaccio, tout le tour de la Corse, un mois de mer, plein d'épisodes et de paysages. Presque toujours les côtes en vue, voyage à l'antique, à la rame, à la voile, aborder sur quelques plages de Corse ou de Sardaigne... Quelquefois de grands coups de mer, au large, et des émotions.

« L'équipage se composait de six matelots douaniers, matelots d'élite, marine de l'Etat, habiles, il le faut pour mener cette barque demi-pontée, patients pour recevoir des journées d'eau de pluie... Je les voyais essuyer leur visage cru et boire un coup d'eau avec un ah ! de satisfaction comme s'ils buvaient du nectar. — Pas de quoi boire du vin... 50 francs par mois, huit ou dix enfants... Gais, cependant... Il y en avait un qui me séduisait, Palombo, bon, empressé, jolie voix, toujours gai, rire naïf, toujours chantant, le temps bas, noir : " Veille aux écoutes ! " — L'inspecteur, ancien marin lui-même, lui disait : " Chante-nous quelque chose. " Il chantait des airs italiens ou pour moi :

> *Non, monseigneur,*
> *C'est trop d'honneur.*
> *Lisette est sage,*
> *Reste au village...*

« Un jour, après une grande mouillée, je voyais Palombo grelotter. De temps en temps il buvait son coup d'eau. — Puis il se couche sous son banc : « *Una pountura.* » On aborde. Un petit poste de douane. Plage fiévreuse. — Petite maison au milieu des rochers et des maquis. Le douanier jaune. La femme jaune, les enfants, tout cela grelottant. Poste très périlleux. On les change tous les deux ou trois ans. — On couche Palombo... Un médecin à six lieues de là, une espèce de braconnier va le chercher.

« Veillée près de Palombo... Un peu de limonade... Du vin chaud... pas de vin... Misère, et pas une plainte... tous réunis au coin du feu, briques qui chauffent. " Ah ! l'on a quelquefois bien du tourment dans notre métier. " Je me sentis pris d'une pitié profonde... Et pas de grève, pas de plainte... Ah ! peuple de Paris, enfant gâté, que dirais-tu devant ce lit de mort stoïque ? »

Le *Journal* d'E. de Goncourt, à la date du 25 juillet 1890, montre cependant que ce périple, dans la mémoire de Daudet, pouvait avoir une coloration affective tout autre ; la pauvreté et des conditions précaires d'existence des douaniers ne sont pas ici « récupérées » par le penchant misérabiliste apparent dans la *lettre,* mais conduisent à une griserie des sens et de l'âme qui est une autre composante — peut-être plus profonde — de la sensibilité de Daudet : « Ce soir, Alphonse Daudet parle, avec une exaltation un peu fiévreuse et comme d'un souvenir passionnant, d'un voyage de trois semaines en mer qu'il avait fait autour de la Corse dans une goélette de la douane. Il avait dîné la veille chez Pozzo di Borgo, on s'était grisé, on avait lutté et dans la lutte, il s'était foulé un pied ; mais il se faisait porter en bateau par deux marins et quittait tout heureux, un soir de Mardi gras, la plage pleine de lumière et de cris de Carnaval, pour aller à une mauvaise mer, au danger, à l'inconnu. Et dans ce bâtiment, où il avait pour coucher, avec le capitaine, un espace grand comme le canapé où nous sommes assis, il parle de son bien-être moral tout le temps que dura la traversée. Il parle de siestes sur les écueils, au grand soleil et où tout le monde se séchait, aplati comme des cloportes sous un pot de fleurs. Il parle de bouillabaisses mangées sur des côtes sauvages, où le feu, fait avec des lentisques et des branches de genévrier, donnait un goût inoubliable au poisson. Et dans l'évocation de ce voyage, il se soulève de son abattement, ses yeux brillent : c'est le Daudet d'autrefois qui a la parole. »

Page 100.

2. *Pelone :* manteau.

LE CURÉ DE CUCUGNAN

Page 103.

1. « Le Curé de Cucugnan » parut d'abord dans *L'Evénement* du 28 octobre 1866, sous le titre « L'Almanach provençal. Le sermon de

M. Martin, curé de Cucugnan », avant de prendre place dans les *Lettres de mon moulin* dès leur première publication en volume, en 1869. Par le double titre initial, Daudet indiquait dès l'abord sa source, avant que le lecteur soit informé, à la fin du récit, de son origine précise : cette *lettre* est en effet une adaptation d'un conte que Joseph Roumanille — considéré comme le père du Félibrige, et qui fut l'un de ses fondateurs en 1854 — publia dans l'*Almanach provençal* de 1867 (Daudet connut ce texte avant sa publication, puisque sa *lettre* parut l'année précédente).

Dans ce récit, Roumanille s'était lui-même inspiré très directement d'un texte publié en 1859, dans *La France littéraire*, par un érudit de la Haute-Loire, Blanchot de Brenas. Le texte de Roumanille était si proche de sa source que Blanchot de Brenas lui fit un procès qui cependant, du fait de la guerre de 1870 et des lenteurs de la procédure, ne fut pas mené à son terme.

Notons que Daudet publia l'année suivante une autre adaptation d'un texte de Joseph Roumanille : « Le Médecin de Cucugnan », paru le 22 octobre 1867 dans *Le Moniteur universel*.

2. Ce « joyeux petit livre » est l'*Armana prouvençau*, l'Almanach provençal, publié tous les ans à Avignon depuis la fondation du Félibrige. De cette publication, Mistral a écrit, dans ses *Mémoires et récits* (chapitre XIII) :

« L'Almanach provençal, bienvenu des paysans, goûté par les patriotes, estimé par les lettrés, recherché par les artistes, gagna rapidement la faveur du public ; et son tirage, qui fut, la première année, de cinq cents exemplaires, monta vite à douze cents, à trois mille, à cinq mille, à sept mille, à dix mille, qui est le chiffre moyen depuis quinze ou vingt ans.

« Comme il s'agit d'une œuvre de famille et de veillée, ce chiffre représente, je ne crois guère me tromper, cinquante mille lecteurs. Impossible de dire le soin, le zèle, l'amour-propre que Roumanille et moi avions mis sans relâche à ce cher petit livre, pendant les quarante premières années. Et sans parler ici des innombrables poésies qui y sont publiées, sans parler de ses *Chroniques,* où est contenue, peut-on dire, l'histoire du Félibrige, la quantité de contes, de légendes, de sornettes, de facéties et de gaudrioles, tous recueillis dans le terroir, qui y sont ramassés, font de cette entreprise une collection unique. »

3. *Mannes* : grands paniers d'osier, étroits et profonds, destinés principalement au transport des victuailles.

4. *Cucugnan* est le nom d'un petit village de l'Aude. Mais Daudet, le reprenant de Roumanille, en a fait un village de fantaisie, dont le nom est déjà source d'un comique verbal. Confirmation en est donnée par une lettre que Daudet adressa en 1868 à Timoléon Ambroy, et dans laquelle il écrivait : « Voici mon but : inventer un village de fantaisie, un Pampérigouste, un Cucugnan, et faire défiler une série d'habitants fantaisistes. »

Page 105.

5 *Adessias :* adieu, en provençal (déformation de *A Dieu sias,* soyez à Dieu).

Page 106.

6. *Dieu vous le donne !* : formule de souhait adressée à quelqu'un qui fait une tentative difficile.

Page 107.

7. *Botte* est ici pris dans le sens de pied, sabot, que ne donne aucun dictionnaire de la langue française. Le sens le plus proche, donné par Littré, est celui de « morceau de cuir dont on garnit le pied d'un cheval à l'endroit où il se coupe ». Le provençal *boto* signifie botte, chaussure.

Page 108.

8. *Gerbiers* : tas de gerbes.

Page 109.

9. *Jonquières* : village proche d'Avignon, à ne pas confondre avec Jonquières-Saint-Vincent (situé sur la route de Nîmes à Beaucaire), évoqué dans « Les Deux Auberges ».

10. *Couler la lessive* signifiait blanchir le linge au moyen de soude et de potasse. Cette expression technique permet à Daudet de faire une variation lexicale sur l'expression « laver son linge sale » dont il a rappelé le sens métaphorique quelques lignes plus haut.

LES VIEUX

Page 111.

1. Ce récit, paru d'abord dans *Le Figaro* du 23 octobre 1868 avant de prendre place dans les *Lettres de mon moulin* dès leur première publication en volume, en 1869, est un bon exemple du caractère parfois artificiellement méridional des *Lettres*. Il relate en effet une visite faite par Daudet à Chartres, le 16 septembre 1863, chez les parents d'un ami qu'il avait rencontré lors de son séjour en Corse. L'édition *Ne varietur* des *Œuvres complètes* d'Alphonse Daudet (Librairie de France, 1929-1931) contient une lettre, envoyée ensuite à cet ami pour lui rendre compte de cette visite, et dont ce récit est manifestement inspiré. Daudet en avait donc conservé un double, pensant en tirer un récit à publier — à moins que l'idée du récit n'ait été antérieure à la lettre.

2. La rue Jean-Jacques Rousseau à Paris.

Page 113.

3. *Béguin* : coiffe d'enfant et de femme, s'attachant sous le menton, comme celle que portaient les béguines (communautés de caractère religieux fondées en Belgique au XIIe siècle).

4. *Saint Irénée* : évêque de Lyon et martyr du IIe siècle de l'ère chrétienne.

Page 114.

5. *Bonnet à coque* : bonnet garni d'un nœud de ruban. Détail vestimentaire désuet, dont Balzac a fait un usage semblable : « Cette vieille dame a un bonnet à coques, sa figure est ridée, son nez est pointu. »

6. *Tour*, ou « tour de cheveux » : faux cheveux bouclés maintenus autour de la tête par un cordon.

Page 117.

7. *Barquette* : pâtisserie légère et croustillante, ayant la forme d'une petite barque.

8. *Échaudé* : gâteau sec très léger, dont la pâte est « échaudée », c'est-à-dire pochée dans l'eau bouillante et séchée au four.

BALLADES EN PROSE

Page 121.

1. Les deux « Ballades en prose » parurent d'abord dans *L'Événement* du 13 octobre 1866, avant de prendre place dans les *Lettres de mon moulin* dès leur première édition en volume, en 1869. Le titre générique était une dédicace « A M. H. de Villemessant », directeur du journal, l'ordre des deux récits était inverse de celui de l'édition en volume, et le titre du premier était : « Le petit Dauphin est malade ».

Contrastant avec l'intensité un peu lourde de l'apologue que constitue « La mort du Dauphin », « Le Sous-préfet aux champs » doit sa célébrité à ses qualités de fantaisie et d'imagination inventive où l'on reconnaît le meilleur du talent de Daudet. C'est aussi qu'il s'est lui-même projeté dans ce personnage : du temps où il travaillait pour le duc de Morny, celui-ci lui avait promis une sous-préfecture. Aussi pourrait-on voir dans ce récit une façon pour le conteur d'exorciser plaisamment ses rêves de promotion sociale ruinés par la mort du duc en 1865.

2. L'œuvre poétique de Heine comprend beaucoup de *lieder* et de *ballades* — dont la célèbre *Lorelei* —, auxquelles fait référence le titre générique choisi par Daudet, « Ballades en prose ».

3. Réminiscence de la célèbre formule de Bossuet : « Madame se meurt ! Madame est morte ! » (*Oraison funèbre d'Henriette d'Angleterre*).

Page 122.

4. *Perruques à marteaux* : perruques qui comportaient une longue boucle entre deux nœuds de ruban.

Page 124.

5. *Brave* : vêtu avec soin, élégant.

Page 125.

6. *La Combe-aux-Fées* : nom de lieu fictif. Peut-être Daudet s'est-il souvenu, pour l'imaginer, du « Trou des Fées », grotte située au fond

d'une gorge nommée *Enfer,* à côté de la ville des Baux, et qu'évoque Mistral dans *Mireille* (chant sixième).

7. *Claque :* chapeau haut de forme, muni d'un ressort permettant de l'aplatir et de le relever à volonté.

8. *Chagrin :* cuir grenu normalement fait de peau de chèvre.

LE PORTEFEUILLE DE BIXIOU

Page 129.

1. « Le Portefeuille de Bixiou » parut d'abord dans *Le Figaro* du 17 novembre 1868, concluant ainsi la deuxième série des *Lettres* publiées dans la presse ; il prit place dans les *Lettres de mon moulin* dès leur première publication en 1869. Le personnage de ce récit est emprunté par Daudet à *La Comédie humaine* de Balzac (à qui Daudet avait déjà emprunté le double pseudonyme, « Marie-Gaston », sous lequel parurent les six premières *lettres* dans *L'Evénement*) : Jean-Jacques Bixiou, caricaturiste acerbe et spirituel, apparaît surtout dans *La Maison Nucingen, La Rabouilleuse, Les Illusions perdues, Le Cousin Pons.* L'évocation de Daudet est conforme à la psychologie de ce personnage, dont le tempérament corrosif, faute d'éléments extérieurs suffisants, se retourne contre lui-même et confine à une rage impuissante.

Plus que par le contraste convenu — en forme d'apologue — entre les deux facettes, acariâtre et sentimentale, du personnage, cette *lettre* vaut peut-être surtout par les sentiments contradictoires qu'elle trahit, de la part d'un auteur de vingt-huit ans, pour le milieu littéraire et journalistique de Paris. Bixiou déchu, c'est ce que l'auteur des *Lettres de mon moulin* ne veut pas être, réfugié qu'il est — qu'il se dit — dans sa Provence lointaine. Mais la passion intacte de Bixiou, c'est aussi la fascination du jeune Daudet pour un monde parisien dans lequel il veut se faire une place. En ce sens, cette *lettre* est à rapprocher de celle qui conclut l'ouvrage, « Nostalgies de caserne », et de la fin de la première *lettre,* non reprise en volume, « De mon moulin » : on y voit Daudet, parfaitement heureux dans son moulin, tout à coup ramené à la pensée de Paris par l'odeur de l'encre encore fraîche du journal parisien qu'on vient de lui apporter (cf. « Documents », p. 249).

Page 130.

2. *Bobèches :* disques en verre, porcelaine ou métal, que l'on adaptait aux bougies pour en recueillir la cire fondue.

3. L'Etat, ayant le monopole de l'exploitation et de la vente du tabac — monopole qui remontait à 1674 —, nommait, à titre de récompense ou de faveur, les titulaires des bureaux de tabac. Ces titulaires étaient choisis par le ministre des Finances pour les débits les plus importants, et par les préfets pour les autres. Les bénéficiaires étaient par priorité les anciens officiers, les anciens militaires, leurs femmes, veuves ou enfants, et les personnes s'étant dévouées à l'intérêt public. Dans le cas des « mères de

danseuse », on voit quel service plus personnel — et non prévu par la loi — il s'agissait de récompenser...

4. *Zébédé*, fils du fossoyeur de Phalsbourg, est l'un des personnages principaux de l'*Histoire d'un conscrit de 1813* et de *Waterloo* (qui en est la suite), deux des « romans nationaux » d'Erckmann-Chatrian.

Page 132.

5. *La Salette-Fallavaux*, au sud-est de Grenoble. Le 19 septembre 1846, la Vierge y serait apparue à la jeune bergère Mélanie et au pâtre Maximin. A l'eau d'une source coulant auprès était attribuée la propriété de guérir tous les maux.

6. L'œuvre de *La Sainte-Enfance*, mission catholique fondée au XIXᵉ siècle, se consacrait primitivement aux *petits Chinois*.

Page 134.

7. *Victor Duruy* (1811-1894) fut ministre de l'Instruction publique de 1863 à 1869, c'est-à-dire durant la période pendant laquelle cette *lettre* fut d'abord publiée.

8. *Emile de Girardin* (1806-1881), publiciste et homme politique, fondateur de la presse moderne et inventeur, dans *La Presse* créée en 1836, de la formule du feuilleton. Ecrivain rapide, prolixe et multiforme, directeur de journaux admiré et haï, il déploya une activité inlassable d'homme d'affaires. Les Goncourt l'appelèrent « Lapalisse du paradoxe » et « saltimbanque de l'alinéa » (*Journal*, 12 août 1865). Dans un des *Contes du lundi* paru d'abord dans *L'Evénement* du 20 mai 1872, « Avec trois cent mille francs que m'a promis Girardin !... », Daudet a évoqué le caractère fantasmatique et démiurgique qu'avait pris ce « Napoléon de la presse » dans l'esprit de ses contemporains : « Quand on le prononce devant moi, ce nom [celui de Girardin], il me semble voir des quartiers neufs, de grandes bâtisses inachevées, des journaux tout frais imprimés, avec des listes d'actionnaires et d'administrateurs. » Quant aux « fameux cartons » dont parle ici Daudet, le biographe de Girardin, Maurice Reclus, en a précisé la nature et la fonction : « Ne cessant de se préoccuper de nourrir ses controverses et de tenir à jour ses informations, [Girardin] puisait à volonté dans ses fameuses archives qui (...) excitèrent si souvent la curiosité et les inquiétudes du Tout-Paris d'alors. "Veut-il des renseignements sur les hommes ? écrivait à cette époque un spécialiste des indiscrétions biographiques : il se lève et va droit à un certain casier dont tous les cartons... portent chacun une lettre alphabétique. Depuis 1830, il n'est pas un personnage un peu important qui n'ait chez lui un dossier complet : il garde avec soin les documents, les lettres, les comptes rendus des procès, les articles de journaux" » (Maurice Reclus, *Emile de Girardin, le créateur de la presse moderne*, Hachette, 1934).

LA LÉGENDE DE L'HOMME A LA CERVELLE D'OR

Page 137.

1. Avant de prendre place dans les *Lettres de mon moulin* dès leur première édition en volume, en 1869, « La Légende de l'homme à la cervelle d'or » parut dans *L'Evénement* du 29 septembre 1866 ; le titre était alors constitué par la seule dédicace. Une première version de ce récit avait paru dans *Le Monde illustré* du 7 juillet 1860, sous le titre « L'Homme à la cervelle d'or ». Cette *lettre,* comme la précédente dont elle partage le thème de la passion dévorante, est placée sous le patronage implicite de Balzac : « l'homme à la cervelle d'or » est manifestement un avatar de Raphaël, héros de *La Peau de chagrin,* dont toute passion à laquelle il cède diminue l'espérance de vie.

Dans un intéressant développement, Jacques-Henry Bornecque a tenté de préciser le réseau des influences croisées qui ont pu conduire Daudet à ce récit, et à ce symbole. Il en voit l'amorce dans une phrase écrite par le conteur à propos d'Octave Feuillet, en 1859 : « J'ai visité dans son appartement de la rue de Tournon, un certain monsieur Octave Feuillet, dont la cervelle est une vraie mine d'or. » Et Jacques-Henry Bornecque enchaîne : « Les associations d'idées ou d'images (...) durent être multiples : lointain retentissement verbal de " la poule aux œufs d'or " ; renouvellement du thème du pélican ; l'assimilation profonde du mécanisme des légendes où le mystérieux se matérialise cruellement et où le bonheur se paye de fatales compensations personnelles comme dans Chamisso ou Andersen ; désir inconscient de s'essayer à son tour dans le conte fantastique vraisemblable, l'une des manières d'Hoffmann, qui après avoir fait le succès de certaines histoires d'Edgar Poë, comme " Le Portrait ovale ", séduit Erckmann-Chatrian, habiles à exploiter la veine germanique (...) ; souvenir presque inévitable de la " peau de chagrin " de Balzac, qui se rétrécit à chaque joie qu'elle satisfait, la transformant en angoisse » (*Les Années d'apprentissage d'Alphonse Daudet,* Nizet, 1951, p. 262-263).

Sans doute convient-il d'ajouter à ces diverses sources littéraires l'influence directe, sur Daudet, de certains de ses compagnons infortunés en littérature, dévorés par leur passion et finissant parfois misérablement, comme l'écrivain Charles Barbara qu'il cite au début. Sur les destins pitoyables de certains artistes bohèmes du groupe de Mürger, on lira « La Fin d'un pitre et de la bohème de Mürger », dans *Trente ans de Paris* : Daudet y évoque en particulier la vie misérable d'une de ses connaissances, qu'il surnomme Desroches, et qui après avoir voulu se pendre au bois de Boulogne se jeta dans une carrière autour des fortifications de Paris, et mourut après soixante jours d'agonie.

Page 138.

2. *Louis-Charles Barbara* (1822-1866), écrivain français, auteur de nouvelles et de romans, fit partie du groupe d'auteurs réunis autour de

Mürger, qui l'a dépeint dans *Scènes de la vie de Bohème* sous le nom de Carolus Barbemuche. Collaborateur, à ses débuts, du *Corsaire* et de la *Revue de Paris*, il est auteur, entre autres, d'*Histoires émouvantes* (1856), de *L'Assassinat du Pont-Rouge* (1858), des *Orages de la vie* (1859). Atteint d'une maladie nerveuse après la mort de sa femme et de son plus jeune fils, et interné à l'hospice Dubois, il se suicida en se jetant par la fenêtre.

LE POÈTE MISTRAL

Page 143.

1. « Le Poète Mistral » parut d'abord dans *L'Evénement* du 21 septembre 1866, sous le titre « Le Livre de l'hiver prochain » (titre qui annonçait la parution de *Calendal*). C'est la première des *Lettres* publiées dans la presse où apparaît la signature d'Alphonse Daudet. Ce texte prit place dans les *Lettres de mon moulin* dès leur première édition en volume, en 1869.

La première rencontre entre Daudet et Mistral eut lieu en 1859, lorsque le poète de Maillane vint « montrer Paris à sa Mireille ». C'est de cette année que datent la célébrité de Mistral, consacré par Lamartine dans son *Cours familier de littérature*, et l'amitié indéfectible qui unit dès lors les deux hommes. L'influence de cette rencontre sur l'œuvre de Daudet fut sans doute considérable — elle se manifesta immédiatement par la parution, quelques mois plus tard, de son premier roman méridional, *Audiberte* —, et elle explique le ton de ferveur respectueuse qui anime cette *lettre*. D'autres textes en témoignent : l'*Histoire des « Lettres de mon moulin »* (cf. « Documents », p. 241, les souvenirs confiés par Daudet à Batisto Bonnet (*Un Paysan du midi. Le « baïle » Alphonse Daudet*, traduction de Joseph Loubet, Flammarion, 1911), et la correspondance échangée entre les deux écrivains (récemment publiée par Jacques-Henry Bornecque : *Histoire d'une amitié : correspondance inédite entre Alphonse Daudet et Frédéric Mistral (1860-1897)*, Julliard, 1979). De son côté, Mistral a témoigné de cette admiration mutuelle dans ses *Mémoires et récits* (traduction du provençal, présentation de Jacques-Henry Bornecque, Julliard, 1979).

On rapprochera utilement cette *lettre* d'un manuscrit inédit de Daudet, publié par Jacques-Henry Bornecque (*Les Années d'apprentissage d'Alphonse Daudet*, Nizet, 1951, p. 281 à 284) ; intitulé « Mistral », il rapporte la première rencontre entre les deux hommes, en 1859, et développe amplement — avec des détails que la *lettre* ne contient pas — une visite que Daudet fit au poète de Maillance au cours de l'hiver 1863-1864 (Jacques-Henry Bornecque la date par erreur de 1860). Ce manuscrit — en partie incomplet — est en fait la version française d'un article qui parut aux Etats-Unis dans *The Century illustrated Monthly Magazine*, auquel collaborait Daudet, en mai 1885. Marie-Thérèse Jouveau en a traduit et publié les passages qui ne se trouvent pas dans le manuscrit français publié par Jacques-Henry Bornecque (Marie-Thérèse Jouveau, *Alphonse Daudet, Frédéric Mistral, la Provence et le Félibrige*, Nîmes, 1980, p. 61 à 63).

2. *Roubine* : canal d'irrigation.

Page 144.

3. *Serpent :* instrument de musique à vent, de forme recourbée — d'où son nom — utilisé surtout pour accompagner les chants d'église.

4. *Chactas* est l'un des personnages principaux des *Natchez* de Chateaubriand. Dans la tradition de Montesquieu, Voltaire et Rousseau, il y représente un « bon sauvage » mis brusquement au contact de la civilisation.

Page 145.

5. *Vénus d'Arles :* statue antique découverte en 1651 dans les ruines du théâtre romain d'Arles ; offerte en 1684 à Louis XIV, elle fut placée d'abord à Versailles, puis au Louvre.

6. *Antoine-Auguste-Ernest Hébert* (1817-1908) : peintre français célèbre en son temps pour ses portraits de *Vierges* et d'*Italiennes,* aux grands yeux cernés, au teint plombé, à la physionomie languide.

7. *Etienne Carjat* (1828-1906) : écrivain, caricaturiste et photographe français. Après avoir publié une série de lithographies satiriques, *Le Théâtre à la ville,* qui eurent un grand succès, il fonda *Le Diogène,* journal illustré, avec deux amis de jeunesse de Daudet, Amédée Roland et Charles Bataille. Il poursuivit ses publications de portraits comiques dans *Le Gaulois* et *Le Boulevard,* tout en donnant des articles à *La Gazette de Paris* et au *Figaro.* A partir des années 60, il se consacra uniquement à la maison de photographie qu'il avait créée, rue Lafitte à Paris, et dont un catalogue publié en 1866 comportait environ mille portraits d'écrivains, artistes, journalistes, etc. Il dut son succès à son sens du naturel, qui contrastait grandement avec le goût pour les poses contraintes et affectées des photographes de l'époque.

Page 148.

8. Une note de Mistral dans *Calendal* éclaire et résume l'origine de la querelle :

« Maître Jacques et Soubise sont deux personnages légendaires. D'après le dire des Compagnons, Maître Jacques, originaire du pays des Gaules, fut l'architecte du temple de Salomon. Après la construction du splendide édifice, il revint dans sa patrie, débarqua à Marseille, et se retira dans la forêt de la Sainte-Baume.

« Le père Soubise, lui, était originaire du nord des Gaules. Il construisit la charpente du temple ; mais jaloux de Maître Jacques, à la fin des travaux, il se sépara de lui, et vint débarquer à Bordeaux. Ses disciples, quelque temps après, assassinèrent Maître Jacques. C'est encore, sous une forme allégorique, l'antagonisme du Nord et du Midi » (Note sur le chant VIII de *Calendal*).

9. *Consul :* nom donné aux magistrats municipaux dans le Midi de la France, du XIIᵉ siècle à la Révolution.

10. Sur les *pénitents,* voir ci-dessus la note 7 de la page 28.

Page 149.

11. Jeux athlétiques traditionnels des réjouissances publiques en Pro-

vence, dont l'origine remonte aux Grecs et aux Romains : *les trois sauts* consistaient à franchir la plus grande distance possible par trois sauts successifs à pieds joints ; *l'étrangle-chat* mettait aux prises deux champions attachés par le cou aux deux extrémités d'une même corde et cherchant mutuellement à s'entraîner ; *le jeu de l'outre* (en réalité « saut sur l'outre », du provençal *saut sus lou bout*) consistait à sauter trois fois de suite sur une outre gonflée et à frapper trois fois dans ses mains sans tomber à terre.

Page 150.

12. La référence à Théocrite revient dans l'un des « Paysages gastronomiques » des *Contes du lundi*, où Daudet écrit, à propos d'une cabane en Camargue : « On se serait cru dans la cabane d'un pêcheur de Théocrite, au bord de la mer de Sicile. »

13. La maison des *Baux* — qui doit son nom à la ville des Baux, près de Saint-Rémy, où elle s'établit — fut l'une des plus illustres de la noblesse provençale. Au début du XIIe siècle, elle possédait soixante-dix-neuf bourgs et châteaux, ainsi qu'un grand nombre de terres, en Provence et ailleurs. Après une longue période de prospérité, elle périclita au XVIe siècle. Les ruines qui subsistent de ce passé glorieux ont manifestement fasciné Daudet, qui leur consacra encore une description suggestive dans l'*Histoire des « Lettres de mon moulin »* (« cet amas poudreux de ruines, de roches sauvages, de vieux palais écussonnés, s'effritant, branlant au vent comme un nid d'aigle »). La référence s'imposait ici naturellement à propos de Mistral : le premier chapitre de *Calendal*, dont il vient d'être question, s'intitule « Les princes des Baux ».

LES TROIS MESSES BASSES

Page 153.

1. Ce « conte de Noël » parut d'abord en 1875 dans l'édition augmentée des *Contes du lundi*, avant de prendre place dans l'édition définitive des *Lettres de mon moulin*, en 1879.

2. *Huppes :* passereaux dont la tête est surmontée d'une double rangée de plumes.

3. *Gelinottes :* oiseaux de la famille des Tétraonidés, de la grosseur des perdrix, et dont la chair est très appréciée.

Page 154.

4. *Bailli :* officier royal dépendant d'un parlement et chargé de rendre la justice.

5. *Tabellion :* sous l'Ancien Régime, officier public qui remplissait les fonctions de notaire dans les juridictions inférieures et seigneuriales.

6. *Barnabites :* religieux de l'ordre des clercs réguliers de saint Paul, dont la congrégation fut fondée en 1530 à Milan.

7. *Trinquelage :* nom sans doute fictif, mais aux consonances provençales (cf. *Trinquetaille*, faubourg d'Arles, et *Trinquelague*, famille nîmoise).

Page 159.

8. *Tricher... le bon Dieu* : emploi transitif (tour rare et archaïque) du verbe tricher, qui signifie alors tromper.

Page 160.

9. *Préface* : action de grâces qui débute la prière eucharistique et précède le Sanctus dans la liturgie de la messe.

10. « Aller un train de poste » signifiait marcher très vite, agir précipitamment, par référence aux « chevaux de poste », qui faisaient le service des voyageurs d'un relais (« poste ») à l'autre.

LES ORANGES

Page 165.

1. Ce texte parut d'abord dans *Le Bien public* du 10 juin 1873, et fut repris dans *Robert Helmont* en 1874, avant de prendre place dans l'édition définitive des *Lettres de mon moulin* en 1879.

Il offre un exemple particulièrement révélateur du pouvoir de condensation de la sensibilité de Daudet : lieux et temps divers, émotions contrastées, tout vient confluer dans le fruit trivial et pourtant magique, qui contient en lui tout un monde de sensations. Par là même se trouvent intimement reliés les trois « lieux » extérieurs à la Provence qui apparaissent dans les *Lettres* : l'Algérie, la Corse, et Paris.

Page 166.

2. *Paradis* : galerie supérieure d'une salle de spectacles, également appelée « poulailler ». Son inconfort, et les mauvaises conditions de vision et d'écoute, justifiaient un prix de places modique, qui y attirait un public essentiellement populaire.

3. *Blidah* : ville d'Algérie, située à environ 50 km au sud-ouest d'Alger. Dans *Tartarin de Tarascon*, le héros de Daudet y passe, sans s'arrêter, entrevoyant seulement « une place de jolie sous-préfecture, place régulière, entourée d'arcades et plantée d'orangers, au milieu de laquelle de petits soldats de plomb faisaient l'exercice dans la claire brume rose du matin ». Daudet connaissait cette ville pour y être passé, en compagnie de son cousin Henri Reynaud, au cours du voyage qu'ils firent en Algérie durant l'hiver 1861-1862.

4. *Marabout* : le mot désigne au sens propre un ermite musulman ; mais il peut signifier également la petite mosquée dont il s'occupe, ou bien encore — c'est le cas ici — son tombeau.

Page 167.

5. *Barbicaglia*, dans les environs d'Ajaccio, était réputé pour sa production d'oranges mandarines et d'oranges sanguines.

6. *Tapins* : joueurs de tambour, dans la langue familière.

Page 169.

7. *Resserrait* : rangeait avec soin (sens vieilli, qui subsiste dans le substantif « resserre »).

LES DEUX AUBERGES

Page 171.

1. Ce texte parut d'abord dans *Le Figaro* du 25 août 1869, et fut repris la même année dans la première édition en volume des *Lettres de mon moulin*. L'épisode, situé dans le « relais de Saint-Vincent », sur la route de Nîmes à Beaucaire, se rattache au séjour que fit Daudet en 1866, à Jonquières Saint-Vincent, dans une propriété de ses cousins. C'est durant ce séjour, de janvier en mai, qu'il ébaucha *Le Petit Chose,* dont cette *lettre* retrouve d'ailleurs — par un phénomène d'osmose fréquent chez Daudet — le registre affectif principal, fait de tristesse et d'apitoiement.

Comme le thème du voyage auquel il est lié, le thème de l'auberge semble avoir marqué la sensibilité de Daudet : on en a un autre exemple, très éloigné de l'atmosphère de cette lettre, dans « Le Caravansérail » des *Contes du lundi.*

Page 172.

2. *Rouliers* : voituriers assurant le transport des marchandises sur des chariots.

3. *La fraîche* : la fraîcheur. Plus que d'un emprunt à l'expression « à la fraîche », il s'agit sans doute — comme le suggère l'italique — d'un emprunt à l'adjectif féminin provençal *fresco,* qui pouvait s'employer également comme substantif.

4. Variante de la vieille chanson populaire française, « Margoton va-t-à l'iau ».

Page 173.

5. *Barbes :* bandes de toile, ou de dentelle, qui bordaient la coiffe.

Page 174.

6. *Macreuses :* oiseaux migrateurs de la famille des canards, originaires des régions polaires, et qui séjournent sur le littoral français de novembre à avril.

7. *Bezouce, Redessan* et *Jonquières* sont trois villages situés entre Nîmes et Beaucaire, et que Daudet a connus au cours de son enfance. C'est pourquoi leur proximité géographique se doublait d'une association affective dans la sensibilité du conteur, qui écrira dans l'*Histoire du « Petit Chose »,* à propos de son séjour à Jonquières en 1866 : « [...] l'air du pays, le soleil fouetté de mistral, le voisinage de la ville où je suis né, ces noms de petits villages où je jouais tout gamin, Bezouce, Redessan, Jonquières, remuèrent en moi tout un monde de vieux souvenirs. » De ces trois villages, Bezouce fut très

certainement celui auquel Daudet était, sentimentalement, le plus attaché : il y fut mis à plusieurs reprises en pension, chez Jean Trinquié, de
1844 à 1846.

À MILIANA

Page 177.

1. « A Miliana » parut d'abord, dans une version légèrement diffé-
rente, dans *La Revue Nouvelle* du 1ᵉʳ février 1864, sous le titre « La Petite
Ville », et fut intégré aux *Lettres de mon moulin* dès leur première édition en
volume, en 1869.

Comme le suggère le sous-titre, « Notes de voyage », ce récit est
directement inspiré du voyage que fit Daudet en Algérie, au cours de
l'hiver 1861-1862, en compagnie de son cousin Henri Reynaud. Cette
excursion marqua durablement Daudet, qui en tira *Tartarin de Tarascon*
(paru en volume en 1872, mais ébauché dès 1863 dans un récit qui
s'intitulait « Chapatin, le tueur de lions »), mais aussi de nombreux récits
et souvenirs, qu'on retrouve principalement dans les *Lettres de mon moulin*
(« Les Oranges », « A Miliana », « Les Sauterelles »), les *Contes du lundi*,
Robert Helmont, *Trente ans de Paris*.

Miliana se trouve à environ 120 km d'Alger, dans la direction
d'Orléansville (aujourd'hui El Asnam) ; cette ville fut le terme probable
du voyage algérien de Daudet, qui y a situé l'un des épisodes les plus
burlesques de *Tartarin de Tarascon* : le meurtre du lion aveugle (Troisième
Episode, chap. VI). Les similitudes avec *Tartarin de Tarascon* sont d'ailleurs
frappantes, qu'elles concernent l'aspect riant de la ville, l'étonnement de
l'auteur devant la diversité des races ou ethnies qui se côtoient en Algérie,
et, surtout, la dénonciation des aspects les plus contestables, aux yeux de
Daudet, de l'influence coloniale et de la civilisation arabe : les démêlés
judiciaires inextricables, le rôle néfaste des agents d'affaires, l'absinthisme,
les bureaux arabes, le ridicule des « petits théâtres de province », sans
oublier les mots très durs pour les autochtones (« la pouillerie musulmane...), et la moquerie obligée à l'égard des juifs.

2. *Zaccar* : massif montagneux de l'Algérie, situé au nord de Miliana.

3. *Paul de Kock* (1793-1871), écrivain français prolifique et très lu en
son temps. Il s'était fait une spécialité du roman de mœurs (bourgeoises en
particulier) traité dans un style plaisant.

Page 178.

4. *3ᵉ de ligne* : le troisième régiment de la ligne, unité d'infanterie de
l'armée française, qui participait à l'occupation de l'Algérie. Dans *Tartarin
de Tarascon*, Daudet évoque pareillement, à Alger, « une petite place
macadamisée où des musiciens de la ligne jouaient des polkas d'Offenbach » (Deuxième Episode, chapitre III).

5. *Adrien Talexy*, musicien français né vers 1820, fit une carrière

d'enseignant et de compositeur. On lui doit une méthode pour le piano, des musiques d'opérettes, et un grand nombre de musiques de danse.

Page 179.

6. Les *deys* gouvernèrent Alger à partir de 1671. Le dernier fut Hussein, qui gouvernait depuis 1818 et fut détrôné par les Français lors de l'expédition de 1830.

7. Les *janissaires* étaient des soldats d'infanterie turque relevant directement du Sultan, et formant une troupe d'élite. Leurs révoltes furent nombreuses ; la dernière, en 1826, fut réprimée sauvagement et aboutit à la dissolution de leur corps.

8. *Abd-el-Kader* (1808-1883) conduisit la résistance arabe aux troupes françaises à partir de 1832. Fait prisonnier en 1847 et emprisonné en France, il fut libéré en 1852 et se retira à Damas.

Page 180.

9. *Chélif :* le plus grand fleuve d'Algérie qui, de Miliana à la Méditerranée, irrigue une vaste plaine fertile.

10. L'expression « Salomon en boutique » se trouvera développée quelques années plus tard dans *Tartarin de Tarascon :* « Tous les jours, de trois à quatre, chez l'armurier Costecalde, on voyait un gros homme, grave et la pipe aux dents, assis sur un fauteuil de cuir vert, au milieu de la boutique pleine de chasseurs de casquettes, tous debout et se chamaillant. C'était Tartarin de Tarascon qui rendait la justice, Nemrod doublé de Salomon » (Premier Episode, chapitre II).

11. *Caïd :* chef de tribu.

12. *Beni-Zougzougs :* nom d'une tribu berbère installée en particulier dans la région de Miliana.

Page 181.

13. *Bouquin :* bout que l'on adapte au tuyau d'une pipe.

Page 182.

14. *Maltais :* originaires de l'île de Malte, qui était alors sous domination britannique. *Mahonais :* originaires de Port-Mahon, capitale de l'île de Minorque, dans l'archipel des Baléares.

Page 184.

15. *Maître Jacques* est l'homme de confiance d'Harpagon ; il cumule les fonctions de cuisinier et de cocher dans *L'Avare* de Molière.

16. Chaque division militaire de l'Algérie comportait un bureau arabe comprenant quelques officiers français désignés par le gouverneur de l'Algérie, et un interprète. En liaison avec les chefs indigènes, les bureaux arabes étaient chargés des principales fonctions administratives (justice, impôts, police...).

Page 185.

17. *Ernest Renan* (1823-1892) n'a jamais enseigné à l'Ecole des langues orientales, mais suivit les cours d'hébreu d'Etienne-Marc Quatremère au Collège de France, avant d'y enseigner cette langue en 1862, et à partir de 1870.

Page 187.

18. *Le baron Brisse* (1813-1876), après avoir servi dans l'administration des Eaux et Forêts, s'occupa de gastronomie. Il écrivit des articles de cuisine pour diverses publications, et fit paraître, entre autres, *Le Calendrier gastronomique* (1867), et *Les 366 menus du baron Brisse* (1868), plusieurs fois réédités.

Page 188.

19. Le *douro* était une pièce d'argent espagnole de cinq pesetas. La monnaie française était utilisée en Algérie, mais le douro avait encore cours dans la province d'Oran, et le terme servait à désigner l'argent en général.

20. Elisabeth-Rachel Felix, dite *Rachel* (1821-1858) : célèbre tragédienne française. Fille d'un colporteur, arrivée à Paris avec sa famille en 1831, elle fut remarquée par l'un des fondateurs du Conservatoire royal de musique, dans un café où elle chantait. Elle débuta au théâtre en 1837, et attirait les foules aux pièces de Corneille, Racine et Voltaire. A la suite de démêlés avec la Comédie-Française, elle partit en 1855 aux Etats-Unis, où elle ne réussit pas à faire carrière. Rentrée en France, et malade, elle se retira au Cannet, où elle mourut.

Page 189.

21. *Haïk* : grande pièce d'étoffe rectangulaire, blanche ou rayée de blanc et de brun, utilisée par les Orientaux en manière de manteau.

22. *Fouta* : étoffe précieuse d'Orient.

LES SAUTERELLES

Page 191.

1. Ce « souvenir d'Algérie », qui conclut le cycle algérien inauguré par « Les Oranges », parut d'abord dans *Le Bien public* du 25 mars 1873, et fut repris dans *Robert Helmont*, en 1874, avant de prendre place dans l'édition définitive des *Lettres de mon moulin* en 1879.

Page 192.

2. *Chéchia* : coiffure en forme de calotte cylindrique, traditionnellement portée par les arabes.

Page 193.

3. *Staouëli* : village des environs d'Alger. C'était l'un des centres maraîchers les plus prospères d'Algérie.

4. *Crescia* : village des environs d'Alger, fondé par les colons français. Le vin de Crescia est également mentionné dans *Tartarin de Tarascon* (Deuxième Episode, chapitre IX).

Page 194.

5. *Douar* : groupe de tentes disposées en cercle et correspondant à une même communauté familiale ou sociale.

6. *Turcos* : soldats appartenant à une unité de « tirailleurs algériens », troupe d'infanterie indigène de l'armée française (cf. l'un des *Contes du lundi*, « Le Turco de la Commune »).

L'ÉLIXIR DU RÉVÉREND PÈRE GAUCHER

Page 197.

1. « L'Elixir du Révérend Père Gaucher » parut d'abord dans *Le Figaro* du 2 octobre 1869, concluant ainsi la troisième et dernière série des *Lettres* publiées dans la presse. Il prit place dans les *Lettres de mon moulin* dès leur première édition en volume, en 1869.

Ce récit est situé dans l'abbaye de Saint-Michel-de-Frigolet, à quelques kilomètres au nord de la route de Tarascon à Graveson. Elle fournira encore le décor du premier épisode de Port-Tarascon, publié en 1890. Frédéric Mistral, qui y fut mis en pension, a rapporté dans ses *Mémoires et récits* (chapitre V) ses souvenirs liés à ce monastère, tout en évoquant son histoire. Il y confirme l'état de délabrement indiqué par Daudet : « Il y avait simplement le cloître des anciens moines Augustins, avec son petit préau, au milieu du carré ; au midi, le réfectoire, avec la salle du chapitre ; puis, l'église de Saint-Michel, toute délabrée, avec des fresques sur les murs (...). » Le monastère, abandonné depuis la Révolution, avait connu une première restauration grâce à des frères quêteurs venus s'y établir en 1832, avant que ne s'y installe le pensionnat où séjourna Mistral. Cette première restauration fut suivie d'un nouvel abandon, de douze ans, jusqu'à ce qu'un moine blanc, le père Edmond, rachète l'abbaye en 1854 pour y rétablir l'ordre des Prémontrés. Le plus curieux est que Mistral relate le souvenir d'un épisode authentique qu'il a vécu dans cette abbaye, et dont le héros, « M. Talon : petit abbé avignonnais, ragot, ventru, avec un visage rubicond comme la gourde d'un mendiant », n'est pas sans ressemblance avec le Révérend Père Gaucher de Daudet : à la Fête-Dieu, « au moment où les hommes, les femmes, les jeunes filles, déployaient leurs théories dans les rues tapissées avec des draps de lit, au moment où les confréries faisaient au soleil flotter leurs bannières, que les choristes, vêtues de blanc, de leurs voix virginales entonnaient leurs cantiques, et que, pieux et recueillis, devant le Saint-Sacrement, nous autres, nous encensions et répandions nos fleurs, voici que, tout à coup, une rumeur s'élève et que voyons-nous, bon Dieu ! le pauvre M. Talon, qui titubant comme une clochette, avec l'ostensoir aux mains, la cape d'or sur le dos, aïe! tenait toute la rue.

« En dînant au presbytère, il avait bu, paraît-il, ou, peut-être, on l'avait fait boire un peu plus qu'il ne faut de ce bon piot de Frigolet qui tape si vite à la tête; et le malheureux, rouge de sa honte autant que de son vin, ne pouvait plus tenir debout... »

Mistral avait-il rapporté ce souvenir à Daudet, qui aurait construit librement son récit autour de cet épisode? Il ne le semble pas puisque, dans le chapitre de ses *Mémoires et récits*, Mistral, qui cite finalement le conte de Daudet, n'établit pas lui-même ce rapprochement. Toujours est-il que le conteur en avait mis au point le canevas dès l'hiver 1861-1862 — hiver au cours duquel il rencontra justement Mistral à Maillane — comme en témoignent ces notes qui figurent dans le carnet où Daudet a également consigné ses souvenirs d'Algérie, et que reproduit l'édition *Ne varietur* des *Œuvres complètes* (Librairie de France, 1929-1931) :

« Le Révérend Père Gaucher

« C'est lui qui a le secret de la Chartreuse, il le garde très précieusement. On le respecte. On l'adore. Fortune du couvent. Passe ses journées dans son laboratoire au milieu des cornues de verre et des alambics. Il fait les mixtures et les infusions. — La distillerie. Dans un coin des œillets rouges, mélisses, de l'absinthe jaune, jeunes bourgeons de sapin. On va lui chercher ça dans la montagne. Des moines. Le père abbé le respecte. Et pourtant il n'est pas heureux. Son martyre. Il fait les trois chartreuses. — 72° d'alcool. Essence de chartreuse. — L'Elixir, la verte, la jaune, la blanche. — Diables, — il ne peut pas en boire. Bon prêtre, bon chrétien. Ses luttes. Les chartreuses lui parlent. Seulement pour goûter, se dit-il ! — Il fait part de ses scrupules au père abbé, qui lui permet un petit verre — mais il dépasse... Il ne veut plus en faire. Alors le père abbé : « Vous voulez ruiner le couvent. Non ! Il vaut mieux que vous vous grisiez. On dira des messes. » Et alors il boit... On fait des prières pour son âme, et là-haut dans son laboratoire, le père Gaucher assis dans son fauteuil examine son petit verre avec attendrissement. Un jour par semaine le père se paye une culotte.

« La cucurbite en grès rouge — le serpentin en verre.

« Cornues de cuivres. — Chaudières rouges.

« Eprouvettes. — Pèse-liqueurs. »

La date de rédaction de ces notes semble peu compatible avec la genèse de cette lettre telle que l'a présentée Norbert Calmels (*Histoire d'un conte. L'Elixir du Révérend Père Gaucher*, Tipografia Maripoli. Grottoferrata di Roma, 1965) : selon Norbert Calmels, cette lettre aurait été écrite à la demande des pères de l'abbaye, que Daudet fréquentait, pour faire connaître la liqueur — un « élixir excellent pour l'estomac et prévenant les fièvres » — qu'ils fabriquaient mais qui se vendait mal. Daudet aurait accepté — en s'inspirant en partie, pour son « père Gaucher », d'un moine de l'abbaye — mais en traitant le thème dans un registre burlesque. Il paraît peu vraisemblable que le jeune Daudet de vingt et un ans — puisque sa première esquisse date de 1861-1862 —, qui n'était pas connu dans le monde des lettres, ait pu être sollicité en ce sens pour établir la réputation d'un produit. A moins que, son canevas étant prêt depuis cette époque, il y ait repensé et l'ait utilisé à partir de la sollicitation des Prémontrés, quelques années plus tard.

2. L'ordre des *Prémontrés* a été fondé par saint Norbert en 1120, à Prémontré, près de Laon. Mais l'abbaye de Saint-Michel-du-Frigolet lui est antérieure : fondée au Xe siècle, elle fut d'abord occupée par les moines de Montmajour (cf. ci-après la note 5 de la page 209), venus assécher les marais qui occupaient la rive gauche du Rhône, au nord de Tarascon.

3. *Charles Coypeau d'Assoucy* (1605-1665), écrivain satirique et parodique français, à qui l'on doit une parodie des *Métamorphoses* d'Ovide, sous le titre *Ovide en belle humeur,* se donnait lui-même le titre d' « empereur du burlesque ».

Page 198.

4. *Citre :* « pastèque à chair blanche et graines rouges, utilisée pour les confitures » (Louis Michel, *Le Langage méridional dans l'œuvre d'Alphonse Daudet,* éditions d'Artrey, 1961).

Page 199.

5. Instruments de mortification : un cilice est une chemise ou ceinture en crin portée à même la peau ; la discipline est un petit fouet composé de chaînettes ou de cordelettes à nœuds, utilisé pour se flageller.

Page 200.

6. La Grande Chartreuse.

7. *Cuculle* désigne sans doute ici le scapulaire — pièce d'étoffe passée sur les épaules et descendant sur le dos et la poitrine — qui fait partie du vêtement traditionnel des Prémontrés.

8. *Dépense :* endroit d'une maison où l'on range les provisions.

9. Les *olives à la picholine* (du nom de l'italien Picciolini, qui aurait introduit le procédé) sont des olives confites dans une saumure aromatisée pour être consommées en hors-d'œuvre.

Page 201.

10. *Frère lai* (du latin ecclésiastique *laïcus,* laïc) : moine qui, n'étant pas destiné aux ordres sacrés, est affecté aux tâches serviles du monastère.

11. *Nécromant :* personne qui évoque les morts pour obtenir d'eux la connaissance de l'avenir.

Page 204.

12. *Berthold Schwartz,* moine allemand né sans doute à Fribourg, mort à Venise en 1384, fut longtemps considéré comme l'inventeur de la poudre. En fait, celle-ci était connue bien avant lui : il se contenta de perfectionner la fabrication des canons, en trouvant moyen d'augmenter leurs dimensions et leur puissance.

13. *Faire la perle* se dit d'une liqueur qui perle à sa surface lorsque, chauffée, elle atteint un certain degré de cuisson.

Page 205.

14. *Chalumeau :* petit tuyau dont le père Gaucher se sert en manière de compte-gouttes.

Page 207.

15. *L'âne de Capitou :* allusion à un dicton provençal, cité par Mistral dans *Le Trésor du Félibrige :* « Es coume l'ase de Capito : fuge en vesent veni lou bast » (« il est comme l'âne de Capitou, il fuit en voyant venir le bât »).

Page 208.

16. *Complies* (du latin ecclésiastique *completa (hora),* heure qui achève l'office) : les dernières prières du soir.

EN CAMARGUE

Page 209.

1. « En Camargue » parut d'abord dans *Le Bien public* des 24 juin et 8 juillet 1873, et fut repris dans *Robert Helmont* en 1874, avant d'être intégré aux *Lettres de mon moulin* dans l'édition définitive de 1879.
L'absence de toute référence à la Camargue dans les récits précédents constituait une lacune importante dans la vision provençale que Daudet entendait développer dans les *Lettres de mon moulin.* C'est sans doute pourquoi s'imposa à lui la nécessité d'inclure ces quatre scènes camarguaises dans l'édition définitive du livre. La Camargue était liée aux souvenirs fontvieillois de Daudet, qui l'évoque dans l'*Histoire des « Lettres de mon moulin »* (cf. « Document », p. 241) ; elle tient aussi une place importante dans le dernier ouvrage paru de son vivant, *Le Trésor d'Arlatan,* réalisation probable de ce projet formulé en 1885 dans une lettre adressée à Timoléon Ambroy : « Embrassez Mme Ambroy et écrivez-moi vos impressions de Camargue. Un de ces jours, je veux parler longuement de *la Cabane,* de nos affûts avec Miracle [le chien des Ambroy] (...) »
Le deuxième tableau de cette *lettre,* justement intitulé « La Cabane », est riche de résonances dans l'œuvre de Daudet ; on retrouve en effet des évocations semblables à celle-ci dans les *Contes du lundi* (« Paysages gastronomiques »), dans *Sapho,* et dans *Le Trésor d'Arlatan,* où cette description de la cabane se trouve reprise à quelques variantes près. C'est que, dans l'imaginaire de Daudet, la cabane condense le double rapport au monde — d'extériorité et d'intériorité — qui explique pareillement sa fascination pour le moulin et pour le phare : abri, refuge, et en même temps lieu privilégié pour s'exposer au monde et le sentir vibrer. Confirmation en est donnée par un poème, « La Cabane », que Daudet

envoya à Mistral avant qu'il soit publié dans l'*Almanach provençal* de 1867.
En voici la traduction :

> *Etre tout seul dans la cabane,*
> *Tout seul comme une ferme de Crau.*
> *Et voir par un petit trou,*
> *Là-bas, bien loin dans les salicornes,*
> *Luire le marais de Giraud.*
> *Et ne rien entendre que le mistral*
> *Piquant la porte avec ses cornes,*
> *Puis entre-temps quelques sonnailles*
> *Des cavales de la Tour-du-Brau.*

Ce poème, corrigé à l'avant-dernier vers, fut placé par Daudet en épigraphe
du *Trésor d'Arlatan*.

2. Les précisions géographiques qui suivent font penser qu'il s'agit du
château de Montauban, à Fontvieille, où logeaient les « aimables voisins »
de Daudet, la famille Ambroy.

3. *Galéjons* : hérons, oiseaux des marais ; *Charlottines* : barges à queue
noire ; *oiseaux de prime* : oiseaux migrateurs qui passent au printemps (cf. le
provençal *primo*, « printemps »).

4. Les *chênes-kermès* sont des chênes nains, buissonneux, à feuilles
persistantes.

5. *L'abbaye de Montmajour*, à 4 km au nord-est d'Arles, est un ancien
monastère bénédictin fondé au Xe siècle, et fut pendant longtemps l'une des
plus importantes abbayes méridionales. Il en subsiste principalement la
tour de défense, édifiée en 1369, en pierres de Fontvieille, haute de
26 mètres, crénelée et garnie de mâchicoulis.

Page 210.

6. *Saint-Trophyme* : la cathédrale d'Arles, construite au VIIe siècle, et
dont la façade est précédée d'un escalier de dix marches.

7. Les *moucharabieh* sont, dans les maisons de style arabe, des grillages
en bois placés en avant des fenêtres et permettant de voir sans être vu. Mais
Daudet prend peut-être ici le mot dans son sens second de mâchicoulis.

8. *Guillaume Court-Nez* : surnom de Guillaume d'Orange, comte de
Toulouse, qui combattit les Sarrasins au VIIIe siècle, avant de fonder
l'abbaye de Saint-Guilhem-le-Désert. Il est le héros de *La Chanson de
Guillaume*, épopée qui retrace sa lutte contre les païens.

9. *La Roquette* : quartier populaire d'Arles.

Page 211.

10. L'ancien royaume d'Arles appartenait à l'empereur d'Allemagne,
tandis qu'à l'ouest du Rhône s'étendait le royaume de France. D'où
l'habitude, conservée par les mariniers du Rhône, de désigner par *Empire* la
rive gauche du Rhône, et par *Royaume* la rive droite.

11. *James Fenimore Cooper* (1789-1851), écrivain américain auteur du *Dernier des Mohicans* (1826) et de *La Prairie* (1827). Ses romans figurent en bonne place dans la bibliothèque de Tartarin, en compagnie des *Voyages du capitaine Cook* et des récits de Gustave Aimard (*Tartarin de Tarascon*, Premier Episode, chapitre I).

Page 212.

12. *Salicornes :* plantes herbacées qui poussent dans des terrains salés du littoral atlantique et méditerranéen.

Page 213.

13. *Caleil :* « lampe de forme antique, en fer ou en laiton, munie d'une queue ou d'un crochet qui sert à la suspendre » (Louis Michel, *Le Langage méridional dans l'œuvre d'Alphonse Daudet*).

Page 215.

14. *Negochin* (littéralement « noie-chien ») : petite barque utilisée dans les rivières et les marais, notamment pour la chasse, et qui du fait de son étroitesse chavire facilement.

Page 216.

15. *A l'artiste,* c'est-à-dire à la manière d'un artiste, rejetant en arrière, d'un coup de tête, sa chevelure.

16. *Butor :* oiseau échassier du genre héron, qui vit dans les marais.

Page 217.

17. *Hallebrand* (on écrit aussi halbran) : jeune canard sauvage.

Page 218.

18. Robinson Crusoë fut le héros de jeunesse favori d'Alphonse Daudet, lecteur assidu de récits de voyages, et adolescent imaginatif avide d'aventures. Son frère Ernest Daudet en a laissé un témoignage : « A la fabrique, au premier éveil de son intelligence, il ne fermait guère son *Robinson Crusoë* que pour ressusciter dans ses jeux l'épopée de son héros. Le souvenir d'un *Robinson suisse,* lu et relu bien souvent, inspirait aussi nos imaginations. La pièce de gazon devenait une île déserte, les pêches et les figues de l'espalier se transformaient en goyaves et en bananes, notre chien devenait un lion affamé et féroce » (Ernest Daudet, *Mon frère et moi,* Plon, 1882).

19. *Tamaris :* arbrisseau au feuillage léger, poussant dans les terrains sableux.

Page 219.

20. *Rouge :* républicain ; *blanc :* royaliste.

21. *Ptolémées :* dynastie de souverains d'Egypte qui régnèrent de 323 à 30 avant J.-C., et firent d'Alexandrie la capitale artistique du monde grec. Théocrite vécut à leur cour.

22. Dans *Robert Helmont*, paru en 1874, où « En Camargue » fut repris avant d'être intégré aux *Lettres de mon moulin* en 1879, il est suivi d'un épilogue qui éclaire d'un jour cru la haine que Daudet éprouva pour la politique après 1870. Evoquant un repas au cours duquel on en est venu à parler politique, Daudet écrit :

« Les convives mangent avec fureur. Il y en a qui parlent tout seuls, comme dans une langue étrangère, sans écouter ce qui se dit autour d'eux. D'autres au contraire suffoqués d'indignation deviennent bleus, font des gestes, s'étranglent avec des paroles rentrées. Des mots blessants, des regards chargés de haine partent, se croisent comme des balles. On se jette à la tête des dates de révolution, des noms de rues à fusillades ; il y a des nuits de décembre, des jours de juin qui revivent, jonchés de morts dans des émotions de jeunesse retrouvées. Les plus vieux amis se regardent stupéfaits, s'apercevant qu'ils ont entre eux des distances de champ de bataille, des barricades écroulées depuis vingt ans ; et à mesure qu'on fouille l'histoire, ce nid de rancunes, il en monte une ivresse de colère, qui fait qu'on arrive à bégayer, à écumer, à serrer les manches des couteaux en se regardant.

« C'est l'hydrophobie politique, terrible maladie dont toute la France est atteinte en ce moment.

« O politique, je te hais ! »

23. *Centaurées :* genre de plantes comprenant un grand nombre d'espèces, la plus connue étant le bleuet.

24. *Saladelles :* statices maritimes, herbes des sables littoraux.

Page 220.

25. *Estello :* l'Etoile, en provençal ; *Estournello :* l'Etourneau, en provençal.

NOSTALGIES DE CASERNE

Page 223.

1. Ce récit parut d'abord dans *L'Evénement* du 7 septembre 1866, avant de prendre place dans les *Lettres de mon moulin* dès leur première édition en volume, en 1869. La place finale que lui a donnée Daudet dans le livre correspond à un évident souci de symétrie, qui oppose à la séduction initiale de la Provence, formulée dans « Installation », l'appel toujours renaissant de la tentation parisienne. En ce sens, ce texte est à rapprocher de la fin de la première *lettre* parue dans la presse et non reprise en volume, « De mon moulin » (cf. « Documents » p. 247), et du « Portefeuille de Bixiou ».

Un autre rapprochement s'impose, avec un texte parfaitement symétrique de celui-ci quant à son argument, « Mon tambourinaire », paru d'abord dans *Novae Vremya* (Saint-Pétersbourg) en 1878, repris en 1884 dans les *Contes choisis* et en 1888 dans *Trente ans de Paris*. Voici le début de ce récit où, comme dans « Nostalgies de caserne », l'apparition du tambour coïncide avec le réveil du narrateur (c'est également le cas dans « Les Oranges »), réveil qui est surtout celui de la sensibilité, rappelée soudain à une « patrie » lointaine — mais ici l'opposition Paris/Provence joue de façon inversée :

« J'étais chez moi, un matin, encore couché, on frappe.

— Qu'est-ce que c'est ?

— Un homme avec une grande caisse !

« Je crois à quelque colis arrivé du chemin de fer ; mais, au lieu du facteur attendu, m'apparaît, dans le jour jaune de novembre, un petit homme avec le chapeau rond et la veste courte des bergers provençaux. Des yeux très noirs, inquiets et doux, la tête à la fois naïve et obstinée, et perdu à moitié sous d'épaisses moustaches, un accent parfumé d'ail, invraisemblablement méridional. L'homme me dit : " Ze suis Buisson ! " et me tend une lettre sur l'enveloppe de laquelle je reconnais tout de suite la belle petite écriture régulière et calme du poète Frédéric Mistral. Sa lettre était courte.

« " Je t'envoie l'ami Buisson, il est *tambourinaire* et vient se montrer à Paris, pilote-le. " »

Buisson se met alors à jouer du galoubet et du tambour : « Tu... tu ! pan... pan ! Paris était loin, l'hiver aussi. Tu... tu ! pan... pan ! Tu... tu !... Un clair soleil, de chauds parfums remplissaient ma chambre. Je me sentais transporté en Provence, là-bas, au bord de la mer bleue, à l'ombre des peupliers du Rhône ; des aubades, des sérénades retentissaient sous les fenêtres, on chantait Noël, on dansait les Olivettes, et je voyais la farandole se dérouler sous les platanes feuillus des places villageoises, dans la poudre blanche des grandes routes, sur la lavande des collines brûlées, disparaissant pour reparaître, de plus en plus emportée et folle, tandis que le tambourinaire suit lentement, d'un pas égal, bien sûr que la danse ne laissera pas la musique en route, solennel et grave, et boitant un peu avec un mouvement de genou qui repousse à chaque pas l'instrument devant lui. »

Buisson, recommandé par le narrateur, va alors essayer de trouver à s'employer. Mais en vain. On le retrouvera, déchu, à la fin du récit.

Page 224.

2. *Ariel :* esprit de l'air, l'un des personnages principaux de *La Tempête* de Shakespeare.

3. *Puck :* démon espiègle des légendes populaires du Danemark et de la Suède, que Shakespeare fait intervenir dans *Le Songe d'une nuit d'été.*

4. *La caserne du Prince-Eugène* fut construite en 1857-1858 place du Château-d'Eau, aujourd'hui place de la République.

5. *Férigoule* (ou farigoule) : nom du serpolet dans le Midi de la France.

Page 225.

6. Charles-Antoine-Guillaume Pigault de l'Epinoy, dit *Pigault-Lebrun* (1753-1835) : écrivain français, auteur de pièces de théâtre, poésies,

romans, à l'imagination inventive, plaisante, et parfois licencieuse. Ses *Œuvres complètes,* publiées en 1822-1824, comprennent vingt volumes.

7. *Bloc :* prison, en argot.

8. *Diane :* sonnerie de clairon appelant au réveil des troupes.

9. Il s'agit de la barrière de l'Ecole militaire, l'une des barrières de l'enceinte des Fermiers généraux dont la destruction commence sous le Second Empire. Quant au « piston du Salon de Mars », nous avouons notre ignorance.

10. *Briquets :* sabres courts et légèrement recourbés, que portaient les soldats d'infanterie.

LETTRES
DE MON MOULIN

DOSSIER

COLLECTION FOLIO

Dernières parutions

Impression Bussière à Saint-Amand (Cher),
le 2 février 1984.
Dépôt légal : février 1984.
Numéro d'imprimeur : 2277.

ISBN : 2-07-037533-1./Imprimé en France.